21世纪医药院校教材
供医药经济与管理类专业用

民商法概论

Outline of Civic and Commercial Law

（第2版）

田侃 王艳翚 主编

东南大学出版社
SOUTHEAST UNIVERSITY PRESS
·南京·

图书在版编目(CIP)数据

民商法概论/田侃，王艳翚主编. —2版. —南京：东南大学出版社，2014.7

ISBN 978-7-5641-5061-7

Ⅰ. ①民… Ⅱ. ①田… ②王… Ⅲ. ①民法—中国—医学院校—教材②商法—中国—医学院校—教材 Ⅳ. ①D923

中国版本图书馆CIP数据核字(2014)第155943号

民商法概论(第2版)

出版发行	东南大学出版社
出 版 人	江建中
社　　址	南京市四牌楼2号
邮　　编	210096
经　　销	江苏省新华书店
印　　刷	兴化印刷有限责任公司
开　　本	700 mm×1000 mm　1/16
印　　张	17.75
字　　数	330千字
书　　号	ISBN 978-7-5641-5061-7
版　　次	2009年2月第1版　2014年8月第2版
印　　次	2014年7月第4次印刷
印　　数	6501—9500册
定　　价	35.00元

(凡有印装质量问题，请与我社营销部联系。电话：025—83791830)

编写人员

主　　编　田　侃　王艳翚

副 主 编　沈爱玲　朱晓卓　卢军锋　吴颖雄

参编人员　（按姓氏笔画为序）

王　洋　王艳翚　邓中裕　史　可　卢军锋
田　侃　朱晓卓　吴美蓉　吴颖雄　张继旺
李　鑫　杜珍媛　杨海涛　杨逢柱　沈爱玲
邹　涛　陈　庆　陈　瑶　金　浪　钟三宇
姜庆丹　段晓鹏　喻小勇

再版前言

本教材自2009年2月出版以来，因其简洁、实用的特点，得到不少院校师生的青睐与好评，遂于2012年1月调整部分内容后重印一次。五年多来，民商事法律领域的外环境有了不小的变化，部分法律内容又被立法机关做了修订，因而，本教材相关章节内容也应修改完善以适应法律修订后的教学新要求。在第2版的修订工作中，因时间紧任务重，法学方向的研究生邵辰杰、臧运森、怀永、贺云龙、田虹、王志刚、夏益等承担了很多具体的修订工作，责任编辑陈潇潇老师给予修订工作很多指导，主编所在工作单位南京中医药大学也承担了不少保障工作，在此一并向为本书修订做出努力的人们致以谢忱。

本版材料最后由田侃、王艳翚、吴颖雄统稿审定。

本书虽经修订，但因能力、时间所限，疏漏之处在所难免，恳望本版教材的使用者提出批评与修正意见，以便编者今后的更正与完善。

田　侃　王艳翚

2014年8月

于南京中医药大学仙林校区

前　言

（第1版）

民商法学是高等(医药)院校经管类相关专业必设的专业基础课。由于经济法课程多以民商法理论为基础,而经管类相关专业的学生一般没有接受过民商法专业基础理论的系统教学,所以学生掌握经济法类课程的难度较大,也直接影响到经管类相关专业课程的教学质量。

国内关于民商法内容的教科书,目前多从纯法学角度出发进行编订,其理论性更强,而没有针对非法学专业受众的特点进行相应的调整。本教材基于上述情况,以非法学专业学生尤其是医药院校经管类专业学生的专业基础为立足点,针对其专业特点和课程设置进行编订。在目录编定过程中,即根据教学需要,对课程进行了相应的压缩,突出与经济类、管理类各专业相关的法律和法规,强调教材重点内容的提炼。

由于目前我国法学界对所谓“民商法”一词尚无严格的定义,本书使用“民商法”一词,并非试图创制一种新理论和新概念,而是意在把民法理论与商法知识相结合,实现受众对相关民事法条与商法法条的把握和了解。

教材注重面向对象的知识结构和特点,在内容讲解上不追求理论的大而全,而是强调知识介绍的浅显易懂,重在培养学生的兴趣和解决实际问题的能力,许多内容的编排和选择照顾到学生的专业需求(如根据管理类、经济类专业培养目标和培养方案,增加了公司法、企业法、税法等内容)。教师和学生在使用时,可根据授课要求和自身专业特点,选择相关内容进行讲授和学习。

本书由南京中医药大学组织编写,由南京中医药大学经贸管理学院田侃主编，主编拟定了本书的详细写作提纲并邀请了著名民商法专家、南京大学张淳教授对提纲进行了审核。然后由各相关中医院校从事民商法教学的专业教师分头撰写。全部书稿由田侃、王艳翚统稿审定。

在本书的编写过程中，曾得到不少专家和教授的指点和帮助，南京中医药大学经贸管理学院的领导给予本书的编写以极大支持。在此，谨向他们表示衷心的感谢！

本书是在借鉴、参考和引用大量文献资料的基础上完成的。限于篇幅，我们在参考文献中只列出了有关的主要书目，而对相关的论文和报告未能一一列出，谨此向参考文献的有关编著者表示深切的谢意。

限于我们水平有限，编写的疏漏和错误肯定难免，诚恳欢迎同行专家和使用本书的人士提出宝贵的批评和意见，以便我们今后进一步修订和不断完善。

田　侃

2012 年 1 月

于南京中医药大学仙林校区

民商法概论 目录

Outline of Civic and Commercial Law

第一章 导 论

第一节 民商法的概念

一、民商法的概念

民商法的概念在学界尚无统一的说法，各国因法律体制的不同而存在不同的理解。

民法有广义民法和狭义民法之分。广义民法是指所有调整民事关系的成文法和不成文法，民事普通法与民事特别法，如物权法、合同法、侵权责任法、票据法、海商法等。狭义的民法是指除商法以外的民法典，其他民法规范。

民法和商法的关系一直都存在民商合一和民商分立的观点，在大陆法系民商分立的国家，对民法采用的则是“狭义民法”之义，在民法典之外另有商法典，商法典有不同于民法典的特点。因此，多不存在笼统的民商法的单一概念。采用民商合一的大陆法系国家，对民法采“广义民法”之义，在民法典之外不存在独立的商法典，商法仅作为民法的特别法。

我国有学者认为，从《民法通则》第2条的规定来看，《民法通则》实际上是采纳了广义民法的概念。即凡是调整平等主体之间的财产关系和人身关系的法律、法规，都是我国民法的组成部分，而不仅仅限于民法通则的规定。因此，本书认为民商法是调整民商事关系的法律规范的总称，民商法调整对象是指由民商法规范所调整的特定范围的社会关系——民商事关系，即平等主体之间从事商品经济行为所引起的社会经济关系以及与此相联系的社会关系的总和。

二、民商法的特征

国内外的民商法学者普遍认为民商法律规范是商品经济规律或市场经济规律的必然产物。经济规律成了支配社会发展的基本规律，商品经济规律通过民商法确立了人人平等自由的法权，以此保障商品交换的正常开展。民商法是调整社会商品经济关系的基本法之一，是民法和商法的合一体，以不同的手段和方式调整平等主体之间的财产关系和人身关系。

1. 民商法是私法　民商法一般是私法，民商法以确认和保护平等主体之间的财产权和人身权为主要职能，凡是平等主体之间的财产关系和人身关系都属于私法关系，而具有等级和隶属性质的关系属于公法关系。私法关系的参与主体都是平等主体，国家介入也是作为特殊的民事主体来参与的。而公法关系中必然有一方是公权主体，其参与社会关系也仍然要行使公权力。民商法作为私法的组成部分，主要调整的是私法关系，这与经济法、行政法及其他法律有着根本的区别。

2. 民商法是市场经济的法律　从民商法的历史沿革上看，民商法的发育成熟始终是与商品经济或市场经济的发展紧密联系在一起的。从民商法调整的内容和对象看，民商法调整的财产关系实际上就是财产支配和财产流转关系。因此民商法是以平等的商品经济关系为基础的，是市场经济的典型法律，商品经济在民商法上的表现必然是以商品经济权利本位为基点的权利和义务的有机统一。

3. 民商法是各种民商事法律规范的总称　民商法是一个集合概念，并非指某一法律，而是调整民事、商事关系的各种民商事法律规范的总称。虽然我国还没有统一的民商法或统一的囊括了商法的民法典，但是在理论和实践中，民法总则、物权制度、侵权制度实际上已对商事关系的重要方面作了一般规定，对商事活动中的一些问题同样适用。

三、民法、商法与其他部门法的关系

（一）民法与商法的关系

商法是调整商事主体商事行为的法律。形式上的商法专指民法典之外的商法典以及公司、保险、破产、票据、海商等单行法；实质上的商法指一切有关商事的法律规范。近代商法是在11世纪前后随着欧洲商业的兴起而发展起来的，根据商人在商事活动中的自治规约和处理商人纠纷的习惯逐渐形成。

关于民法和商法的关系历来存在民商合一和民商分立的观点。民商分立的体制最早起源于法国，1673年，法国颁布了第一部商事法，即《商事条例》，并于1804年颁布了《民法典》，在1807年又接着颁布了《商法典》，从而开创了民商分立的先河。19世纪商法开始在大多数国家作为一个独立的法律部门出现，并且开始法典化。到了20世纪初瑞士制定了民法典，并于1912年施行。在民法典中包括了公司法、商业登记法等商法的内容，从而实现了民商合一的立法体例。

民商分立其实指的是在统一的民法典之外还有商法典的存在，商法有自己的指导原则和自己的体系。而民商合一指的是只有统一的民法典，商法总的指导原则都服从民法典，但在民法典之外可以有商事特别法的存在。随着商品经济的发展以及商人特殊利益的逐渐消失，需要用统一的法律规则来调整商品经济关系。特别是为了立法技术上的科学性，需要削除因民商分立带来的民商法之间的规范重复、矛盾等现象。我国民法作为调整市场经济活动的基本法，是各种商品关系抽象化的法律表现。而调整商品经济关系的商事法规不过是民法原则在具体领域中的体现，是民法规范在某些经济活动中的具体化。民法和商法都是调整交易关系的，在本质上和职能上不可能存在重大区别。根据民商合一理论，就是要民法典统一调整社会商品经济关系，制定统一的民商法。商法本身不可能组成部门法律体系，而只能适用民商法的一般原则，商法不可能形成自己的独立原则，而只能用民商法的原则。实行民商合一的立法体例是历史发展的必然趋势，其原因有以下几个方面：

1. 民法与商法的范围没有严格的区分，都是调整交易关系的，商法独立于民法主要是历史形成的，并非基于科学的理论研究所得出来的结果。

2. 坚持民商合一，才能使我国民事立法体系系统化，避免民法和商法之间的相互重复和矛盾，维护我国法律体系和谐统一。民商合一的实质是将民事活动和整个市场所适用的共同规则和共同制度规定于民法典，而将适用于局部市场或个别市场的规则，规定于各个民事特别法中，这意味着在民法典之外不再单独制定商法典，所有的商事法规都可统一适用民法典总则。

3. 民商合一适应市场经济发展的需求，反映社会化大生产的要求，具有重大进步意义。

（二）商法与经济法的关系

商法以个体经济主体的利益为基础，主要调整个体经济主体之间的利益关系，经济法则是以社会经济利益为基础，着眼于整体经济利益的协调和保护，即着重于所有商事主体利益的全局性调整。两者主要存在以下区别：

1. 调整的社会经济关系主体不同　商法主要是调整商人之间的以平等性为特征的社会经济关系；经济法则调整的是国家与公民、国家与企业之间的社会经济关系。

2. 两者作用性质不同　商法侧重于保护作为商人的企业和自然人之间的平等利益关系，以满足商人的营利性要求；经济法则侧重于社会的整体经济生活和社会的整体经济利益。

3. 法律性质不同　从根本上来说商法属于私法范畴，即强调个体的自由，个体之间的平等，个体相互关系的公平以及个体行为的效益和安全；经济法侧重于从社会的角度去理解、阐释和强调社会整体效益和交易安全。

（三）民法与经济法的关系

民法主要调整平等主体之间的财产关系，即横向联系的财产关系或经济关系；

而经济法主要调整国家对经济的管理,国家和企业之间以及企业内部的纵向经济关系,即发生于非平等主体之间的经济管理关系。但两者都是调整经济关系的法律部门。

民法和经济法的根本区别在于民法采取平等、自愿、等价有偿的原则调整自然人、法人、其他组织之间的横向财产关系和人身关系;而经济法则通过采取国家干预经济的原则调整国家机关与企业、事业单位和公民之间的纵向经济关系。

第二节　民商法的基本原则

民商法的基本原则贯穿于整个民事法律制度,体现民商法的基本价值,为民商法律制度的确立和民商法规范的制定提供指导思想。目前,因为一些商事特别法的存在,作为民商法的基本原则由民法的一般原则和商法特有的原则组成。由民法的一般原则统领民事法律关系,对一些商事特别法则适用商法特有的原则。

一、民法的一般原则

（一）平等原则

民法上的平等原则,是指在民事活动中,民事主体的法律地位一律平等,任何一方不得把自己的意志强加于另一方。平等原则集中反映了民法所调整的社会关系的本质特征,尤其是集中表现了作为民法主要调整对象的商品经济关系的客观要求。根据《民法通则》第3条规定:“当事人在民事活动中的地位平等。”民法实行平等原则,首先是由作为民事社会生活基础而存在的商品经济的性质和调整要求决定的。

从民事活动的角度看,平等原则要求当事人在民事活动中必须遵循自愿协商的原则。即意思自治原则。反映的是民事主体不受过多干预地行使民事权利,参加民事活动,主体自主行为并且对自己的行为承担责任。只有平等原则得到切实实现,才有意思自治可言。如果有不平等的主体参与民事活动,那么势必将其意志强加给其他主体,其他主体的意志无从自治。

从立法的角度来看,平等原则要求立法者必须奉行“行为立法”的原则。亦即一切民事主体,无论其经济能力如何,所有制性质如何,其行为均应遵循同样的准则,其权利在法律上应得到同样的保护及承担同样的义务。它包括以下几层含义:①任何民事主体在民法上都具有独立的法律人格,国家机关、企事业单位、社会团体和公民个人,一进入民事领域便都是具有独立法律人格的法人或公民,彼此互不隶属、依从。②任何民事主体在民事活动中都享有平等的法律地位。③任何民事主体依法取得的民事权益受到非法侵害，民法都应给予相应的保护；任何民事主体非法侵害他人民事权益，都应承担相应的民事责任。

（二）公平原则

公平既是一种道德情操，又是法律追求的最高价值目标。作为法律追求的最高价值目标，要求立法和司法必须符合公平、正义的要求。民商法调整平等主体间的财产关系和人身关系，直接涉及人与人之间利益协调与平衡问题。所以，公平原则首先是立法原则，要求有关国家机关对任何一项国家法律制度的建立都必须做到公平。其次，从立法角度来看，民商法是以利益平衡作为价值判断标准来调整民商事主体财产关系和人身关系，从而确定其中各方当事人的法律地位。

（三）诚实信用原则

诚实信用原则，源于伦理道德，势必存在许多为人类所崇尚的道德因素成分。诚实信用的根本目的是为了实现人与人之间的或者人与社会之间的公平最大化，故对诚实信用的追求与对公平的崇尚历来被认为是互为因果、相辅相成的。诚实信用原则的立法目的，在于反对一切非道德、不正当的行为，维护商品经济和市民社会生活的正常秩序和安全。

商品经济是一种以利润为诱导的为他人而生产的经济。利润最大化是每个商品生产经营者追求的目标。随着商品经济的发展，生产社会化程度的提高，商业上的投机、欺诈所造成的后果也越来越严重。欺诈造成消费者对商品生产经营者不信任，损害商品生产经营者之间的公平竞争，也严重阻碍商品经济自身的发展。诚实信用是欺诈、胁迫、乘人之危、恶意通谋损害他人利益等不道德行为的对立物。为维护公平竞争，保障交易安全，将诚实信用原则由道德规范上升为民法的基本原则，赋予其普遍的法律效力则是一种必然结果。

诚实信用原则将道德规范上升为法律原则加以强调，法律上的重要地位更决定了诚实信用原则属于强制性规范，当事人不得以协议的方式加以排除和规避。我国的立法现状决定了《民法通则》中的诚实信用原则并不是一条有着详细法律解释的法律规范，但是作为一条抽象原则对一切民事主体的民事行为有着广泛的制约作用。任何处于民事活动中的民事主体，都有义务讲究信用，遵守诺言，不把自己利益的获得建立在损害国家、社会或者他人合法利益的基础之上。我国《民法通则》确认诚实信用原则为民法的基本原则，这一原则不是适用于民法的某一领域，而是广泛适用于民法的各个领域。由于我国法制建设起步迟，起点低，难免存在许多法律漏洞，所以诚实信用原则的补救作用不可或缺。国内现阶段迅速发展的社会经济生活难免造成现有法律与现实环境的脱节，同时，法律的相对稳定性决定了修改和制定法律必为一项相当迟缓而长期的工作，因此，诚实信用原则在现阶段国内立法、司法领域，具有尤为重要的现实意义。

（四）禁止权利滥用

在商品经济中，利润是市场运行的第一要素，而信用则是利润的最大化保证。良好的信用可帮助市场主体降低交易成本，增加利润。但当以信用为代价可获得更大利润时，市场主体就可能会不当利用自己的信用，甚至完全抛弃信用而追求利润，由此损害了他人的合法利益。这就构成了法律上的“权利滥用”。“权利滥用”在大陆法系是一个十分抽象的法律概念，它并非一开始就随着权利概念的形成而出现，其最初只是作为一种法观念而存在，之后才在判例中被解释和适用，并逐渐生成成文法上的具体规则。

禁止权利滥用原则，本质上是一项协调个人利益与社会公共利益的法律原则。人是具有社会性的，人必须参与社会分工与合伙，互换其利益，才能更好地生存和发展。人要参加社会分工合作，就要对社会承担一定的义务。民法一方面奉行私权神圣原则，充分保护私权，另一方面通过禁止权利滥用原则，使得行使权利限制在不违反法律和不损害社会公共利益及他人合法权益的范围之内。因此，在商品经济时代，禁止权利滥用原则不仅有利于保护他人合法民事权益及商事交易活动的正常进行，同时有利于协调个人与社会、个人与他人的合法利益，对建立社会主义有序的市场经济起着重要的保障作用。

二、商法特有的原则

（一）维护交易安全原则

在商事交易活动中，交易各方负有义务充分揭示交易内容，并将交易活动的进展和变更情况及时通知，以使相对人或第三人安全、及时地知晓交易实情。一般来说，交易安全原则主要表现在以下几个方面：

1. 强制主义　是指商事交易在形式上必须严格依照法律的规定，任何交易人不能随意更改。

2. 公示主义　商事主体应依照商法的规定，公开交易中公众所必须知道的重要事项。

3. 严格责任主义　实行严格责任主义是保障交易安全的一个重要举措，主要包括连带责任和无过错责任。

（二）便利和促进交易原则

商业以营利为目的，在现代商业实践中，交易速度和商品流转速度是至关重要的。因此，保障交易便利及促进交易原则也是商法的一个重要原则。具体体现为：在商事交易的时效期间方面，采取短期消灭时效主义；在交易形态和客体方面，采取交易定型化规则，以促进和达成交易之迅捷。

(三) 确认营利、保护营利的原则

规范商主体和商行为的商法始终渗透着确认营利、保障营利的原则。商法关于商事登记、公司、证券、票据、保险、海商等规范均从不同方面反映了商法确认营利、保障营利的价值取向和原则。

规范、保障、促进营利原则是商法的基本原则。首先,它反映了商法调整对象的特殊性;其次,它科学地概括了商法具体规则的内在联结和精神,较好地实现了商法中价值与具体规则的汇合和贯通;最后,规范、保障、促进营利原则已为大量商事法规所昭示,准确地揭示了商法基本原则的独特内容。

第三节 民商法的渊源

一、民商合一的民商法立法体例

民商合一指的是只有统一的民法典,民商法总的指导原则都服从民法典,但在民法典之外可以有商事特别法的存在。民商合一是 20 世纪进行民法典编纂的国家所争取的立法体例,如瑞士、泰国、意大利、俄罗斯、匈牙利、荷兰等。

新中国成立后,我国一直实行民商合一,现行《民法通则》、《合同法》均为典型的民商合一的立法。现代市场经济条件下民法与商法的融合,即体现了“民法的商事化”的特点。民商合一的实质是将民事生活和整个市场所适用的共同规则和共同制度集中规定于民法典,而将适用于局部市场或个别市场的规则规定于各民事特别法之中。

民商法的体系在法律规范上表现形式则是民法典。民法典的编纂体系不仅仅是简单地将民法与商法简单拼凑在一起,而是从总体上,以民法总则为指导框架,以《民法通则》和现行民事单行法、商事特别法为基础,使民法总则、物权制度、债权制度有机融合在一起,由一个民事基本法和众多单行民商法律构成中国的民商法体系。

二、民商法的渊源

(一) 民商法渊源的含义

法的渊源是指法的表现形式。民商法的渊源是指民商法律规范借以表现的形式。它表现在各国家机关根据其权限所制定的各种规范性文件中。

民商法渊源可分为实质渊源和形式渊源。所谓实质渊源是指法律所组成之资料之意。形式渊源指法律效力的渊源,即法律效力所发生的根源。实质渊源又可分为法律渊源和历史渊源。就法律渊源而言,即指作为法律的适用而言,成文法、习惯法、判例法等法律规范属于法律渊源。历史渊源指法律的资料来源而言,如外国法、学说、惯例、道德等法律资料。

掌握民商法的渊源,对准确理解民商法,尤其是正确适用民商法,指导民商事主体的行为和约束民商事裁判行为,都具有重要意义。

(二)民商法渊源的表现形式

1. 宪法　宪法是全国人民代表大会制定的根本大法。宪法中有关我国各种经济成分和所有制形式的规定,国有企业经营权和集体企业自主权的规定,允许外国企业和个人在我国投资的规定,保护和发展私营经济、个体经济的规定,发展科学、文化、教育事业的规定,公民基本权利、义务的规定,是我国具有最高法律效力的民商法规范。我国民事基本法和单行法及商事特别法的制定,都必须以宪法中的这些规定为依据。

2. 民法典和商事特别法　在大陆法系国家,民法规范存在的基本形式是民法典。民法典是按照一定逻辑体系编纂民法规范的民事立法文件,是民法的最高形式,它以逻辑严密、体系完备、条文众多为特点,具有权威性和稳定性。我国现在还没有制定统一的民法典,在我国发挥民事基本法作用的是1986年4月12日第六届全国人大第四次会议通过的《中华人民共和国民法通则》。《民法通则》在我国居于民事基本法的地位,是我国民法的主要表现形式。在其他单行法方面,有1999年3月15日第九届全国人民代表大会第二次会议通过的《中华人民共和国合同法》;亲属法方面,有《婚姻法》、《收养法》;在物权方面有2008年制定的《物权法》及之前的一些单行法律如《土地管理法》、《城市房地产管理法》、《担保法》等;知识产权方面,有《专利法》、《商标法》、《著作权法》;商法方面有《公司法》、《保险法》、《海商法》、《票据法》、《证券法》等商事特别法。以上都是目前我国民商法的重要表现形式,是民商法的重要渊源之一。

3. 行政法规中的民商事规范　国务院有权依据宪法、法律制定行政法规,其中有关民商事部分的法规、决议和命令,是民商法的重要表现形式,其效力仅次于宪法和民事法律。如《著作权法实施条例》、《商标法实施细则》、《全民所有制工业企业承包经营责任制暂行条例》等。依照宪法和组织法,国务院还有权发布决定和命令,其中具有规范性内容的、作为法律命令的行政法规,可以直接要求一般人遵守服从的,也是法律渊源。而如果行政命令只对其所指示的下级机关有其效力,则不可作为法律渊源存在。

4. 行政规章和地方性法规中的民商事规范　国务院各部委和有关地方政府依据法律,行政法规所制定的事关行政管理的规范性法律文件的总称,称为行政规章，其中的民商事规范属于民商法渊源。

地方性法规是指由特定地方国家机关依法制定和变动的，效力不超出本行政区域范围，作为地方司法依据之一，在法的形式体现中具有基础作用的法律规范性文件的总称。虽然地方性法规在实施中具有地域局限性，但地方性法规也是地方国家权力机关依据宪法的授权而制定的法规，在这些法规中有关民商事关系的规范同样也成为民商法的重要渊源。

5. 最高人民法院司法解释　最高人民法院是我国的最高审判机关，依法享有监督地方各级人民法院和专门人民法院的审判工作的职权。从法理上来看，司法解释并不属于法律渊源，因为最高人民法院并不是享有立法权的机关，但在我国现阶段，由于立法的不完备，最高人民法院做出了大量的司法解释文件，如《关于贯彻执行民法通则若干问题的意见》、《关于审理名誉权案件若干问题的解答》、《关于适用合同法若干问题的解释》等。司法解释已成为我国各级审判机关在处理案件中的裁判规则，并被当事人直接援引。最高人民法院的司法解释，目的在于阐述民法规范的构成要件及法律效果，以便于各级法院正确适用，甚至通过解释以补充现行法的漏洞，有创立规则的性质。所以司法解释事实上已经成为法律渊源，对有关民商事规范的司法解释也属于现行民商法法源之一。

6. 国际条约和国际惯例　国际条约是两个或两个以上的国家就政治、经济、贸易、军事、法律、文化等方面的问题确定其相互权利义务关系的协议。国际条约的名称包括条约、公约、协定、和约、盟约、宣言、声明、公报等。国际条约虽然不属于国内法范畴，但我国政府与外国签订的或者我国加入的国际条约，对我国国内的国家机关、企事业单位、社会团体和公民也具有与国内法一样的约束力。从这个意义上来说，我国签订或加入的国际条约也是我国法的渊源。

国际惯例也称国际习惯，分为两类，一类为属于法律规范的国际惯例，具有法律效力；另一类为属于非法律范畴的国际惯例，不具有法律效力。根据《民法通则》第 142 条规定，国际惯例的适用只限于中国法律和中国缔结或参加的国际条约没有规定的情况。其效力低于中国法律，只有在不违背我国法律规定的前提下，才可适用。

思考题

1. 试述民商法的概念与特征。
2. 试比较民法的一般原则与商法的特有原则及其关系。
3. 民商法的渊源及其表现形式是什么？

推荐阅读

1. 佟柔. 中国民法讲稿. 北京:北京大学出版社,2008
2. 魏振瀛. 民法. 第 5 版. 北京:北京大学出版社,2013
3. 覃有土. 商法学. 第 5 版. 北京:中国政法大学出版社,2011
4. 张文显. 法理学. 第 3 版. 北京:高等教育出版社,北京大学出版社,2007

南京中医药大学　田　侃
南京师范大学泰州学院　陈　庆

第二章　民事法律关系

第一节　民事法律关系概述

一、民事法律关系的概念和特征

（一）民事法律关系的概念

民事法律关系，是由民事规范所调整的社会关系，也就是由民事法律规范所确认和保护的权利义务关系。

人们在社会生活中，彼此之间会产生各种社会关系。调整社会关系的法律不同，由此形成的法律关系的性质也不同，其中，由民法所调整的社会关系就属于民事法律关系。民事法律关系与民法关系密切。民法是民事法律关系形成的前提，民事法律关系是民法所调整的结果。

（二）民事法律关系的特征

民事法律关系作为法律关系的一种，不同于其他法律关系的特点在于：

1. 民事法律关系是平等主体之间的关系　民事法律关系的这一特征是由民法调整的社会关系的平等性和民法实行的平等原则决定的。这种平等通常表现为双方当事人在民事法律关系中享有的权利及承担的义务的对等一致。一方享受的民事权利是用对方承担相应的民事义务换取的；一方在享受权利的同时，也要承担相应的义务。

2. 民事法律关系以民事权利义务为内容　民法调整平等主体之间的财产关系和人身关系，赋予当事人以民事权利和民事义务。因此，民事法律关系也就是一种民事权利义务关系。

3. 民事法律关系主要表现为财产关系　人身关系虽然也是民法的调整对象，但并不占据主要部分，民法以财产关系为主要调整对象。商法均以财产关系为调整对象。

4. 民事法律关系的保障措施具有补偿性和财产性　民事法律关系的实现需

要以国家强制力为保障。法律对于民事权利的保护，主要是赋予权利受到侵害的当事人一方以请求权。经由请求权的行使，弥补该方当事人所遭受的损失。这种责任的承担方式具有补偿性。在补偿内容上，也多采用赔偿损失，支付违约金等财产承担方式，惩罚性和非财产性责任则不是主要的民事责任形式。

二、民事法律关系的分类

根据不同的标准，可以将民事法律关系分为不同的种类，不同种类的民事法律关系有不同的性质和特点。

（一）财产法律关系和人身法律关系

这是依据法律调整对象的不同划分的。财产法律关系是指因财产的所有或流转所形成的、体现一定经济利益的民事法律关系。如物权关系、买卖关系、借贷关系等。人身法律关系是指与人身不可分离、为满足主体的人身利益所形成的法律关系，如因人的生命、健康、姓名、肖像、名誉等发生的法律关系，以及因智力创作产生的署名权、发表权、修改权等法律关系。这类法律关系不具有直接的经济利益内容，这是它与财产法律关系的基本区别。区分财产法律关系和人身法律关系的意义在于：

1. 两类关系中的权利性质不同　财产法律关系所确认的权利是财产权利，权利人一般可以依其意志转让；而在人身法律关系中所确认的权利与权利主体的人身不可分离，权利人一般不能将其转让给他人。

2. 对这两类关系的保护方法不同　财产法律关系受到侵害时，对责任人主要适用财产责任，如赔偿损失、支付违约金等；人身法律关系受到侵害时，对责任人主要适用非财产责任，如赔礼道歉、排除妨碍等。当然，受害人也可以因人身法律关系的损害向责任人追究财产责任，如要求赔偿，但单纯财产责任的方法并不能满足保护人身权的要求。

（二）绝对法律关系和相对法律关系

这是根据民事法律关系义务主体范围的不同而划分的。绝对法律关系是指权利人无需义务人的协助即可实现其权利的法律关系，如所有权关系、人身权关系等。在这种法律关系中，权利人是特定的，义务人则是除权利人以外的一切不特定的人。相对法律关系，是指权利人必须由义务人协助才能实现其权利的法律关系，如债权关系。在这种法律关系中，权利人是特定的，义务人也是特定的。

区分绝对法律关系和相对法律关系，有利于明确民事法律关系中义务人的范围以及义务的内容，从而正确适用民法。

（三）物权关系和债权关系

在财产权法律关系中，依据义务人是否特定，又可分为物权法律关系与债权法律关系。

物权法律关系是权利人直接支配物并排除他人干涉的关系。物权法律关系属于绝对法律关系。在物权法律关系中，义务人为权利人之外的一切不特定人，其义务表现为对权利人权利的消极不作为。债权法律关系是权利人必须由义务人的一定行为相配合，才能行使和实现其权利的法律关系。债权法律关系属于相对法律关系。在债权法律关系中，不仅权利人特定，义务人也是特定的。义务人的义务表现为对权利人行使权利予以积极行为的协助。

区分物权关系和债权关系的意义在于有助于明确物权和债权的不同特点。相应的，民法中确认了物权法和债权法这两种财产法律制度。

第二节　民事法律关系的要素

民事法律关系的要素是指民事法律关系的必备要件，任何民事法律关系都是由几项要素构成，否则民事法律关系便不存在。民事法律关系的构成要件，包括主体、客体、内容三个要素。

一、民事法律关系的主体

民事法律关系的主体，是指参加民事法律关系，享有民事权利并承担民事义务的人。在我国，能够成为民事主体的人包括公民、法人和合伙组织等。国家作为整体，在一些场合，如国际交往、发行国债、国家赔偿等关系中，也能成为民事法律关系的主体。

民事法律关系是人与人之间的社会关系，因而需要双方甚至多方参加。只有一方主体存在，不可能发生法律关系。参加法律关系的主体中，享有权利的一方称为权利主体，承担义务的一方称为义务主体。在大多数民事法律关系中，当事人双方既为权利主体，又为义务主体；只有个别的民事法律关系中，一方仅为权利主体而不为义务主体，另一方仅为义务主体而不为权利主体。

需要说明的是，关于民事主体，我国的《民法通则》规定了公民、法人为独立主体，在“公民”一章中规定了个体工商户、农村承包经营户和个人合伙，“法人”一章规定了联营。现在的情况发生了较大变化，个体工商户多已发展为个体企业，合伙应统一规定，联营也没有规定的必要，多已发展成为公司。上述规定有待于民法典出台时加以修正。

二、民事法律关系的客体

民事法律关系的客体是指民事权利义务所共同指向的对象。法律关系主体所享有的权利和承担的义务总是指向一定的对象的，没有对象，权利义务就会落空，也就失去了意义。通常认为，可以作为民事法律关系客体的事物有如下几类：

1. 物　作为民事法律关系客体的物，是指具有一定形状、占据一定空间，能够为人掌握、利用，具有一定价值和使用价值的物质财富。包括天然存在的和人工制造出来的物质财富。

2. 行为　作为民事法律关系客体的行为，是指能够满足权利主体某种利益的行为。如给付财产的行为、提供劳务或服务的行为等。

3. 智力成果　是人的智力劳动创造出来的精神财富。如著作、商标、专利等。它属于一种“无体物”，借助自己的表现形式，为他人所感知。

4. 人身利益　包括人格和身份，其中，人格涉及生命、健康、姓名、肖像、名誉等；身份包括知识产权中的身份、婚姻家庭中的身份等。

民事法律关系的客体的界定，随着社会生活的发展会有所变化，如一般认为，人身不能作为法律关系的客体，但随着人身保险制度的出现，人身虽不能买卖，但可以作为保险的客体。过去认为劳动力也不能成为客体，现在对此已没有争议了，劳动力是劳动合同的客体。

三、民事法律关系的内容

民事法律关系的内容是指民商事主体所享有的权利和承担的义务，即民事权利和民事义务。这种权利义务内容是民法调整的社会关系在法律上的直接表现。任何个人和组织作为民事主体，参与民事法律关系，必然要享有相应的权利、承担相应的义务。

在民事法律关系中，权利和义务相互对立、相互联系。权利的内容要通过相应的义务来表现，义务的内容则由相应的权利来限定。当事人一方享有权利，必然有另一方负有相应的义务，而且权利和义务往往是同时产生、变更和消灭的。

主体、客体、内容是民事法律关系的三要素，缺少任何一个因素都不能构成民法律关系。主体是民事权利义务的享有者和承担者，民事权利义务是联系民事法律关系双方主体的纽带，如果没有民事权利义务把他们联系在一起，彼此孤立，也就无民事法律关系可言。作为权利义务指向的对象，客体与权利义务联系密切，共同体现主体的物质利益或人身利益，没有客体，权利义务无所依，不能设立，也同样没有民事法律关系。

第三节　民事权利与民事义务

一、民事权利

（一）民事权利的概念

民事权利，是指法律赋予民事主体为实现某种权益而为某种行为或不为某种行为的自由。具体而言，它包括三个方面的可能性：①权利人直接享有某种利益，或者实施一定行为的可能性。②权利人请求义务人为一定行为或不为一定行为的可能性。③在权利受到侵犯时，请求有关国家机关予以保护的可能性。

从性质上看，民事权利都体现着一定的利益，但它并不是生活中的一切利益，作为权利内容的个体利益，只有符合社会利益，法律才会予以保护，而只有为法律所确认和保护的利益才体现为权利。

（二）民事权利的分类

民事权利按其内容、性质，可以分为不同的种类。其中，常见的分类有以下几种：

1. 财产权和人身权　这是以民事权利是否有财产内容为标准划分的。其中，以财产利益为内容的，直接体现物质利益的权利为财产权，如物权、债权等。以实现人身利益的自由为内容，与主体的人身不可分离的权利为人身权，如名誉权、肖像权。财产权可以在民事主体之间自由转让，也可以继承，而人身权一般是不能转让和继承的。

2. 绝对权和相对权　这是根据义务人的范围是否特定而划分的。绝对权是指义务人不特定，权利人可以向任何人主张权利的权利，又称对事权。在民事法律关系中，物权、人身权、知识产权等都属于绝对权。相对权是指义务人为特定，权利人只能向特定义务人主张权利的权利，又称对人权。债权为典型的相对权。

3. 主权利和从权利　这是以两个相互联系的权利之间的关系为依据划分的。在并存的两个权利中，能够独立存在者为主权利；必须以另一权利存在为前提，否则便不能存在者为从权利。例如，有担保的债权与担保权之间，债权为主权利，担保权为从权利。主权利与从权利必须由同一主体享有，否则就没有主从之分，其中，主权利转移，从权利随之转移；主权利消灭，从权利随之消灭。

4. 支配权、请求权、抗辩权、形成权　这是以权利作用的不同而划分的。支配权是指权利主体以自己的行为直接支配标的物的权利。在民法权利体系中，物权属于支配权。请求权是指权利主体请求义务主体为或者不为一定行为的权利。债权是典型的请求权。抗辩权是指对相对人的请求加以拒绝的权利。如在合同履行过程中，当事人依法享有的同时履行抗辩权、不安抗辩权。形成权是指仅凭当事人单方的行为就能引起某种民事法律关系产生、变更或消灭的民事权利。如本人对无权代理人代理行为的追认权。

（三）民事权利的行使

民事权利的行使是对民事权利内容的实现。权利人通过实施行使权利的行为，可以实现权利所体现的利益。在行使权利的方式上，权利人可以自己行使，也可以依法由他人代为行使，或将权利的内容转移给他人享有并行使。

权利的行使应依权利人的意思决定，但权利人须正当行使权利，在行使权利的过程中应遵循诚实信用、尊重社会公共利益的原则，禁止权利滥用。权利人行使权利若违背权利的目的，损害了他人或社会公共利益，就属于权利滥用，应依法承担相应的法律责任。

（四）民事权利的保护

民事权利的保护，可以分为公力救济和私力救济两种。

公力救济又称国家保护，是指当权利人权利受到侵犯时，由国家机关根据权利人的请求，运用公共权力对被侵害的民事权利实施的救济。其中最主要的是由人民法院通过诉讼形式给予保护。由于民事法律规范多为任意性规范，因此，权利人权利受到侵害时，除涉及国家利益和社会公共利益的争议之外，是否提起诉讼，一般由当事人自行决定。

私力救济又称自我保护，是指权利人在法律许可的范围内，自己采取各种合法手段来保护其权利。权利主体采取一定的方式保护自身的权利，是法律赋予权利本身的属性。采取自我保护手段受到法律的严格限制，权利主体只能在法律允许的限度内保护自己的权利。目前我国民法中明文规定的自我保护措施，包括正当防卫和紧急避险。

二、民事义务

（一）民事义务的概念

民事义务与民事权利相对应，是指义务人为满足权利人的利益而为某种行为或不为某种行为的必要性。它具体包括：①义务人必须依据法律的规定或者合同的约定，为一定行为或不为一定行为，以满足权利人的利益。②义务人只承认法定的或约定范围内的义务，而不承担超出这些范围以外的义务。③义务人必须履行其义务，否则将依法承担相应的法律责任。

民事义务与民事权利一样，也是国家法律确认的，它规定了义务主体的行为范围。没有义务人的履行义务，就不能满足权利人的利益需要，也不能维护国家正常的经济、社会秩序。

（二）民事义务的分类

1. 法定义务和约定义务　根据义务发生的原因，民事义务可以分为法定义务和约定义务。法定义务是指直接根据法律的规定而发生的义务。约定义务是指由当事人自行约定的义务。一般情况下，与绝对权相对应的义务属于法定义务，与相对权相对应的义务则属于约定义务。

2. 积极义务和消极义务　根据义务的内容，民事义务可以分为积极义务和消极义务。积极义务是指以积极的作为为内容的义务。消极义务是指以消极的不作为为内容的义务。法定义务一般为消极义务，约定义务一般为积极义务。

3. 专属义务和非专属义务　根据民事义务与义务人的关系，民事义务可以分为专属义务和非专属义务。专属义务是指专属于特定的人，不得转移也不得由他人代为履行的义务。非专属义务是指非专属于特定的人，可以转移给他人也可以由他人代为履行的义务。

思考题

1. 如何理解民事法律关系的概念和特征？

2. 试述民事法律关系的要素。

3. 甲在一商场购买了一台电视机，约定由商场送货。甲从商场出来时因楼梯太滑，不慎摔倒。商场怀疑甲偷窃了商场的物品，将甲带到保卫室查问。

根据以上内容，分析上例产生了哪些法律关系。

推荐阅读

1. 王利明. 民法. 第 5 版. 北京：中国人民大学出版社，2011

2. 王利明. 民法学研究. 1—4 辑. 北京：法律出版社，2014

南京中医药大学　王艳翚

第三章 自然人

第一节 自然人的能力

一、自然人

自然人是指按照生理规律出生的人。《民法》第二章中标题是公民(自然人),并不意味着公民与自然人是同义词。公民是从国籍角度来说的,如凡具有中华人民共和国国籍的人都是中国公民。而自然人是从人的自然属性上来说的。

二、自然人的民事权利能力

(一)自然人的民事权利能力的概念

自然人的民事权利能力,是指法律赋予自然人享有民事权利、承担民事义务的资格,它是自然人参加民事法律关系,取得民事权利、承担民事义务的前提和法律依据,也是自然人取得民事主体资格的标志。

(二)自然人的民事权利能力的开始和终止

公民从出生时起到死亡时止,具有民事权利能力,依法享有民事权利,承担民事义务,即自然人的民事权利能力始于出生,终于死亡。鉴于自然人的出生学说繁多,很多国家都要求制作出生证书和身份证书以证明出生,并且注意对胎儿权益的特殊保护。我国《继承法》具体规定了胎儿在继承领域的保护,即遗产分割时,应当保留胎儿的继承份额。胎儿出生时是死体的,保留的份额按照法定继承办理。自然人的死亡可以是自然死亡也可以是宣告死亡。

三、自然人的民事行为能力

(一)民事行为能力的概念

民事行为能力是指自然人通过自己的意思表示,以自己的独立行为参加民事行为,享有民事权利和承担民事义务的资格。自然人的民事行为能力和民事权利能力一样都是由法律规定的，非依法律规定不得限制和剥夺。

（二）自然人民事行为能力的划分

1. 完全民事行为能力　自然人的完全民事行为能力是指自然人能够独立实施所有民事行为的资格。在民法上，就年龄而言，成年与完全行为能力是同一概念，即以成年作为自然人享有完全民事行为能力的标准。成年人就是完全民事行为能力人。我国《民法通则》第 11 条规定："18 周岁以上的公民是成年人，具有完全民事行为能力，可以独立进行民事活动，是完全民事行为能力人。16 周岁以上不满 18 周岁的公民，以自己的劳动收入为主要生活来源的，视为完全民事行为能力人。"

2. 限制民事行为能力　限制民事行为能力，是指自然人只能独立实施法律允许范围内的法律行为的资格。根据我国《民法通则》的规定，限制民事行为能力的人有两类，即 10 周岁以上的未成年人和不能完全辨认自己行为的精神病人。

我国《民法通则》第 12 条第 1 款规定："10 周岁以上的未成年人是法制民事行为能力人，可以进行与他的年龄、智力相适应的民事活动；其他民事活动由他的法定代理人代理，或者征得他的法定代理人的同意。" 第 13 条第 2 款规定："不能完全辨认自己行为的精神病人是限制民事行为能力人，可以进行与他的精神健康状况相适应的民事活动；其他民事活动由他的法定代理人代理，或者征得他的法定代理人的同意。"

3. 无民事行为能力　无民事行为能力即不具有独立实施法律行为的资格。根据我国《民法通则》的规定，无民事行为能力人包括两类，即 10 周岁以下的未成年人和完全不能辨认自己行为的精神病人。无民事行为能力人不具有独立从事民事活动、参加民事法律关系的资格，其民事活动应由其法律代理人代理进行。

我国 1986 年的《民法通则》第 13 条第 1 款规定："不能辨认自己行为的精神病人是无民事行为能力人，由他的法定代理人代理民事活动。"

我国法律对精神病人的无民事行为能力和限制行为能力采取宣告制度。我国 1986 年的《民法通则》第 19 条规定："精神病人的利害关系人，可以向人民法院申请宣告精神病人为无民事行为能力人或者限制民事行为能力人。"宣告自然人为无民事行为能力人或者限制民事行为能力人，必须具备以下要件：①被宣告人须为精神病人（包括痴呆人）。②须经利害关系人申请。没有利害关系人申请，人民法院不得主动进行宣告。这里所说的利害关系人，主要是指精神病人的配偶、父母、成年子女以及其他亲属等。③须经人民法院宣告。

第二节 宣告失踪与宣告死亡

一、宣告失踪

宣告失踪是指自然人因离开自己的住所，下落不明达到法定期限，经利害关系人申请，由人民法院宣告其为失踪人的法律制度。宣告失踪是对一种确定的自然事实状态的法律确认，目的在于结束失踪人财产法律关系的不确定状态，保护失踪人的利益和利害关系人的利益。在现实生活中，经常有人离开住所长期下落不明的事件发生，造成了以失踪人为当事人的社会关系的不确定。宣告自然人失踪制度即为处理此类事件而设定的法律制度。

（一）宣告失踪的法定条件和程序

1. 自然人失踪的事实　自然人失踪的事实是宣告失踪的基本条件之一。所谓自然人失踪的事实包括两个方面：其一是指自然人离开自己的住所或居所没有任何音讯；其二是指这种无音讯状态持续时间满 2 年。2 年期限是从失踪人最后离开住所或居所而下落不明的次日开始计算；战争期间下落不明的，下落不明的时间从战争结束之日起计算。

2. 利害关系人的申请　利害关系人的申请是宣告失踪的条件之一，也是宣告失踪程序的开始。利害关系人是指下落不明人的近亲属或对该人负有监护责任的人以及该人的债权人和债务人。这些利害关系人应具有完全的民事行为能力；限制民事行为能力或无民事行为能力人不具有申请人的资格。

最高人民法院 1988 年的《最高人民法院关于贯彻执行〈中华人民共和国民法通则〉关于问题的意见（试行）》（以下简称《民通意见》）第 24 条规定："申请宣告失踪的利害关系人，包括被申请宣告失踪人的配偶、父母、子女、兄弟姐妹、祖父母、外祖父母、孙子女、外孙子女以及其他与被申请人有民事权利义务关系的人。"

需要指出的是：有权申请自然人为失踪人的利害关系人没有先后顺序，只要其中有人提出申请，未申请的利害关系人即使反对，也不影响人民法院对失踪申请案件的受理。但人民法院应遵循"不告不理"的原则，不能依职权主动宣告某失踪的自然人为失踪人。

3. 人民法院的受理与宣告　根据法律规定，宣告自然人失踪只能由人民法院作出判决，任何其他机关和个人无权作出宣告失踪的决定。

公民下落不明满 2 年，利害关系人申请宣告其失踪的，向下落不明人住所地基层人民法院提出。申请书应当写明失踪的事实、时间和请求，并附有公安机关或者其他有关机关关于该公民下落不明的书面证明。

人民法院受理宣告失踪案件后，应当发出寻找下落不明人的公告。宣告失踪的公告期间为三个月。公告期满，人民法院应当根据宣告失踪的事实是否得到确认，作出宣告失踪的判决或驳回申请的判决。人民法院作出宣告失踪判决的，失踪自然人即为失踪人。

（二）宣告失踪的效力

自然人被宣告失踪后，其法律效力主要是对其财产的管理和财产义务的履行。失踪人的财产由他的配偶、父母、成年人子女或者关系密切的其他亲属、朋友代管的，由人民法院指定的人代管。失踪人所欠的税款、债务和应付的其他费用，由代管人从失踪人的财产中支付。

1. 管理失踪人的财产　宣告失踪制度的主要目的之一就是为失踪人的财产设立财产管理制度。失踪人的配偶、父母、成年人子女或者关系密切的其他亲属、朋友可以为失踪人的财产代管人。失踪人的上述财产代管人没有顺序限制，也不存在谁申请失踪谁享受代管权的问题，而只是遵循谁管理财产对失踪人的财产有利的原则。

失踪人的财产代管人应当具有完全民事行为能力，限制民事行为能力或无民事行为能力人不具有财产代管人的资格。无民事行为能力人或限制民事行为能力人失踪的，由其监护人担任财产代管人。失踪人如果没有上述财产代管人，或他们没有能力作为代管人或不宜作为代管人的，人民法院也可以指定他人或有关组织为失踪人的财产代管人。失踪人的财产代管人在代管期间丧失财产管理能力，或者无力履行代管职责，或拒不履行代管职责，或者利用代管之便侵害失踪人财产权益的，经其他利害关系人申请，人民法院可以根据具体情况依法作出变更财产代管人的裁决。

失踪人的财产代管人在管理失踪人的财产时，应妥善管理失踪人的财产，代管人在保管、维护、收益时，应与管理自己财产尽同一注意义务；在进行必要的经营和处分时，应尽善良管理人的注意义务。代管人不得利用和擅自处分失踪人的财产，否则，构成侵权行为。如果代管人不履行代管职责造成了失踪人的财产损失，或者侵害了失踪人的财产利益，失踪人的利害关系人可以向人民法院请求财产代管人承担民事责任。

2. 履行失踪人的义务　自然人被人民法院依法宣告失踪后，其依然具有民事权利能力，并不丧失民事权利主体资格，其原来所享有的民事权利仍然有效，其承担的民事义务仍须履行。失踪人的义务包括失踪人失踪前所应缴纳的税款、所欠债务以及失踪期间所应支付的其他费用，包括基于法律规定产生的费用以及基于约定产生的履行债务等费用。在失踪人失踪期间,失踪人的义务由财产代管人从失踪人的财产中支付。

失踪人的财产代管人拒绝支付失踪人所欠的税款、债务和其他费用,债权人提起诉讼的,人民法院应当将代管人列为被告。失踪人的财产代管人向失踪人的债务人要求偿还债务的,可以作为原告提起诉讼。

(三)失踪宣告的撤销

自然人被人民法院依法宣告失踪是依据其下落不明满一定期限的失踪事实,一旦失踪事实消除,法律上继续认定该自然人失踪就缺少了事实依据,故应依法撤销对该自然人的失踪宣告。被宣告失踪的人重新出现或者确知他的下落,经本人或者利害关系人的申请,人民法院应当撤销对他的失踪宣告。

二、宣告死亡

宣告死亡是指自然人因下落不明达到法定期限,经利害关系人提出申请,由人民法院宣布其死亡的法律制度。宣告自然人死亡主要在于保护他人的利益,明确和维护稳定的民事法律关系。

(一)宣告死亡的法定条件和程序

1. 自然人失踪的事实　公民下落不明满 4 年,或者因意外事故下落不明满 2 年,或者因意外事故下落不明,经有关机关证明该公民不可能生存,利害关系人申请宣告其死亡的,向下落不明人住所地基层人民法院提出。申请书应当写明下落不明的事实、时间和请求,并附有公安机关或者其他有关机关关于该公民下落不明的书面证明。

因此,在通常情况下,依法申请自然人宣告死亡的,自然人下落不明必须满 4 年,此期限从自然人的下落不明事实的次日开始算起,战争期间下落不明的,从战争结束之日起算;在意外事故的情况下,自然人下落不明的期限只要求 2 年,此期限从事故发生之日算起;因意外事故下落不明,经有关机关证明该自然人不可能生存,利害关系人申请宣告其死亡的,不受 2 年时限的限制。

2. 利害关系人的申请　申请宣告死亡的利害关系人的顺序是①配偶;②父母、子女;③兄弟姐妹、祖父母、外祖父母、孙子女、外孙子女;④其他有民事权利义务关系的人。申请撤销死亡不受上列顺序限制。其他有民事权利义务关系的人通常包括受遗赠人、债权人、债务人、人寿保险合同的受益人等。

3. 人民法院的宣告　人民法院收到利害关系人的书面申请后,经审查有证据证明自然人有失踪的事实,应当立案受理,发出寻找失踪人的公告,普通失踪的公告期为 1 年,因意外事故失踪的公告期为 3 个月。公告期届满仍然不能确定被申请人还生存的,人民法院应作出宣告死亡的判决。宣告死亡的判决应当确定被宣告死亡人的死亡日期，判决中未确定死亡日期的，判决宣告之日视为被宣告死亡人的死亡日期。

需要指出的是，宣告失踪并不是宣告死亡的必经程序。如果自然人下落不明满4年，但利害关系人只申请宣告失踪的，人民法院仍只能作出宣告失踪的判决，而不能作出宣告死亡的判决。

（二）宣告死亡的法律效力

一般认为，自然人被宣告死亡应发生与其自然死亡相同的法律效力，即被宣告死亡人丧失民事主体资格，其民事权利能力和民事行为能力终止；其原先参加的民事法律关系归于消灭；其婚姻关系自然解除；其个人合法财产为遗产开始继承。

自然人的宣告死亡只是法律的推定，但是其与自然死亡还是有许多不同。在法律上被宣告死亡，可能事实上该失踪人的生命不一定终结。自然人在法院受理地和住所地被宣告死亡，但该自然人可能在其他地方还生存，仍享有民事权利能力，其实施的民事法律行为仍然有效，受法律保护。宣告死亡确定的死亡日期和自然死亡日期可能不同。对此，最高人民法院1988年的《民通意见》第36条第2款规定："被宣告死亡和自然死亡的时间不一致的，被宣告死亡所引起的法律后果仍然有效，但自然死亡前实施的民事法律行为与被宣告死亡引起的法律后果相抵触的，则以其实施的民事法律行为为准。"

（三）死亡宣告的撤销

宣告自然人死亡是法律为保护利害关系的利益和稳定社会法律关系进行的法律推定，当被宣告死亡的人重新出现或者有人确知他没有死亡时，经本人或者利害关系人申请，人民法院应当撤销对他的死亡宣告。据此，最高人民法院1988年的《民通意见》第37条至第40条对撤销死亡宣告的法律效力进行了规定，具体如下：

最高人民法院1988年的《民通意见》第37条规定："被宣告死亡的人与配偶的婚姻关系，自死亡宣告之日起消灭。死亡宣告被人民法院撤销，如果其配偶尚未再婚的，夫妻关系从撤销死亡宣告之日起自行恢复；如果其配偶再婚后又离婚或者再婚后配偶又死亡的，则不得认定夫妻关系自行恢复。"

最高人民法院1988年的《民通意见》第38条规定："被宣告死亡的人在被宣告死亡期间，其子女被他人依法收养，被宣告死亡的人在死亡宣告被撤销后，仅以未经本人同意而主张收养关系无效的，一般不应准许，但收养人和被收养人同意的除外。"

最高人民法院1988年的《民通意见》第39条规定："利害关系人隐瞒真实情况使他人被宣告死亡而取得其财产的，除应返还原物及孳息外，还应对造成的损失予以赔偿。"

最高人民法院1988年的《民通意见》第40条规定："被撤销死亡宣告的人请求

返还财产，其原物已被第三人合法取得的，第三人可不予返还。但依继承法取得原物的公民或者组织，应当返还原物或者给予适当补偿。”

综上所述，人民法院宣告自然人死亡是自然人的死亡的法律推定，可以引起同自然人自然生理死亡的法律后果；人民法院撤销对自然人的死亡宣告，并不能完全使得被宣告死亡后的法律关系直接恢复到被宣告死亡前的状态，撤销死亡宣告的法律效力，要具体问题具体分析。

第三节　自然人的住所

一、住所的概念

自然人的住所，是指自然人长期生活和进行民事活动的中心处所。住所在法律上有着重要的意义，有学者称“住所”是民事法律关系的中心。在实践中，住所在管辖、起诉、送达、执行等法律行为中起着至关重要的“标志”作用。

我国自然人以户籍所在地的居住地为住所，经常居住地与住所不一致的，经常居住地视为住所。公民离开住所地最后连续居住一年以上的地方，为经常居住地，但住医院治病的除外。公民由其户籍所在地迁出后至迁入另一地之前，无经常居住地的，仍以其原户籍所在地为住所。

二、自然人住所的法律意义

住所是决定有关法律效力的中心连接点，根据我国现行法律法规的相关规定，住所在法律上有重要意义，主要法律意义表现如下：①确定自然人享有权利、履行义务的地点；②确定有关组织或机关的管辖权；③决定涉外案件的准据法；④决定诉讼管辖法院或法律文书的送达地；⑤决定宣告失踪的空间标准。

思考题

1. 胎儿有民事权利能力吗？为什么？

2. 如“克隆人”客观地存在，他是否具有民事权利能力？是否具有民事行为能力和民事责任能力？

3. 民事权利能力、民事行为能力和民事责任能力的关系是怎样的？

4. 宣告失踪和宣告死亡的法律制度的立法目的有哪些区别？

5. 住所的民事法律意义表现在哪些方面？

6. 如何确定失踪人的财产代管人?

推荐阅读

1. 魏振瀛.民法.第5版.北京:北京大学出版社,2013
2. 王利明.民法.第5版.北京:中国人民大学出版社,2011
3. 彭万林.民法学.第7版.北京:中国政法大学出版社,2011
4. 韩德培.国际私法.第2版.北京:高等教育出版社,2007

北京中医药大学　杨逢柱

第四章 法 人

第一节 法人制度概述

一、法人的概念和特征

（一）法人的概念

自然人是依自然规律产生的民事主体，而法人是与自然人相对应的，由法律创造的“人”。我国《民法通则》第 36 条规定：“法人是具有民事权利能力和民事行为能力，依法独立享有民事权利和承担民事义务的组织。”

（二）法人的特征

法人是具有独立人格的团体，具有不同于自然人的一系列明显特征：①法人是社会组织。②法人具有独立的财产。法人能成为民事主体的支柱，能够独立享有民事权利能力和民事行为能力，就是依赖于其有独立财产，没有财产或者没有独立财产，就无法承担其应负的义务。③法人能以自己的名义参加民事法律关系。法人作为拟制的人，享有民事权利能力和民事行为能力。④法人是独立承担民事义务的组织。法人独立承担民事义务，是指法人以自己所有的或者依法独立支配和处分的财产，承担他在民事活动中的债务。

二、法人的分类

（一）企业法人、机关法人、事业单位法人和社会团体法人

我国《民法通则》将法人分为企业法人、机关法人、事业单位法人和社会团体法人。企业法人是一种营利性的社会经济组织，以从事生产、流通、科技等活动为内容，以获取盈利和增加积累、创造社会财富为目的。机关法人是指依法享有国家赋予的行政权力，并因行使职权的需要而享有相应的民事权利能力和民事行为能力的国家机关，包括权力机关法人、行政机关法人、司法机关法人、军事机关法人。事业单位法人是指为了社会公益事业目的，由国家机关或者其他组织利用国有资产举办的，

从事文化、教育、卫生、体育、新闻等公益事业的单位。社会团体法人是指自然人或法人自愿组成，为实现会员共同意愿，按照其章程开展活动的非营利性法人。

（二）公法人与私法人

根据法人设立的目的及所依据的法律不同，可以将法人区分为公法人和私法人。在大陆法系国家和地区，以实现公共福利为目的，依据公法所设立、组织的法人为公法人，如国家管理机关就是典型的公法人。追求私人目的，依据私法所设立的法人则为私法人。根据法人成立的基础为标准，可以把私法人分为社团法人和财团法人。社团法人是以人的组合作为法人成立基础的私法人，如各种合作社、各种协会、学会等。财团法人是以一定的财产的设定作为成立基础的私法人，如各种基金会、私立学校、科学研究机构、宗教教堂、寺庙，以及孤儿院、救济院等。

（三）公益法人与营利法人

以法人的设立目的为标准，可将法人区分为公益法人和营利法人。以营利为目的所设立的法人是营利法人，如公司等，反之为公益法人，如慈善组织等。社团法人中，既有公益法人，也有营利法人。我国《民法通则》没有区分营利法人和公益法人。

第二节　法人的成立

法人的成立，是指法人获得民事主体地位，享有民事权利能力和民事行为能力，能够以法人名义参加民事法律关系。法人的成立需要经过设立和法人资格的取得两个法定阶段。

一、法人的设立

（一）法人设立的概念

在民事主体中，自然人是因出生而成为主体的，而法人的设立就是依法产生法人的行为。法人的设立是指依照法律规定的条件和程序使社会组织获得法律上人格的整个过程，即它是创设法人的一系列行为的总称。

（二）法人应具备的条件

法律规定了法人的法律要件，法人设立就是满足这些要件的一系列行为。不同的法人要求具备的具体条件不同。应具备的基本条件为：

1. 依法成立　只有具备法定的条件，并得到国家认可或批准的社会组织，才能取得法人资格。首先，法人组织的设立合法，其设立的目的、宗旨需符合国家和社会公共利益的要求，其组织机构、设立方式、经营范围等要符合国家法律的要求；

其次，法人的成立程序要符合法律法规的规定。

2. 有必要的财产或经费　法人拥有必要的财产或经费，是法人参加民事活动、承担民事责任的物质基础和前提条件。这里的财产，是对企业法人的要求，经费是对非企业法人的要求，经费一般以货币形态表现，在本质上仍属于财产。法人成立时，必要的财产或经费通常由法律规定。

3. 有自己的名称、组织机构和场所　既然法人是法律上人格化的社会组织，必须以自己的名义从事活动，承担责任，因此要求法人要有自己的名称，法人依法登记后，其名称便受到法律的保护。法人的组织机构是法人产生意志和执行意志的机关。法人应当按照法律或法人章程的规定，健全法人的组织机构，以保证法人开展活动。法人的场所既是从事活动的固定地点，也是国家有关机关对法人进行必要的管理和监督的条件。

4. 能够独立承担民事责任　所谓独立承担民事责任，是指法人以自己的财产独立清偿所负债务，而不是以设立人或其成员的财产承担该责任。因法人的财产与法人成员的其他财产以及创立人的其他财产是分开的，除法律另有规定外，国家、法人成员个人对法人的债务不承担责任，而应由法人以自己所有或经营管理的财产承担民事责任。这是法人作为独立民事主体的体现。

（三）法人设立的原则及方式

1. 法人设立的原则

(1) 自由设立主义：也称放任主义，即法人的设立完全听凭当事人意愿，不要求具备任何形式，国家不加以任何干涉和限制。目前各国很少采用。

(2) 特许设立主义：即法人的设立须有特别立法或国家特别许可。目前各国很少采用。

(3) 行政许可主义：又称核准设立主义，指法人设立时除了应符合法律规定的条件外，还要经过主管行政机关的批准，主管机关依照规定进行审查，作出批准或不批准的决定。即法人的设立，须经行政机关的许可。很多社会组织要取得法人资格，除了要符合法律规定的一般客观条件外，还需要取得主管行政机关的许可。这种设立主义相对来说比较严格。

(4) 准则设立主义：也称登记主义，即法律对于法人的设立预先规定一定的条件，当事人可遵照此条件设立法人，无须先经行政机关许可。依照法定条件设立后，仅须向登记机关办理登记，法人即可成立。

(5) 强制设立主义：即国家对于法人的设立实行强制设立。

2. 法人设立的方式　在我国，法人设立的方式主要有三种：

(1) 命令主义设立：即依照法律、法令、行政命令方式设立，自设立之日起取得法人资格。这种设立方式适用于机关法人或国有事业单位法人。

(2) 登记主义设立：即法律规定法人的条件，法人设立时，如果其章程具备规定的要件，无须先经主管行政机关批准，就可直接向登记机关办理登记。

(3) 依照条例、章程设立：国家以法律或统一的章程规定法人的设立条件和程序，凡满足该条件并符合该程序的团体，即取得法人资格。这一程序主要适用于工会、妇联等人民团体。

二、法人资格的取得

法人设立后必须经过资格取得，法人才能成立。设立的法人如何成立，要视法人类型而定，如企业法人、社会团体法人等需要经过登记，即只有登记完成法人始告成立；机关法人不需要登记，设立时即取得法人资格。依《民法通则》第 50 条第 1 款规定，有独立经费的机关从成立之日起，具有法人资格。其他法人依该条第 2 款规定，具备法人条件的事业单位、社会团体，依法不需要办理法人登记的，从成立之日起，具有法人资格；依法需要办理法人登记的，经核准登记，取得法人资格。

第三节 法人的能力

一、法人的民事权利能力

(一) 法人的民事权利能力的概念

法人的民事权利能力是指法人作为民事主体，享受民事权利、承担民事义务的资格。法人的民事权利能力，从法人成立时产生，到法人终止时消灭。法人的权利能力本质上是财产能力，原则上没有身份能力。

(二) 法人民事权利能力的范围

由于法人是自然人为了各种目的而设立的，因此，法人的民事权利能力范围，与自然人不同，法人的民事权利能力有以下三方面限制：

1. 专属于自然人的某些权利能力之内容，如继承权、生命权等，法人不能享有。
2. 法人的民事权利能力依法受法律和行政法规、行政命令的限制。
3. 法人仅在其目的事业范围内享有民事权利能力，法人目的外的行为不能有效。

二、法人的民事行为能力

(一) 法人的民事行为能力的概念

法人的民事行为能力，是法律赋予法人独立进行民事活动的能力，是指法人以自己的意思独立进行民事活动，取得民事权利并承担民事义务的能力或资格。

（二）法人的民事行为能力的特征

与自然人相比，法人的民事行为能力具有如下特点：

1. 法人的民事行为能力与民事权利能力同时产生，同时消灭。

2. 法人的民事行为能力属于完全民事行为能力，种类单一。

3. 法人的民事行为能力由其机关或代表实现。

三、法人的民事责任能力

民事责任能力，指民事主体据以独立承担民事责任的法律地位或法律资格。我国《民法通则》明确规定法人有民事责任能力。其第 36 条将能够独立承担民事责任作为法人所应具备的条件之一。其第 43 条规定了企业法人对于它的代表人和其他工作人员的经营活动，承担民事责任。第 49 条更进一步规定了在某些情形下，除法人承担责任外，对法定代表人可以给予行政处分、罚款，构成犯罪的，依法追究刑事责任。另依其第 121 条之规定，国家机关及其工作人员在执行职务中，侵犯他人合法权益的，也应承担民事责任。

第四节　法人的变更与消灭

一、法人变更的概念

法人的变更，指在法人的存续期间内，法人的重要事项发生变化，重要事项包括组织、名称、住所、经营范围等。这些事项的变更，可依法人意思自主决定，法人只要作相应的变更登记，即可发生变更效力。但是企业法人的分立或合并，因涉及法人与相对交易人的债权债务关系，为了维护交易秩序和相对人的信赖利益，必须依照法律的强制性规定。如《民法通则》第 44 条第 1 款规定，企业法人分立、合并或者有其他重要事项变更，应当向登记机关办理登记并公告。

二、法人变更的类型

（一）法人的合并

指两个以上的法人集合为一个法人的民事法律行为。法人的合并是法人集中资金，扩大实力，增加竞争优势的重要手段。由于合并不需经过法定清算程序，比起解散原法人，成立新法人，手续更为简便，操作成本也更低廉。法人合并，有新设式合并和吸收式合并两种方式。新设式合并，是两个以上的法人归并为一个新法人，原法人均告消灭的合并方式。吸收式合并，是一个法人吸收被合并的其他法人，合并后只有一个法人存续，被吸收法人均告消灭的合并方式。法人合并时，应有法人意志机关的合并决定和合并各方缔结的合并合同。为保障各合并法人的债权人的利益，法人应在合并前将合并决定通知债权人，债权人如要求清偿债务或提供担保的，作为债务人的法人应照办。否则，法人不得合并。

（二）法人分立

法人的分立是指一个法人分为两个以上法人的民事法律行为。法人分立是调整经营规模，分散风险的重要手段。法人分立也不需经过法定清算程序，所以有与法人合并同样的优点。法人分立，有创设式分立和存续式分立两种分立方式。创设式分立，指解散原法人，分立为两个以上新法人的分立方式。存续式分立，指原法人存续，分出部分财产设立一个以上新法人的分立方式。法人分立的程序与法人合并程序基本相同，需要有分立的决定、债务分配合同，对债权人发出分立通知并根据债权人请求清偿债务或提供担保。

（三）法人组织形态的变更

法人组织形态的变更是指在不消灭法人人格的前提下，法人从一种形态转为另一种形态。法人组织形态的变更主要发生在公司法人中。如我国《公司法》规定，在符合法定条件的前提下，经全体股东一致同意，并经国务院授权部门或省级人民政府批准，可将有限责任公司变更为股份有限公司。

（四）法人的其他重要事项的变更

其他重要事项是指如法人的名称、法定代表人、法人的资金、住所、经营范围等应登记事项。不同种类的法人这些应登记事项也有所不同。对社会团体法人、事业单位法人、企业法人，这些重要事项的具体内容须分别依 1998 年《社会团体登记管理条例》、1998 年《事业单位管理暂行条例》、1988 年《企业法人登记管理条例》、1994 年《公司登记管理条例》来确定。其变更程序亦应根据这些条例来完成。

三、法人的终止

（一）法人终止的概念

法人的终止，即法人的民事主体资格消灭，丧失民事权利能力和民事行为能力。法人的终止，在法律效果上，与自然人相当。

（二）法人终止的原因

1. 依法被撤销　是指法人依照法律的直接规定或因违反法律的规定而被撤销的情况，如非法经营、租借或转让法人执照等，情节严重的，将被吊销执照，强行解散。

2. 解散　依法被撤销是法人的强制解散，这里的解散应指任意解散。任意解散是基于法人的意思或设立人的意思而解散。前者如股东大会决议解散公司，后者如章程规定的法人存续期限届满或其他解散事由发生。

3. 依法宣告破产　法人破产是法人因丧失清偿能力而不能对债权人的全部债权实行清偿的状态。法人一旦破产并受破产宣告后，财产要清偿破产债权，在破产程序终结时，依法律规定解散。

4. 其他原因　其他原因，是指上述三种原因之外的导致法人消灭的原因，例如国家作出的关于国有企业"关闭"、"停止"的决定，有限责任公司、股份有限公司的股东不足法定人数时导致法人终止等。

（三）法人终止的程序

法人的终止需依一定程序，非经这些程序，即使出现了前述国家所规定的情形，法人也不会终止，而只是解散。在我国，法人的终止需按解散、清算、注销登记这三个步骤来进行。

1. 法人的解散　法人解散是法人终止的必要程序，法人因下列原因而解散：

(1) 法院或主管机关宣告法人解散或撤销许可：当法人的目的和行为违反法律、公共秩序或善良风俗时，可由法院依法宣告解散，或由主管机关撤销许可。

(2) 法人自行解散：包括因法人的目的事业完成或无法完成而解散；因法人机关的决议而解散；因章程规定的事由出现而解散；社团法人因人数不足法定最低限额而解散。

(3) 法人破产。

2. 法人的清算　自然人死亡后，其未了结的事务，特别是财产关系能通过继承解决，而法人却不能。因此，法律为法人终止专门设立了一个了结未了事务的程序，这一程序就称为清算。无论何种类型法人，也无论是因何种原因终止，都必须经过清算。法人经过清算程序，始归于消灭。

(1) 法人清算的概念：指清理将终止的法人财产，了结其作为当事人的法律关系，从而使法人归于消灭的程序。

(2) 清算的组织：亦称清算人，系执行清算事务的机构。清算组在清算期间取得清算法人的执行机关和代表机关的地位，对内执行清算事务，对外代表清算法人为意思表示。法人进入清算程序后，虽不能从事清算范围外的活动，但与清算有关的事务仍被允许实施。所以，法律上将以清算组为执行机关和代表机关的法人称清算法人。

(3) 清算组成员的选任：因法人终止的不同原因而有所不同。法人在被依法撤销时，清算组成员应由作出撤销决定的主管机关选任；在任意解散时，清算组成员由法人意思机关充任或选任；法人破产时，清算组成员的选任依破产法规定。清算组成员若有不正当行为或不能胜任清算事务的，可由选任者解任。

（4）清算人的职责：我国《民法通则》对清算人的职责未作规定。依清算程序的目的，清算人的职责包括：①了结现务，即法人于解散前已经着手而未完成的事务，清算人应予了结。②收取债权，即属于法人的债权，应由清算人一一收取。若有尚未到期或条件未成就的债权，应以转让或换价方法收取。③清偿债务，即法人对他人所负债务，应由清算人予以清偿。如有债务未到期，应抛弃期限利益，提前清偿。④移交剩余财产。清偿债务后所剩余的财产，应由清算人负责移交于有权获得此财产的人。何人有权获得此剩余财产，则应依法律规定或法人章程的规定。

（5）法人的消灭：清算事务处理完毕，清算即完结，经办理法人注销登记后，法人自注销登记之日起消灭。法人一经消灭，其民事主体资格不复存在，其民事权利能力和民事行为能力也同时消灭。

3. 注销登记　法人注销登记是法人依法终止，消灭其民事权利能力和民事行为能力的要件。依登记而成立的企业法人、事业单位法人、社会团体法人，其终止均应办理注销登记。

思考题

1. 什么是法人，法人的特征有哪些？
2. 法人的设立与成立有何区别？
3. 法人和自然人的民事权利能力的主要区别有哪些？
4. 法人变更有哪几种类型？

推荐阅读

1. 梁慧星. 民法总论. 第 4 版. 北京：法律出版社，2011
2. 马骏驹，余延满. 民法原论. 第 4 版. 北京：法律出版社，2010
3. 韩松. 民法总论. 第 2 版. 北京：法律出版社，2014
4. 杨立新. 民法总则. 北京：法律出版社，2013

南京中医药大学　杜珍媛

第五章 公司法律制度

第一节 公司法律制度概述

一、公司的概念与特征

公司，是指依照公司法规定设立的，以营利为目的、具有法人资格的企业法人。

公司一般具有以下基本特征：

1. 公司是依法设立的企业组织，具有法定性。只有依照《公司法》规定的条件和程序设立的经济组织，才能称之为公司。

2. 公司是以营利为目的的企业组织，具有营利性。营利性是市场经济条件下企业的基本特征。公司是从事商品生产和经营活动的企业。公司的设立、运营都是为了谋取超出公司资本的利益，并对利润进行分配。

3. 公司是具有法人资格的企业组织，具有独立的法律人格。公司是具有独立的财产、组织机构并独立承担财产责任的经济实体，具有独立的民事主体资格，依法独立享有民事权利和承担民事义务。

二、公司的分类

我国公司法中，公司分为有限责任公司和股份有限公司。此外，还有多种不同的对公司分类的视角。根据公司信用基础的不同，可将公司分为人合公司、资合公司和人合兼资合公司；根据公司国籍的不同，可将公司分为本国公司、外国公司和跨国公司；根据公司在管辖与被管辖关系中所处地位的不同，可将公司分为总公司和分公司；根据公司在控制与被控制关系中所处地位的不同，可将公司分为母公司和子公司。

第二节　有限责任公司法律制度

一、有限责任公司的概念和特征

有限责任公司又称有限公司，是指依照公司法规定设立的，股东以其出资额为限对公司承担责任，公司以其全部资产对公司的债务承担责任的公司。[①] 概括来说，有限责任公司具有以下主要特征：

1. 有限责任公司的股东均负有限责任，股东以其出资额为限对公司承担责任。这是有限责任公司与无限公司、两合公司、股份两合公司最主要的区别。

2. 有限责任公司不能通过发行股份来募集资本，只能采取发起设立的方式设立。公司资本也不表现为等额股份的形式。这是有限责任公司和股份有限公司的明显区别。

3. 有限责任公司的股东有最高人数的限制。依照我国《公司法》的规定，有限责任公司股东人数应不高于50人，而股份有限公司则没有股东最高人数的限制。

4. 有限责任公司具有较强的人合性。这一特征集中表现在有限责任公司的股东在转让其出资时，特别是向股东以外的人转让其出资时，受到较为严格的限制。

二、有限责任公司的设立条件

根据《公司法》第23条的规定，设立有限责任公司，应当具备下列条件：

1. 股东符合法定人数　有限责任公司应由1个以上50个以下股东共同出资设立。

2. 有符合公司章程规定的全体股东认缴的出资额。

3. 股东共同制定公司章程　公司章程是由公司的股东制定的，股东、公司内部组织机构的组成人员及公司的职工等必须遵循的内部行为规范，也是公司设立的必要条件。公司设立时的全体股东应当在公司章程上签名、盖章。

4. 有公司名称，建立符合有限责任公司要求的组织机构。

5. 有公司住所。

---

① 参见：《中华人民共和国公司法》，第3条。

三、有限责任公司的组织机构

公司作为法人与自然人不同，自己本身难以形成和表达自身的意志，必须依赖于自然人才能形成和表达意志。公司法对公司意志的形成和表达规定了较为严格的要求，自然人必须依法组成公司的组织机构才能实现公司的正常运转。在公司中设立股东会、董事会、监事会，作为公司的权力机构、执行机构和监督机构。

股东大会由全体股东组成，是公司的权力机构。股东大会对外不代表公司，对内不执行具体公司业务，但公司的其他机构必须执行股东大会的决议，对股东大会负责。董事会由公司的全体董事组成，是公司股东大会的常设业务执行机构，也是公司的对外代表机构，其成员为 3～13 人。但股东人数较少或者规模较小的有限责任公司，可以设一名执行董事，不设董事会。两个以上的国有企业或者两个以上的其他国有投资主体投资设立的有限责任公司，其董事会成员中应当有公司职工代表；其他有限责任公司董事会成员中可以有公司职工代表，也可以无职工代表。监事会由股东代表和适当比例的公司职工代表组成，是公司的内部监督机构，其中职工代表的比例不得低于三分之一。一般的有限责任公司，设立监事会，其成员不得少于 3 人；股东人数较少和规模较小的，可以不设监事会，设 1～2 名监事。

四、有限责任公司的资本制度

1. 股权的一般转让　根据我国《公司法》的规定，有限责任公司的股权转让可以分为内部转让和外部转让两种情形。内部股权转让，即股东将股权转让给现有股东；股权外部转让，即股东将股权转让给现有股东以外的其他投资者。基于有限公司的人合性，公司法对于股份的内部转让和外部转让规定了不同的制度。

《公司法》第 71 条规定，有限责任公司的股东之间可以相互转让其全部或者部分股权。而没有设置其他的限制性规定。所以，公司法在股东内部股权转让问题上采用了自由转让原则。

而对于股权的外部转让，公司法则做出了较多的限制性要求。依据《公司法》的规定，股东向股东以外的人转让股权，应当经其他股东过半数同意。股东应就其股权转让事项书面通知其他股东征求同意，其他股东自接到书面通知之日起满三十日未答复的，视为同意转让。其他股东半数以上不同意转让的，不同意的股东应当购买该转让的股权；不购买的则视为同意转让。

对于经其他股东同意转让的股权，在同等条件下，其他股东有优先购买权。两个以上股东主张行使优先购买权的，协商确定各自的购买比例；协商不成的，按照转让时各自的出资比例行使优先购买权。

2. 股权转让的特殊形式　依据《公司法》及其他相关法律法规的规定，在特殊情形下，公司的股权可能不是基于正常的转让而发生流转，也就产生了股权转让的特殊形式。例如，股东因不能清偿个人债务而被法院强制执行其在公司中的股份；因股东对股东大会的特定决议事项有异议而要求公司回购其股权；因股东死亡或被宣告死亡，其继承人因继承而取得股东资格等情形都属于股权转让的特殊形式。

需要注意的是，公司的股权转让将引起公司章程记载事项的变更，须到公司登记机关进行相关的变更登记。

五、一人有限责任公司的特别规定

一人有限责任公司，是指只有一个自然人股东或者一个法人股东的有限责任公司。公司法对一人有限责任公司规定了一些特别的制度，主要有：

1. 一个自然人只能投资设立一个一人有限责任公司。该一人有限责任公司不能投资设立新的一人有限责任公司。

2. 一人有限责任公司应当在公司登记中注明自然人独资或者法人独资，并在公司营业执照中载明。

3. 一人有限责任公司不设股东会。股东行使股东会职权，做出决定时，应当采用书面形式，并由股东签字后置备于公司。

4. 一人有限责任公司应当在每一会计年度终了时编制财务会计报告，并经会计师事务所审计。

5. 一人有限责任公司的股东不能证明公司财产独立于股东自己财产的，应当对公司债务承担连带责任。

第三节　股份有限公司法律制度

一、股份有限公司的概念和特征

股份有限公司是指依照公司法规定设立的，公司的全部资本分为等额股份，股东以其认购的股份为限对公司承担责任，公司以其全部资产对公司的债务承担责任的公司。股份有限公司具有以下法律特征：

1. 股份有限公司的股东均负有限责任，股东以其认购股份为限对公司承担责任。

2. 股份有限公司的全部资本均分为等额股份，股份表现为股票的形式。这是股份有限公司与有限责任公司最主要的区别。

3. 股份有限公司的股东只有最低人数的限制，而没有最高人数的限制，这和有限责任公司有所不同。

4. 股份有限公司的股东可以自由转让股份，其转让不受类似于有限责任公司股东股份转让的限制。股份有限公司中的上市公司依据法律法规规定的特别规则进行股份转让。

二、股份有限公司的设立

1. 股份有限公司设立的条件

（1）发起人符合法定人数。股份有限公司发起人的数量应为 2 个以上 200 个以下，而且发起人中须有过半数在中国境内有住所。

（2）有符合公司章程规定的全体发起人认购的股本总额或者募集的实收股本总额。

（3）股份发行、筹办事项符合法律规定。

（4）发起人制订公司章程并经创立大会通过。

（5）有公司名称，建立符合股份有限公司要求的组织机构。

（6）有公司住所。

2. 股份有限公司设立的程序

（1）签订发起人协议　发起人协议是发起人之间经协商以书面表达的共同设立公司的合同，在性质上讲，发起人协议是一种典型的合伙契约。发起人协议主要规定发起人在设立股份有限公司过程中的权利义务关系。

（2）订立公司章程　在股份有限公司发起设立时，公司章程是由全体发起人在协商一致的基础上共同制订的。只要章程符合法律的规定，该章程就将成为成立后公司的章程。

在募集设立时，由公司发起人在协商一致的基础上先行制订公司章程。在募集的股款缴足后举行的公司创立大会上，公司章程经出席大会的发起人和认股人所持表决权的半数以上通过后方形成对全体股东有约束力的章程。

（3）办理批准手续　股份公司的设立也并非都需经过批准。在一般情况下，需经批准的公司应为特殊行业的公司，如金融、烟草等行业的公司。经有关行政机关审查，批准设立股份有限公司的，颁发批准证书或文件。

（4）股份的认购　以发起设立方式设立股份有限公司的，发起人应当书面认足公司章程规定其认购的股份，并按照公司章程规定缴纳出资。以非货币财产出资的，应当依法办理财产权的转移手续。

以募集设立方式设立股份有限公司的，发起人作为一个整体，认购的股份不得少于公司股份总数的 35%。然后经过制作招股说明书、签订股票承销协议、签订代收股款协议、提出募股申请、公告招股说明书、制作认股书、缴纳股款等环节向其他投资者募集股款。

(5) 建立公司机构并申请设立登记　根据我国《公司法》的规定，发起人认足公司章程规定的出资后，应当选举董事会和监事会，由董事会向公司登记机关报送公司章程以及法律、行政法规规定的其他文件，申请设立登记。

采取募集方式设立股份有限公司时，股款全部缴足后，发起人应当在 30 日内主持召开公司创立大会。创立大会由发起人、认股人组成，应有代表股份总数过半数的发起人、认股人出席，方可举行。创立大会选举出董事会后，董事会应于创立大会结束后 30 日内，向公司登记机关报送相关文件，申请设立登记。

若发行的股份超过招股说明书规定的截止期限尚未募足的，或者发行股份的股款缴足后，发起人在 30 日内未召开创立大会的，认股人可以按照所缴股款并加算银行同期存款利息，要求发起人返还。

(6) 公告　股份有限公司设立登记经核准的，由登记机关颁发营业执照，公司自营业执照的签发之日起成立。股份有限公司成立后，应当进行公告。

三、股份有限公司的组织机构

根据《公司法》规定，股份有限公司的组织机构包括股东大会、董事会、监事会。

1. 股东大会　股份有限公司股东大会由全体股东组成。股东大会是公司的最高权力机构，或称为公司的意思决定机关。

依照我国《公司法》的规定，股东大会职权主要有：①决定公司的经营方针和投资计划；②选举和更换非由职工代表担任的董事、监事，决定有关董事、监事的报酬事项；③审议批准董事会的报告；④审议批准监事会或者监事的报告；⑤审议批准公司的年度财务预算方案、决算方案；⑥审议批准公司的利润分配方案和弥补亏损方案；⑦对公司增加或者减少注册资本作出决议；⑧对发行公司债券作出决议；⑨对公司合并、分立、解散、清算或者变更公司形式作出决议；⑩修改公司章程；⑪公司章程规定的其他职权。

股东大会的会议方式一般分为定期会议和临时会议两类。股东大会应当每年召开一次年会，股份有限公司在以下情形下应在两个月内召开股东大会临时会议：①董事人数不足本法规定人数或者公司章程所定人数的 2/3 时；②公司未弥补的亏损达实收股本总额 1/3 时；③单独或者合计持有公司 10% 以上股份的股东请求时；④董事会认为必要时；⑤监事会提议召开时；⑥公司章程规定的其他情形。

股东大会会议由董事会召集，董事长主持；董事长不能履行职务或者不履行职务的，由副董事长主持；副董事长不能履行职务或者不履行职务的，由半数以上董事共同推举一名董事主持。

股东大会的议事规则奉行的是资本多数决原则。股东投票实行一股一票原则，即股东出席股东大会，所持每一股份有一表决权。

2. 董事会　股份有限公司的董事会是由公司的全体董事组成的公司的经营决策和业务执行机构，是股份有限公司的法定必设机构，对外代表公司。董事会依法由股东大会选举产生，代表公司并行使经营决策权。股份有限公司董事会应由5～19名董事组成，董事任期由公司章程规定，但每届任期不得超过三年。

董事会对股东大会负责，行使下列职权：①召集股东大会会议，并向股东会报告工作；②执行股东大会的决议；③决定公司的经营计划和投资方案；④制订公司的年度财务预算方案、决算方案；⑤制订公司的利润分配方案和弥补亏损方案；⑥制订公司增加或者减少注册资本的方案以及发行公司债券的方案；⑦制订公司合并、分立、解散或者变更公司形式的方案；⑧决定公司内部管理机构的设置；⑨决定聘任或者解聘公司经理及其报酬事项，并根据经理的提名决定聘任或者解聘公司副经理、财务负责人及其报酬事项；⑩制定公司的基本管理制度；⑪公司章程规定的其他职权。

当公司经营中遇到需要董事会及时决策的必要事项时，董事会可以召开临时会议。我国《公司法》规定，代表1/10以上表决权的股东、1/3以上董事或者监事会，可以提议召开董事会临时会议。董事长应当自接到提议后10日内，召集和主持董事会会议。董事长因特殊原因不能履行职务时，由副董事长或者其他董事召集和主持。

董事会会议应有过半数的董事出席方可举行；董事会会议应由董事本人出席；董事因故不能出席，可以书面委托其他董事代为出席，委托书中应载明授权范围；董事会作出决议，必须经全体董事的过半数通过；董事会决议的表决，实行一人一票。

3. 监事会　监事会是依法产生，对董事和经理的经营管理行为及公司财务进行监督的常设机构。它代表全体股东对公司经营管理进行监督，行使监督职能，是公司的监督机构。

监事一般由股东大会选举产生。我国《公司法》规定监事会成员不得少于三人，由股东代表和适当比例的公司职工代表组成，其中职工代表的比例不得低于1/3，监事会中的职工代表由公司职工民主选举产生。监事的任期每届为三年，任期届满，连选可以连任。为保证监督的实效，我国公司法规定公司董事、高级管理人员不得兼任监事。

监事会设主席一人，可以设副主席。监事会主席和副主席由全体监事过半数选举产生。

股份有限公司监事会的职权包括下列内容：①检查公司财务；②对董事、高级管理人员执行公司职务的行为进行监督，对违反法律、行政法规、公司章程或者股东会决议的董事、高级管理人员提出罢免的建议；③当董事、高级管理人员的行为损害公司的利益时，要求董事、高级管理人员予以纠正；④监事列席董事会会议，并对董事会决议事项提出质询或者建议；⑤提议召开临时股东会会议，在董事会不履行法定的召集和主持股东会会议职责时召集和主持股东会会议；⑥向股东大会会议提出提案；⑦在法定情况下有权对董事、高级管理人员提起诉讼；⑧公司章程规定的其他职权。

监事会主席召集和主持监事会会议。监事会主席不能履行职务或者不履行职务的，由监事会副主席召集和主持监事会会议，监事会副主席不能履行职务或者不履行职务时，由半数以上监事共同推举一名监事召集和主持监事会会议。股份有限公司监事会会议至少每六个月召开一次。监事可以提议召开临时监事会会议。监事会应当对所议事项的决定做出会议记录，出席会议的监事应当在会议记录上签名。监事会的议事方式及表决程序除法律规定事项外可由公司章程自行确定。

4. 经理　是由董事会聘任的、负责组织日常经营管理活动的公司常设业务执行机关，是董事会的执行机构。经理为公司的业务执行机构，由董事会聘任，对董事会负责，具体落实股东大会和董事会的决议，主持公司的生产经营管理活动，维持公司运转。经理的职权范围比较广泛，公司章程对经理职权可以做出不同的规定。

四、股份有限公司的股份发行和转让

1. 股份与股票　股份是由股份有限公司发行，体现股东权利和义务的公司资本的组成部分。根据《公司法》的规定，公司的股份采取股票的形式。股票是公司签发的证明股东所持股份的凭证。在股份与股票的关系上，股份是股票的实质内容，股票是股份的外在表现形式。

股份的发行实行公平、公正的原则，同种类的每一股份应当具有同等权利。同次发行的同种类股票，每股的发行条件和价格应当相同；任何单位或者个人所认购的股份，每股应当支付相同价额。

2. 股份发行的条件和程序

(1) 公司设立股份发行的条件：股份的设立发行首先应符合股份有限公司设立的条件。其次，募集设立公司的发起人认购的股份不得少于公司股份总数的35%。而且，股份发行价格的确定还应遵守公司法的规定，即不得折价发行，同股同价。

(2) 新股发行的条件和程序：股份有限责任公司公开发行新股，主要应当符合下列条件：具备健全且运行良好的组织机构；具有持续盈利能力，财务状况良好；最近三年财务会计文件无虚假记载，无其他重大违法行为。

股份有限公司向社会公众公开募集新股的程序主要包括下列步骤：

①股东大会作出决议：发行新股就是增加资本，属于公司的重大事项，其决定

权在公司的股东大会,需由股东大会做出决议。

②报经国务院证券监督管理机构审查核准:股东大会作出发行新股决议后,由董事会向国务院证券监督管理机构报送相关文件,提出公开发行新股的申请。国务院证券监督管理机构或者国务院授权的部门应当自受理证券发行申请文件之日起三个月内,依照法定条件和法定程序作出予以核准或者不予核准的决定。

③公告相关文件:公司经国务院证券监督管理机构核准公开发行新股时,必须公告新股招股说明书和财务会计报告,并制作认股书。

④签订证券承销协议:公司向社会公开发行新股,应当由依法设立的证券经营机构承销。公开发行新股的发行人有权依法自主选择承销的证券经营机构。

⑤登记和公告:新股发行完成后,可能会导致公司注册资本的变化。因此,公司发行新股募足股款后,必须向公司登记机关办理变更登记,并公告。

3. 股份有限公司的股份转让　股份转让是指股份有限公司的股份所有人,依法自愿地将自己的股份让渡给其他人,而受让人依法取得该股份所有权的法律行为。股份的转让通常是以股票转让的方式表现出来的。由于股份有限公司有鲜明的资合性,人合性相对较弱,所以公司法对股份有限公司的股份转让做出的限制性规定较少。

(1) 股份转让的方式:股份转让的方式因股票是否为记名股票而有所不同。记名股票,由股东以背书方式或者法律、行政法规规定的其他方式转让。转让后由公司将受让人的姓名或者名称及住所记载于股东名册。无记名股票的转让,由股东将该股票交付给受让人后即发生转让的效力。

(2) 股份转让的限制

①对股份转让场所的限制:股东转让其股份,应当在依法设立的证券交易场所进行或者按照国务院规定的其他方式进行。我国的上海证券交易所和深圳证券交易所是最具有代表性的证券交易场所。

②对发起人股份转让的限制:股份有限公司的发起人对公司的成立及公司成立初期的财产稳定和组织管理具有重要的影响。为了保护其他股东和公众的利益,防止发起人利用设立公司进行投机活动。出于加重发起人责任的目的,我国《公司法》规定,发起人持有的本公司股份,自公司成立之日起一年内不得转让。

③对公司高级管理人员股份转让的限制:公司的高级管理人员,包括公司的董事、监事、经理等管理人员的行为对公司经营管理影响极大。对公司董事、监事及高级管理人员持有本公司股份的转让限制实际上是对董事、监事及高级管理人员进行利益制约的一种方式。将公司经营状况同这些人员的利益联系起来,以督促其更加勤勉的工作;同时也可以防止担任这些职务的高级管理人员利用内幕信息从事股票交易,牟取非法利益。公司董事、监事、高级管理人员应当向公司申报所

持有的本公司的股份及其变动情况。上述人员在任职期间每年转让的股份不得超过其所持有本公司股份总数的25%;公司股票在证券交易所上市交易的,自上市交易之日起一年内不得转让。上述人员离职后半年内,不得转让其所持有的本公司股份。公司章程可以对公司董事、监事、高级管理人员转让其所持有的本公司股份作出其他限制性规定。

④上市公司股东股份转让的限制:上市公司股东股份转让的限制主要来自于两个方面:一方面是《公司法》第142条的规定,公开发行股份在证券交易所上市交易的,公开发行股份前的股东持有的股份自上市交易之日起一年内不得转让。作此规定,主要是为了防止内幕交易、市场操纵等不公正交易行为的发生。另一方面是上市公司的股票交易必须遵守国家证券监督管理部门和证券交易所的其他交易规则。

⑤对公司收购本公司股份的限制:对于公司收购本公司自身的股份,我国《公司法》采取了原则上禁止,例外允许的立法模式。根据《公司法》条的规定,一般情况下,公司不得收购自身的股票,除非在下列特殊情形下:为减少公司资本而收购;与持有本公司股份的其他公司合并;为将股份奖励给本公司职工而收购;股东因对股东大会作出的公司合并、分立决议持异议,要求公司回购其股份的。

⑥在法定的"停止过户期"内股份转让的限制:在特定情形下,为了使得股东权利的行使更加规范,法律限定在特定时期内不得转让公司的股份,这就是"停止过户期"。例如,我国《公司法》第139条规定,股东大会召开前20日内或者公司决定分配股利的基准日前5日内,不得进行的股东名册的变更登记。

思考题

1. 公司的概念和基本特征是什么?
2. 有限责任公司主要有哪些特征?
3. 设立股份有限公司应当具备哪些条件?
4. 简述股东大会的职权。

推荐阅读

1. 范健,王建文.公司法.第3版.北京:法律出版社,2011
2. 甘培忠.企业与公司法学.第7版.北京:北京大学出版社,2014
3. 施天涛.商法学(第4版).北京:法律出版社,2010
4. 高云.新公司法实务操作指南.北京:法律出版社,2014
5. 刘俊海.公司法学.第2版.北京:北京大学出版社,2013

北京中医药大学　张继旺

第六章 企业法律制度

第一节 全民所有制工业企业法

一、全民所有制工业企业法概述

全民所有制工业企业法这个概念，有广义和狭义两种理解。从狭义上讲，在我国，它是指第七届全国人民代表大会第一次会议通过的《中华人民共和国全民所有制工业企业法》（以下简称《企业法》）。该法于 1988 年 4 月 13 日通过，同年 8 月 1 日起施行。它分为 8 章共 69 条。除了适用于全民所有制工业企业外，其原则也适用于全民所有制交通运输、邮电、地质勘探、建筑安装、商业、外贸、物资、农林、水利企业。这部重要的基本法，对于其他所有现行的关于全民所有制工业企业的法规起着统帅作用，具有较高的法律效力。

从广义上讲，全民所有制工业企业法，是调整在国家干预经济和市场管理中发生的关于全民所有制工业企业经济关系的法律规范的总称。

调整上述经济关系的法律文件是《企业法》和国务院于 1992 年 7 月 23 日发布并施行的《全民所有制工业企业转换经营机制条例》（以下简称《转换机制条例》）以及其他关于全民所有制工业企业的一系列法规。

党的十四届三中全会《关于建立社会主义市场经济体制若干问题的决定》指出："建立现代企业制度，是发展社会化大生产和市场经济的必然要求，是我国国有企业改革的方向。""建立现代企业制度是一项艰巨复杂的任务，必须积累经验，创造条件，逐步推进。当前，要继续贯彻《全民所有制工业企业法》和《全民所有制工业企业转换经营机制条例》。"

全民所有制工业企业具有以下特征：

1. 全民所有制工业企业是市场经济组织　它主要从事市场经济活动，在我国，它是一种十分重要的市场经济主体。

2. 具有独立法人地位　为适应市场经济的要求，企业应当成为依法自主经营、自负盈亏、自我发展、自我约束的商品生产和经营单位，成为独立享有民事权利和承担民事义务的企业法人。

3. 它主要从事工业生产经营活动　同非工业企业所从事的商品经营活动有所区别。

4. 以生产资料的全民所有制为基础　这是它同其他所有制的工业企业的主要区别所在。

二、全民所有制工业企业的设立、变更和终止

1. 全民所有制工业企业的设立　申请设立全民所有制工业企业必须具备的条件：

根据《企业法》第 17 条规定，申请设立全民所有制工业企业必须具备下列条件：①产品为社会所需要。②有能源、原材料、交通运输的必要条件。③有自己的名称和生产经营场所。④有符合国家规定的资金。⑤有自己的组织机构。⑥有明确的经营范围。⑦法律、法规规定的其他条件。

《企业法》第 16 条规定：设立企业，必须依照法律和国务院规定，报请政府或者政府主管部门审核批准，经工商行政管理部门核准登记注册，领取“企业法人营业执照”取得法人资格。企业法人凭据其营业执照可以刻制公章、开设银行账户，在核准登记的经营范围内从事生产经营活动，其合法权益受法律保护。

2. 全民所有制工业企业的变更和终止　企业变更的主要形式包括企业的合并、分立和其他重要事项的变更。根据《企业法人登记管理条例》第 17 条规定：其他重要事项，是指企业法人改变名称、住所、经营场所、法人代表人、经济性质、经营范围、注册资金、经营期限以及增设或者撤销分支机构。

企业合并是指两个或两个以上的企业联合组成一个企业或者一个企业兼并一个或一个以上的企业；企业的分立是指一个企业分成两个或两个以上的企业；企业终止是指企业由于关、停、解散、破产等情况而关闭。

《企业法》第 19 条规定，企业由于下列原因终止：①违反法律、法规被责令撤销。②政府主管部门依照法律、法规的规定决定其解散。③依法被宣告破产。④其他原因。

企业的权利、义务不因企业的变更、终止而消灭。在企业变更的情况下，原企业的权利和义务由变更后的企业享有和承担。企业终止时，必须依法清理债权、债务。

企业的变更和终止，应当依照法律、法规的规定，经工商行政管理部门核准登记，并向国有资产管理部门办理产权变更或注销登记。

三、全民所有制工业企业的权利和义务

1. 企业权利的主要内容 按照《企业法》和《转换机制条例》的规定，全民所有制工业企业权利的主要内容可以概括为产、供、销和人、财、物两方面。

(1) 产、供、销方面的权利：包括生产经营决策权、物资选购权、产品销售权、进出口权、产品劳务定价权、联营兼并权等。

(2) 人、财、物方面的权利：包括人事劳动管理权、投资决策权、留用资金支配权、债券发行权、资产处置权、拒绝摊派权。

2. 企业义务的主要内容 根据《企业法》和《转换机制条例》的规定，企业义务的主要内容可以概括为对国家的义务、对社会的义务、对职工的义务三个方面。

(1) 企业对国家的义务：包括遵守法律、法规，承担指令性计划任务的企业完成指令性计划、降低成本，提高劳动生产率、遵守财经纪律，依法缴纳税金、费用、利润、维护生产秩序，保护国家财产等。

(2) 企业对社会的义务：包括保证产品质量和服务质量、履行依法订立的合同、防止对环境的污染。

(3) 企业对职工的义务：包括支持职工开展科学技术活动和劳动竞赛、实行安全生产等。

四、违反全民所有制工业企业法的法律责任

1. 政府和政府有关部门违法的法律责任 《企业法》第 58 条规定：任何机关和单位不得侵犯企业依法享有的经营管理自主权；不得向企业摊派人力、物力、财力；不得要求企业设置机构或者规定机构改革编制人数。该法第 61 条规定：违反上述规定的，企业有权向作出决定的机关申请撤销；不予撤销的，企业有权向作出决定的机关的上一级机关或者政府监察部门申诉。接受申诉的机关应于接到申诉之日起 30 日内作出裁决并通知企业。

2. 企业违法的法律责任 企业违反企业登记和产品质量等法规规定的，应当承担责任，《企业法》有关条款对此作出了规定。企业向登记机关弄虚作假、隐瞒真实情况的，给予警告或者处以罚款；情节严重的，吊销营业执照。企业因生产、销售质量不合格的产品，给用户和消费者造成财产、人身伤害的，应当承担赔偿责任；构成犯罪的，对直接责任人员依法追究刑事责任。

3. 企业领导干部的法律责任 企业领导干部滥用职权，侵犯职工合法权益，情节严重的，由政府主管部门给予行政处分。企业领导干部滥用职权、假公济私、对职工进行报复陷害的，处 2 年以下有期徒刑或者拘役；情节严重的，处 2 年以上 7 年以下有期徒刑。

企业和政府有关部门的领导干部，因工作过失给企业和国家造成较大损失的，由政府主管部门或者有关上级机关给予行政处分；玩忽职守，致使企业财产、国家和人民利益遭受重大损失的，处 3 年以下有期徒刑或者拘役；情节特别严重的，处 3 年以上 7 年以下有期徒刑。

4. 有关单位和个人违法的法律责任　违反《企业法》的有关规定、未经政府或政府主管部门审核批准和工商管理部门核准登记，以企业名义进行生产经营活动的，责令停业，没收违法所得。

阻碍企业领导干部依法履行职务，未使用暴力、威胁方法的，由企业所在地公安机关处以 15 日以下拘留、200 元以下罚款或者警告；以暴力、威胁方法阻碍企业领导干部依法履行职务的，处 3 年以下有期徒刑、拘役、罚金。

扰乱企业的秩序，致使生产、营业、工作不能正常进行，尚未造成严重损失的，由企业所在地公安机关处以 15 日以下拘留、200 元以下罚款或者警告；情节严重，致使生产、营业、工作无法进行，对首要分子处 3 年以上 7 年以下有期徒刑；对其他积极参加的，处 3 年以下有期徒刑、拘役、管制或者剥夺政治权利。

第二节　合伙企业法律制度

一、合伙企业的概念

合伙企业，是指在我国境内设立的自然人、法人和其他组织通过订立合伙协议，合伙经营、共同出资、共享收益、共担风险，并对合伙企业债务承担相应责任的营利性组织。

根据 2006 年修订后的《中华人民共和国合伙企业法》，一般将合伙企业分为两大类。一类是普通合伙企业，一类是有限合伙企业。普通合伙企业由普通合伙人组成，合伙人对合伙企业债务承担无限连带责任。法律对普通合伙人承担责任的形式有特别规定的，从其规定。有限合伙企业由普通合伙人和有限合伙人组成，普通合伙人对合伙企业债务承担无限连带责任，有限合伙人以其认缴的出资额为限对合伙企业债务承担责任。

二、普通合伙企业

（一）普通合伙企业的设立条件

普通合伙企业，应当具备下列 5 个条件：

1. 有两个以上合伙人：合伙人为自然人的，应当具有完全民事行为能力。国有独资公司、国有企业、上市公司以及公益性的事业单位、社会团体不得成为普通合伙人。

2. 有书面合伙协议。

3. 有合伙人认缴或者实际缴付的出资：合伙人可以用货币、实物、知识产权、土地使用权或者其他财产权利出资，也可以用劳务出资。合伙人以实物、知识产权、土地使用权或者其他财产权利出资，需要评估作价的，可以由全体合伙人协商确定，也可以由全体合伙人委托法定评估机构评估。合伙人以劳务出资的，其评估办法由全体合伙人协商确定，并在合伙协议中载明。

4. 有合伙企业的名称和生产经营场所：合伙企业名称中应当标明“普通合伙”字样。

5. 法律、行政法规规定的其他条件。

（二）普通合伙企业的财产

根据《合伙企业法》规定，普通合伙人的出资、以合伙企业名义取得的收益和依法取得的其他财产，均为合伙企业的财产。合伙人在合伙企业清算前，不得请求分割合伙企业的财产；但是，法律另有规定的除外。合伙人在合伙企业清算前私自转移或者处分合伙企业财产的，合伙企业不得以此对抗善意第三人。

除合伙协议另有约定外，合伙人向合伙人以外的人转让其在合伙企业中的全部或者部分财产份额时，须经其他合伙人一致同意。合伙人之间转让在合伙企业中的全部或者部分财产份额时，应当通知其他合伙人。合伙人向合伙人以外的人转让其在合伙企业中的财产份额的，在同等条件下，其他合伙人有优先购买权；但是，合伙协议另有约定的除外。

合伙人以外的人依法受让合伙人在合伙企业中的财产份额的，经修改合伙协议即成为合伙企业的合伙人，依照相关法律和修改后的合伙协议享有权利，履行义务。

合伙人以其在合伙企业中的财产份额出质的，须经其他合伙人一致同意；未经其他合伙人一致同意，其行为无效，由此给善意第三人造成损失的，由行为人依法承担赔偿责任。

（三）普通合伙企业的事务执行

除合伙协议另有约定外，经全体合伙人一致同意，可以聘任合伙人以外的人担任合伙企业的经营管理人员；被聘任的经营管理人员，仅是合伙企业的经营管理人员，不是合伙企业的合伙人，不具有合伙人的资格。

被聘任的合伙企业的经营管理人员应当在合伙企业授权范围内履行职务。被聘任的合伙企业的经营管理人员，超越合伙企业授权范刚履行职务，或者在履行职务过程中因故意或者重大过失给合伙企业造成损失的，依法承担赔偿责任。

除合伙协议另有约定外，下列事项应当经全体合伙人一致同意：①改变合伙企业的名称；②改变合伙企业经营范围、主要经营场所的地点；③处分合伙企业的不动产；④转让或者处分合伙企业的知识产权和其他财产权利；⑤以合伙企业名义为他人提供担保；⑥聘任合伙人以外的人担任合伙企业的经营管理人员。

（四）合伙人的权利和义务

1. 权利　①不执行合伙事务的合伙人有权监督执行事务合伙人执行合伙事务的情况；②合伙人有权查阅合伙企业会计账簿等财务资料；③合伙人分别执行合伙事务的，执行事务合伙人可以对其他合伙人执行的事务提出异议。提出异议时，应当暂停该项事务的执行。受委托执行合伙事务的合伙人不按照合伙协议或者全体合伙人的决定执行事务，其他合伙人可以决定撤销该委托。

2. 义务　①合伙人不得自营或者同他人合作经营与本合伙企业相竞争的业务。②除合伙协议另有约定或者经全体合伙人一致同意外，合伙人不得同本合伙企业进行交易。③合伙人不得从事损伤本合伙企业利益的活动。

（五）合伙企业的损益分配

合伙企业的利润分配、亏损分担，按照合伙协议的约定办理。合伙协议未约定或者约定不明确的，由合伙人协商决定；协商不成的，由合伙人按照“实缴出资”比例分配、分担；无法确定出资比例的，由合伙人平均分配、分担。合伙协议不得约定将全部利润分配给部分合伙人或者由部分合伙人承担全部亏损。

合伙企业对其债务，应先以其全部财产进行清偿。合伙企业不能清偿到期债务的，合伙人承担无限连带责任。合伙人之间的分担比例对债权人没有约束力。债权人可以根据自己的清偿利益，请求全体合伙人中的一人或者数人承担全部清偿责任，也可以按照自己确定的比例向各合伙人分别追偿。

合伙人发生与合伙企业无关的债务，相关债权人不得以其债权抵消其对合伙企业的债务；也不得代位行使合伙人在合伙企业中的权利。合伙人的自有财产不足清偿其与合伙企业无关的债务，该合伙人可以以其从合伙企业中分取的收益用于清偿；债权人也可以依法请求人民法院强制执行该合伙人在合伙企业中的财产份额用于清偿。

人民法院强制执行合伙人的财产份额时，应当通知全体合伙人，其他合伙人有优先购买权：其他合伙人未购买，又不同意将该财产份额转让给他人的，依照《合伙企业法》的规定为该合伙人办理退伙结算，或者办理消减该合伙人相应财产份额的结算。

（六）普通合伙企业的入伙、退伙

1. 入伙　是指在合伙企业存续期间，合伙人以外的第三人加入合伙，从而取得合伙人资格。

新合伙人入伙，除合伙协议另有约定外，应当经全体合伙人一致同意，并依法订立书面入伙协议。订立入伙协议时，原合伙人应当向新合伙人如实告知原合伙企业的经营状况和财务状况。

入伙的新合伙人与原合伙人享有同等权利，承担同等责任。但是，入伙协议另行约定的，从其约定。新合伙人对入伙前合伙企业的债务承担无限连带责任。

2. 退伙　是指合伙人退出合伙企业，从而丧失合伙人资格。合伙人退伙，一般有两种原因：一是自愿退伙；二是法定退伙。

（1）自愿退伙：可以分为协议退伙和通知退伙两种：

①协议退伙：合伙协议约定合伙期限的，在合伙企业存续期间，有下列情形之一的，合伙人可以退伙：a. 合伙协议约定的退伙事由出现；b. 经全体合伙人一致同意；c. 发生合伙人难以继续参加合伙的事由；d. 其他合伙人严重违反合伙协议约定的义务。合伙人违反上述规定退伙的，应当赔偿由此给合伙企业造成的损失。

②通知退伙：合伙协议未约定合伙期限的，合伙人在不给合伙企业事务执行造成不利影响的情况下，可以退伙，但应当提前 30 日通知其他合伙人。合伙人违反上述规定退伙的，应当赔偿由此给合伙企业造成的损失。

（2）法定退伙：分为当然退伙和除名两类：

①当然退伙：合伙人有下列情形之一的，当然退伙：a. 作为合伙人的自然人死亡或者被依法宣告死亡；b. 个人丧失偿债能力；c. 作为合伙人的法人或者其他组织依法被吊销营业执照、责令关闭、撤销，或者被宣告破产；d. 法律规定或者合伙协议约定合伙人必须具有相关资格而丧失该资格；e. 合伙人在合伙企业中的全部财产份额被人民法院强制执行。当然退伙以退伙事由实际发生之日为退伙生效日。

合伙人被依法认定为无民事行为能力人或者限制民事行为能力人的，经其他合伙人一致同意，可以依法转为有限合伙人，普通合伙企业依法转为有限合伙企业。其他合伙人未能一致同意的，该无民事行为能力或者限制民事行为能力的合伙人退伙。

②除名：合伙人有下列情形之一的，经其他合伙人一致同意，可以决议将其除名：a. 未履行出资义务；b. 因故意或者重大过失给合伙企业造成损失；c. 执行合伙事务时有不正当行为；d. 发生合伙协议约定的事由。对合伙人的除名决议应当书面通知被除名人。被除名人接到除名通知之日，除名生效，被除名人退伙。被除名人对除名决议有异议的，可以自接到除名通知之日起 30 日内，向人民法院起诉。

退伙人在合伙企业中财产份额的退还办法，由合伙协议约定或者由全体合伙人决定，可以退还货币，也可以退还实物。

合伙人退伙时，合伙企业财产少于合伙企业债务的，退伙人应当依照法律规定分担亏损。

退伙人对基于其退伙前的原因发生的合伙企业债务，承担无限连带责任。

三、有限合伙企业

1. 有限合伙企业的概念

有限合伙企业，由2个以上50个以下合伙人共同组成，其中至少有一名普通合伙人。普通合伙人对合伙企业债务承担无限连带责任，有限合伙人以其认缴的出资额为限对合伙企业债务承担责任的合伙组织。

有限合伙人可以用货币、实物、知识产权、土地使用权或者其他财产权利作价出资。有限合伙人不得以劳务出资。有限合伙人应当按照合伙协议的约定按期足额缴纳出资；未按期足额缴纳的，应当承担补缴义务，并对其他合伙人承担违约责任。

2. 有限合伙企业事务执行的特殊规定

有限合伙企业由普通合伙人执行合伙事务。执行事务合伙人可以要求在合伙协议中确定执行事务的报酬及报酬提取方式。

有限合伙人不执行合伙事务，不得对外代表有限合伙企业。有限合伙人的下列行为，不视为执行合伙事务：①参与决定普通合伙人入伙、退伙；②对企业的经营管理提出建议；③参与选择承办有限合伙企业审计业务的会计师事务所；④获取经审计的有限合伙企业财务会计报告；⑤对涉及自身利益的情况，查阅有限合伙企业财务会计账簿等财务资料；⑥在有限合伙企业中的利益受到侵害时，向有责任的合伙人主张权利或者提起诉讼；⑦执行事务合伙人怠于行使权利时，督促其行使权利或者为了本企业的利益以自己的名义提起诉讼；⑧依法为本企业提供担保。

第三人有理由相信有限合伙人为普通合伙人并与其交易的，该有限合伙人对该笔交易承担与普通合伙人同样的责任。有限合伙人未经授权以有限合伙企业名义与他人进行交易，给有限合伙企业或者其他合伙人造成损失的，该有限合伙人应当承担赔偿责任。

有限合伙企业不得将全部利润分配给部分合伙人，但合伙协议另有约定的除外。

有限合伙人可以同本有限合伙企业进行交易，但合伙协议另有约定的除外。

有限合伙人可以自营或者同他人合作经营与本有限合伙企业相竞争的业务，但合伙协议另有约定的除外。

3. 有限合伙企业财产出质与转让的特殊规定

有限合伙人可以将其在有限合伙企业中的财产份额出质，但合伙协议另有约定的除外。

有限合伙人可以按照合伙协议的约定向合伙人以外的人转让其在有限合伙企业中的财产份额，但应当提前 30 日通知其他合伙人。

4. 有限合伙人债务清偿的特殊规定

有限合伙人的自有财产不足清偿其与合伙企业无关的债务的，该合伙人可以以其从有限合伙企业中分取的收益用于清偿；债权人也可以依法请求人民法院强制执行该合伙人在有限合伙企业中的财产份额用于清偿。人民法院强制执行有限合伙人的财产份额时，应当通知全体合伙人。在同等条件下，其他合伙人有优先购买权。

5. 有限合伙企业的入伙、退伙

新入伙的有限合伙人对入伙前有限合伙企业的债务，以其认缴的出资额为限承担责任。

有限合伙人出现下列之一情形时当然退伙：①作为合伙人的自然人死亡或者被依法宣告死亡；②作为合伙人的法人或者其他组织依法被吊销营业执照、责令关闭、撤销，或者被宣告破产；③法律规定或者合伙协议约定合伙人必须具有相关资格而丧失该资格；④合伙人在合伙企业中的全部财产份额被人民法院强制执行。

作为有限合伙人的自然人在有限合伙企业存续期间丧失民事行为能力的，其他合伙人不得因此要求其退伙。

作为有限合伙人的自然人死亡、被依法宣告死亡或者作为有限合伙人的法人及其他组织终止时，其继承人或者权利承受人可以依法取得该有限合伙人在有限合伙企业中的资格。

有限合伙人退伙后，对基于其退伙前的原因发生的有限合伙企业债务，以其退伙时从有限合伙企业中取回的财产承担责任。

6. 有限合伙与普通合伙的转变

除合伙协议另有约定外，普通合伙人转变为有限合伙人，或者有限合伙人转变为普通合伙人，应当经全体合伙人一致同意。

有限合伙人转变为普通合伙人的，对其作为有限合伙人期间有限合伙企业发生的债务承担无限连带责任。

普通合伙人转变为有限合伙人的，对其作为普通合伙人期间合伙企业发生的债务承担无限连带责任。

四、合伙企业的解散与清算

1. 合伙企业解散　合伙企业有下列情形之一的，应当解散：①合伙期限届满，合伙人决定不再经营；②合伙协议约定的解散事由出现；③全体合伙人决定解散；④合伙人已不具备法定人数满 30 天；⑤合伙协议约定的合伙目的已经实现或者无法实现；⑥依法被吊销营业执照、责令关闭或者被撤销；⑦法律、行政法规规定的其他原因。

2. 合伙企业清算　合伙企业解散，应当由清算人进行清算。

清算人在清算期间执行下列事务：①清理合伙企业财产，分别编制资产负债表和财产清单。②处理与清算有关的合伙企业未了结事务。③清缴所欠税款。④清理债权、债务。⑤处理合伙企业清偿债务后的剩余财产。⑥代表合伙企业参加诉讼或者仲裁活动。

合伙企业财产在支付清算费用和职工工资、社会保险费用、法定补偿金以及缴纳所欠税款、清偿债务后的剩余财产，依照《合伙企业法》关于利润分配和亏损分担的规定进行分配。

清算结束，清算人应当编制清算报告，经全体合伙人签名、盖章后，在15日内向企业登记机关报送清算报告，申请办理合伙企业注销登记。

合伙企业注销后，原普通合伙人对合伙企业存续期间的债务仍应承担无限连带责任。

合伙企业不能清偿到期债务的，债权人可以依法向人民法院提出破产清算申请，也可以要求普通合伙人清偿。合伙企业依法被宣告破产的，普通合伙人对合伙企业债务仍应承担无限连带责任。

第三节　个人独资企业法律制度

一、个人独资企业概述

根据《个人独资企业法》的规定，所谓个人独资企业，是指依照我国《个人独资企业法》，在中国境内设立，由一个自然人投资，财产为投资人个人所有，投资人以其个人财产对企业债务承担无限责任的经营实体。简言之，就是由一个自然人单独投资并经营的企业。

个人独资企业具有以下法律特征：

1. 个人独资企业是一个自然人投资的企业形式。这与需要由2人以上的多数人共同投资设立的合伙企业与公司企业相区别，而且该投资人仅限于自然人，非自然人单独投资设立企业的在法律上均不是个人独资企业。

2. 个人独资企业的投资者对企业的所有事务享有绝对的支配权与控制权。

3. 个人独资企业的一切经营成果或后果由投资者单独享有或承担，即企业的资产、收益归其所有，亏损由其承担，投资人以其个人财产对企业债务承担无限责任。

4. 个人独资企业是非法人企业，企业只是自然人进行商业活动的特殊形态，投资人的人格与独资企业的人格并未分离，这是它同法人型企业的本质区别。

二、个人独资企业的设立

设立个人独资企业应当具备的条件是：

1. 投资人为一个自然人　法律、行政法规禁止从事营利性活动的人，如公务员不得作为投资人申请设立个人独资企业。

2. 有合法的企业名称　其名称中不得使用“有限”、“有限责任”或者“公司”字样。

3. 有投资人申报的出资。

4. 有固定的生产经营场所和必要的生产经营条件　从事临时经营、季节性经营、流动经营和没有固定门面的摆摊经营，不得登记为个人独资企业。

5. 有必要的从业人员。

申请设立个人独资企业，应当由投资人或者其委托的代理人向个人独资企业所在地的工商行政管理机关申请设立登记。投资人申请设立登记，应向登记机关提交下列文件：①投资人签署的个人独资企业设立申请书；②投资人身份证明；③企业住所证明；④国家工商行政管理局规定提交的其他文件。委托代理人申请设立登记的，应当出具投资人的委托书和代理人的身份证明或者资格证明。

个人独资企业不得从事法律、行政法规禁止经营的业务；从事法律、行政法规规定必须报经有关部门审批的业务，应当在申请设立登记时提交有关部门的批准文件。登记机关应当在收到设立申请文件之日起 15 日内做出核准登记或不予登记之决定。予以核准的，发给营业执照；不予核准的，发给企业登记驳回通知书，说明理由。

个人独资企业营业执照签发之日为个人独资企业成立日期，在此之前，投资人不得以个人独资企业名义从事经营活动。独资企业要设立分支机构的，应在分支机构所在地的登记机关申请登记，领取营业执照。

三、个人独资企业投资人的权利与义务

1. 投资人的权利　个人独资企业投资人对企业的财产享有所有权，即可以依法占有、使用、受益、处分，对企业的生产经营活动有完全的决策权和控制权，其有关权利可以依法进行转让或继承。个人独资企业可以依法申请贷款，取得土地使用权，并享有法律、法规规定的其他权利。

2. 投资人的义务　①应当依法设置会计账簿，进行会计核算。②招用职工的，应依法与其签订劳动合同，保障职工的劳动安全，按时、足额发放职工工资。③应当按国家规定参加社会保险，为职工缴纳社会保险费。④依法纳税。⑤个人独资企业应以个人财产对企业债务承担无限责任；如投资人在申请设立登记时明确以家庭共有财产作为个人出资的，应当依法以家庭共有财产对企业债务承担无限责任。

四、个人独资企业的解散和清算

1. 个人独资企业的解散　《个人独资企业法》规定，个人独资企业有下列情形之一时，应当解散：①投资人决定解散；②投资人死亡或者被宣告死亡，无继承人或者继承人决定放弃继承；③被依法吊销营业执照；④法律、行政法规规定的其他情形。

2. 个人独资企业的清算　个人独资企业的解散，由投资人自行清算或者由债权人申请人民法院指定清算人进行清算。投资人自行清算的，应当在清算前15日内书面通知债权人，无法通知的应当予以公告。债权人应当在接到通知之日起30日内，未接到通知的应当在公告之日起60日内，向投资人申报其债权。

个人独资企业解散后，原投资人对个人独资企业存续期间的债务仍应承担偿还责任。但债权人在5年内未向债务人提出偿债请求的，该责任消灭。个人独资企业解散的，财产应当按照下列顺序清偿：首先是所欠职工工资和社会保险费用；其次是所欠税款；第三是其他债务。清算期间，个人独资企业不得开展与清算目的无关的经营活动。

第四节　企业破产法律制度

2006年颁布的《中华人民共和国企业破产法》改变了老的《企业破产法(试行)》只适用于全民所有制企业，其他类型的企业破产适用《中华人民共和国民事诉讼法》的有关规定的尴尬局面，对企业破产做了系统的规定。

一、破产案件的申请和受理

1. 破产申请的提出　依照《破产法》的规定，债务人具有破产法规定的破产原因，可以向人民法院提出重整、和解或者破产清算申请；债务人不能清偿到期债务，债权人也可以向人民法院提出对债务人进行重整或者破产清算的申请；对于企业法人已解散但未清算或者未清算完毕,资产不足以清偿债务的,依法负有清算责任的人应当向人民法院申请破产清算。

人民法院受理破产申请前,申请人可以请求撤回申请。

2. 破产案件受理的程序　债权人提出破产申请的,人民法院应当自收到申请之日起五日内通知债务人。债务人对申请有异议的,应当自收到人民法院的通知之日起七日内向人民法院提出。人民法院应当自异议期满之日起十日内裁定是否受理。

除上述情形外,人民法院应当自收到破产申请之日起十五日内裁定是否受理。有特殊情况需要延长上述规定的裁定受理期限的,经上一级人民法院批准,可以延长十五日。

人民法院认为申请人应当补充、补正相关材料的,应当自收到破产申请之日起五日内告知申请人。当事人补充、补正相关材料的期间不计入企业破产法第十条规定的期限。

人民法院裁定受理破产申请的,应当同时指定管理人。为保护全体债权人的共同利益,人民法院受理破产申请后,债务人对个别债权人的债务清偿无效。破产企业的债务人或者财产持有人应当向管理人清偿债务或者交付财产;管理人对破产申请受理前成立而债务人和对方当事人均未履行完毕的合同有权决定解除或者继续履行,并通知对方当事人。人民法院受理破产申请后,有关债务人财产的保全措施应当解除,执行程序应当中止。对于可能因有关利益相关人的行为或者其他原因,影响破产程序依法进行的,人民法院可根据管理人的申请或者依职权,对债权人的全部财产或者部分财产采取保全措施。

二、债务人财产

1. 债务人财产概念和范围　债务人财产是供破产债权人分配的破产企业的财产,包括破产申请受理时属于债务人的全部财产,以及破产申请受理后至破产程序终结前债务人取得的财产,而非“破产财产”。需要特别指出的是,债务人财产不仅包括债务人所有的货币、实物,还包括债务人依法享有的可以用货币估价并可以依法转让的债权、股权、知识产权、用益物权等财产和财产权益。

2. 对债务人财产的保护

(1) 破产程序前行为的撤销:人民法院受理破产申请前一年内,涉及债务人财产的下列行为,管理人有权请求人民法院予以撤销:①无偿转让财产的;②以明显不合理的价格进行交易的;③对没有财产担保的债务提供财产担保的;④对未到期的债务提前清偿的;⑤放弃债权的。

(2) 破产无效行为:涉及债务人财产的下列行为无效:①为逃避债务而隐匿、

转移财产的；②虚构债务或者承认不真实的债务的。

(3) 管理人的追回权：对于上述破产程序前行为的撤销和破产无效行为而取得的债务人的财产，管理人有权追回。需要指出的是破产申请受理前一年内债务人提前清偿的未到期债务，在破产申请受理前已经到期，管理人是无权追回的。但是，该清偿行为发生在破产申请受理前六个月内且债务人存在申请破产情形条件的除外。可撤销行为的起算点，则根据债务人经过何种清算程序而有所不同。债务人的董事、监事和高级管理人员利用职权从企业获取的非正常收入和侵占的企业财产，管理人应当追回。

按照法律规定，以下两种收入为非正常收入：①绩效奖金；②普遍拖欠职工工资情况下获取的工资性收入。

(4) 取回权：取回权是指管理人占有不属于破产财产的他人财产，该财产的权利人可以不经破产清算程序，而经管理人同意将其直接取回的权利。

①一般取回权：人民法院受理破产申请后，债务人占有的不属于债务人的财产，该财产的权利人可以通过管理人取回。

②特殊取回权：人民法院受理破产申请时，出卖人已将买卖标的物向作为买受人的债务人发运，债务人尚未收到且未付清全部价款的，出卖人可以取回在途标的物。但是，管理人可以支付全部价款，请求出卖人交付标的物。

(5) 抵销权：破产法上的抵销是指在破产案件受理前，破产债权人对破产人同时负有债务的，不论其债权同所负债务的种类是否相同，也不论其债权是否已经到期，破产债权人有权不依破产程序而以自己所享有的破产债权与其所负债务进行抵销。

有下列情形之一的，不得抵销：

①债务人的债务人在破产申请受理后取得他人对债务人的债权的。

②债权人已知债务人有不能清偿到期债务或者破产申请的事实，对债务人负担债务的；但是，债权人因为法律规定或者有破产申请一年前所发生的原因而负担债务的除外。

③债务人的债务人已知债务人有不能清偿到期债务或者破产申请的事实，对债务人取得债权的；但是，债务人的债务人因为法律规定或者有破产申请一年前所发生的原因而取得债权的除外。

三、破产费用和共益债务

1. 破产费用　破产费用是破产事务中人民法院受理破产案件所收取的案件受理处理费用以及管理人在处理破产事务中所开支的费用与收取报酬的总和。人民法院受理破产申请后发生的下列费用，为破产费用：①破产案件的诉讼费用；

②管理、变价和分配债务人财产的费用;③管理人执行职务的费用、报酬和聘用工作人员的费用。

2. 共益债务　共益债务是从债务人财产的角度作出的界定,指破产程序中为全体债权人的共同利益由债务人财产及其管理人而产生的债务。人民法院受理破产申请后发生的下列债务,为共益债务:①因管理人或者债务人请求对方当事人履行双方均未履行完毕的合同所产生的债务;②债务人财产受无因管理所产生的债务;③因债务人不当得利所产生的债务;④为债务人继续营业而应支付的劳动报酬和社会保险费用以及由此产生的其他债务;⑤管理人或者相关人员执行职务致人损害所产生的债务;⑥债务人财产致人损害所产生的债务。

3. 破产费用和共益债务的清偿　破产费用和共益债务由债务人财产随时清偿。债务人财产不足以清偿所有破产费用和共益债务的,先行清偿破产费用。债务人财产不足以清偿所有破产费用或者共益债务的,按照比例清偿。

债务人财产不足以清偿破产费用的,管理人应当提请人民法院终结破产程序。人民法院应当自收到请求之日起 15 日内裁定终结破产程序,并予以公告。

四、债权申报

人民法院受理破产申请时对债务人享有债权的债权人,依照法定程序向管理人申报债权。人民法院受理破产申请后,应当确定债权人申报债权的期限。债权申报期限自人民法院发布受理破产申请公告之日起计算,最短不得少于 30 日,最长不得超过三个月。

在人民法院确定的债权申报期限内,债权人未申报债权的,可以在破产财产最后分配前补充申报;但是,此前已进行的分配,不再对其补充分配。为审查和确认补充申报债权而产生的费用,由补充申报人承担。债权人未依照破产法规定申报债权的,不得依照破产法规定的程序行使权利。

已经申报的债权应当提交第一次债权人会议核查。债务人、债权人对债权表记载的债权无异议的,由人民法院裁定确认。债务人、债权人对债权表记载的债权有异议的,可以向受理破产申请的人民法院提起诉讼。

五、债权人会议

1. 债权人会议的概念　债权人会议是债权人团体为参与破产程序而设置的私法上的机关,目的在于保护自己的利益。在破产程序中,债权人会议不是一个独立的民事权利主体,只是临时性的具有自治性质的机构。债权人会议以召集会议的方式进行活动,不是常设的机构,只是进行决议,其所作出的相关决议一般由管理人负责执行。

2. 债权人会议的组成　依法申报债权的债权人为债权人会议的成员，有权参加债权人会议，享有表决权。债权尚未确定的债权人，除人民法院能够为其行使表决权而临时确定债权额的外，不得行使表决权。债权人可以委托代理人出席债权人会议，行使表决权。代理人出席债权人会议，应当向人民法院或者债权人会议主席提交债权人的授权委托书。债权人会议应当有债务人的职工和工会的代表参加，对有关事项发表意见。

债权人会议设主席一人，由人民法院从有表决权的债权人中指定。债权人会议主席负责主持债权人会议。第一次会议由人民法院召集，自债权申报期限届满之日起 15 日内召开。以后的债权人会议，在人民法院认为必要时，或者管理人、债权人委员会、占债权总额 1/4 以上的债权人向主席提议时召开。

3. 债权人会议的职权　债权人会议行使下列职权：①核查债权；②申请人民法院更换管理人，审查管理人的费用和报酬；③监督管理人；④选任和更换债权人委员会成员；⑤决定继续或者停止债务人的营业；⑥通过重整计划；⑦通过和解协议；⑧通过债务人财产的管理方案；⑨通过破产财产的变价方案；⑩通过破产财产的分配方案；⑪人民法院认为应当由债权人会议行使的其他职权。

债权人会议的决议，由出席会议的有表决权的债权人过半数通过，并且其所代表的债权额占无财产担保债权总额的 1/2 以上，法律另有规定的除外。债权人认为债权人会议的决议违反法律规定，损害其利益的，可以自债权人会议作出决议之日起 15 日内，请求人民法院裁定撤销该决议，责令债权人会议依法重新作出决议。

债权人会议的决议，对于全体债权人均有约束力。

六、债权人委员会

债权人委员会也叫破产监督人，是债权人会议的常设机构。

1. 债权人委员会的组成　债权人会议可以决定设立债权人委员会。债权人委员会由债权人会议选任的债权人代表和一名债务人的职工代表或者工会代表组成。债权人委员会成员不得超过九人。债权人委员会成员应当经人民法院书面决定认可。

2. 债权人委员会的职权　债权人委员会的监督权包括：监督债务人财产的管理和处分；监督破产财产分配；提议召开债权人会议及行使债权人会议委托的其他职权。

债权人委员会执行职务时，有权要求管理人、债务人的有关人员对其职权范围内的事务作出说明或者提供有关文件。管理人、债务人的有关人员违反法律规定拒绝接受监督的，债权人委员会有权就监督事项请求人民法院作出决定；人民法院应当在五日内作出决定。

《破产法》规定，管理人实施下列行为，应当及时报告债权人委员会：

①涉及土地、房屋等不动产权益的转让；②探矿权、采矿权、知识产权等财产权的转让；③全部库存或者营业的转让；④借款；⑤设定财产担保；⑥债权和有价证券的转让；⑦履行债务人和对方当事人均未履行完毕的合同；⑧放弃权利；⑨担保物的取回；⑩对债权人利益有重大影响的其他财产处分行为。

未设立债权人委员会的，管理人实施前款规定的行为应当及时报告人民法院。

七、重整程序

如果债务人具有破产原因或者有明显丧失清偿能力可能的，可以依照《破产法》进行重整。

在重整期间，管理人负责管理财产和营业事务；经债务人申请，人民法院批准，债务人也可以在管理人的监督下自行管理财产和营业事务。

重整计划由债务人负责执行。自人民法院裁定批准重整计划之日起，在重整计划规定的监督期内，由管理人监督重整计划的执行。债务人不能执行或者不执行重整计划的，人民法院经管理人或者利害关系人请求，应当裁定终止重整计划的执行，并宣告债务人破产。

按照重整计划减免的债务，自重整计划执行完毕时起，债务人不再承担清偿责任。

八、和解程序

和解制度是为了克服和避免破产清算制度的弊端而创设的一项程序制度。它是债务人不能清偿债务时，为避免受破产宣告或者破产分配，而通过法院组织，经与债权人会议磋商谈判，达成相互间的谅解、协商一揽子解决债务危机以图复苏的制度。

1. 和解的申请和许可　债务人可以依照法律的规定，直接向人民法院申请和解；也可以在人民法院受理破产申请后、宣告债务人破产前，向人民法院申请和解。债务人申请和解，应当提出和解协议草案。人民法院经审查认为和解申请符合法律规定的，应当裁定和解，予以公告，并召集债权人会议讨论和解协议草案。对债务人的特定财产享有担保权的权利人，自人民法院裁定和解之日起可以行使权利。

此外，按照《破产法》的规定，债务人与全体债权人就债权债务的处理也可以自行达成协议，该协议经人民法院裁定认可后，可终结破产程序。

2. 和解协议的表决　债权人会议通过和解协议的决议，由出席会议的有表决权的债权人过半数同意，并且其所代表的债权额占无财产担保债权总额的 2/3 以上。

3. 和解协议的效力　经人民法院裁定认可的和解协议，对债务人和全体和解债权人均有约束力。和解债权人是指人民法院受理破产申请时对债务人享有无财产担保债权的人。

九、清算程序

破产财产在优先清偿破产费用和共益债务后，依照下列顺序清偿：①破产人所欠职工的工资和医疗、伤残补助、抚恤费用，所欠的应当划入职工个人账户的基本养老保险、基本医疗保险费用，以及法律、行政法规规定应当支付给职工的补偿金；②破产人欠缴的除前项规定以外的社会保险费用和破产人所欠税款；③普通破产债权。破产财产不足以清偿同一顺序的清偿要求的，按照比例分配。破产企业的董事、监事和高级管理人员的工资按照该企业职工的平均工资计算。

思考题

1. 什么是全民所有制工业企业？全民所有制工业企业的设立、变更、终止的相关法律规定是什么？
2. 简述全民所有制工业企业的权利和义务。
3. 简述全民所有制工业企业的厂长(经理)负责制和职工代表大会制度。
4. 什么是普通合伙企业？什么是有限合伙企业？
5. 简述普通合伙企业和个人独资企业的异同。
6. 简述破产案件受理后，将产生哪些法律后果？
7. 论述重整期间和重整程序的比较。
8. 什么是和解程序？和解程序中有和解期间吗？和解债权人出现的条件是什么？

推荐阅读

1. 甘培忠. 企业与公司法学. 第 7 版. 北京：北京大学出版社，2014
2. 施天涛. 商法学. 北京：法律出版社，2004
3. 杨紫烜，徐杰. 经济法学. 第 4 版. 北京：北京大学出版社，2007
4. 甘培忠. 企业与公司法学. 第 7 版. 北京：北京大学出版社，2014
5. 李昌麒. 经济法. 北京：中国人民大学出版社，2011
6. 施天涛. 商法学. 第 4 版. 北京：法律出版社，2010
7. 杨森. 企业法学. 北京：中国政法大学出版社，2008
8. 刘瑞复. 企业法学通论. 北京大学出版社，2005

福建中医药大学　金　浪

上海市浦东新区卫生局卫生监督所　邹　涛

第七章　民事法律行为

第一节　民事法律行为概述

一、民事法律行为的概念和特征

（一）民事法律行为的概念

民事法律行为是指以意思表示为要素，以设立、变更、终止民事权利义务关系为目的的合法行为。

（二）民事法律行为的特征

1. 民事法律行为是民事主体以设立、变更或终止民事权利义务关系为目的的行为　首先，只有民事主体实施的，能够引起民事法律后果的行为才可能称之为民事法律行为。其次，民事法律行为是有目的的行为，是民事主体欲达到一定法律效果，即以设立、变更或终止民事权利义务关系为目的的行为。

2. 民事法律行为以行为人的意思表示作为构成要素　意思表示是民事法律行为不可或缺的构成要素，是民事法律行为的核心。它是行为人将其期望发生某种法律效果的内心意思以一定方式表达于外部的行为。行为人欲实施一项民事行为，必须将其内心意思表示出来。是否以意思表示为构成要素，是民事行为与事实行为的根本区别。

3. 民事法律行为是一种合法行为　民事法律行为必须具有合法性，即必须是合法行为，才能产生行为人预期的法律效果。

二、民事法律行为的分类

根据不同的标准，可以将民事法律行为进行以下分类：

（一）单方行为、双方行为和多方行为

根据民事法律行为的成立是仅需一方意思表示还是必须有双方或多方意思表示，民事法律行为可分为单方行为、双方行为和多方行为。

单方行为是指仅需一方意思表示就能够成立的民事法律行为。这类行为的特点是不需要相对人的同意，该行为即告成立。双方行为是指由行为人双方内容互异但相互对应的意思表示一致而成立的民事法律行为。合同行为是典型的双方行为。多方行为是指由多个行为人平行的意思表示达成一致而成立的民事法律行为。如两个以上合伙人订立合伙合同的行为。

（二）要式行为与不要式行为

根据行为是否必须依据法律采用特定的形式，民事法律行为可分为要式行为和不要式行为。

要式行为是指依照法律的规定，必须采用特定形式的民事法律行为。这种特定形式常见的有书面形式、履行登记手续等。不要式行为是指法律未对其形式做特别要求的民事法律行为。现代民法一般很少干预当事人行为的具体形式。只有在个人行使权利涉及他人事物和公共利益时，才要求必须以特定的形式进行。不要式行为可由当事人自由决定行为的形式，要式行为中当事人则应当采用法定方式。

（三）诺成行为与实践行为

根据在意思表示以外，是否还必须交付实物为标准，民事法律行为可分为诺成行为和实践行为。

诺成行为是指仅以意思表示为成立要件的民事法律行为。它不以标的物的交付为要件，只要行为人的意思表示一致即可成立。如买卖合同、租赁合同、承揽合同等。实践行为又称要物行为，是指除当事人意思表示一致外，还需要交付标的物才能成立的民事法律行为。借用保管合同均属于实践行为。

（四）有偿行为与无偿行为

根据当事人是否因给付而取得对价，民事法律行为可分为有偿行为和无偿行为。

有偿行为是指双方当事人各因给付而取得对价的民事法律行为。所谓对价，是指一方为换取对方提供利益而付出代价，买卖合同、租赁合同等均属于有偿行为。无偿行为是指一方给付某种利益，对方在取得该利益时并不给予对价利益的民事法律行为，如赠与、借用等都是无偿行为。

（五）主行为与从行为

根据民事法律行为之间的相互依从关系为标准，民事法律行为可分为主行为和从行为。

主行为是指不需要有其他行为的存在就可以独立成立的民事法律行为，如相对于担保合同来说，主债务合同就是主行为。从行为是指从属于其他行为而存在的民事法律行为，如相对于主债务合同来说，担保合同就是从行为。

第二节　民事法律行为的成立

一、民事法律行为成立概述

法律主体的一项行为能否被判定为民事法律行为，首先必须分析其是否属于民事领域的行为，如行政机关的行政行为、司法机关的司法行为等均不属于民事法律行为。其次必须看其是否符合民事法律行为的成立要件，若不符合，则只可能属于事实行为或准法律行为，而不能称之为民事法律行为。第三，在上述前提基础上，分析此项民事法律行为是否能够被评判为合法、生效的民事法律行为。

因此，只要是民事法律行为均是合法有效的，但在其被确定为有效之前，首先经过了成立与否的判断过程。若一项民事行为不能成立，实际上等于行为人没有实施任何行为，自然没有继续探讨其有效与否的意义。

此处我们讲民事法律行为的成立，其实质是指一项行为符合民事法律行为构成要件的客观情况。

二、民事法律行为的成立要件

民事法律行为的一般成立要件是指一切民事行为依法成立所必不可少的共同要件。一般成立要件包括三项：当事人、标的、意思表示。

1. 当事人　当事人是指进行特定民事行为的民事主体，任何民事行为都不可能没有当事人。在单方民事行为中，只有一方当事人即可；在双方和多方民事行为中，需要有两个以上当事人。

2. 标的　这里的“标的”是指民事行为的内容，即当事人通过其行为所欲达到的效果。

3. 意思表示

(1) 概念：是指行为人将其期望发生某种民事法律效果的内心意思以一定方式表现于外部的行为。

(2) 形式：即表示行为的形式，通常也是民事行为的形式。它主要包括以下几种形式：

①口头形式：是指以对话的形式进行的意思表示。包括面谈、电话交谈等，如口头订立合同，以口头方式委托代理人等。口头形式的优点是简便快捷，缺点是常

常缺乏客观记载，一旦发生纠纷，因取证困难而不易确定行为人之间的权利义务。因此，口头方式多适用于即时清结或标的数额小的民事行为。

②书面形式：是指以书面文字的方式进行的意思表示。书面形式又可分为一般书面形式和特殊书面形式。一般书面形式如我国《合同法》第 11 条规定："书面形式是指合同书、信件和数据电文(包括电报、电传、传真、电子数据交换和电子邮件)等可以有形地表现所载内容的形式"。此外，图表、照片、技术工程用图等也属书面形式。特殊书面形式主要包括公证形式和鉴证形式等。书面形式的优点是有据可查，发生纠纷时容易举证，便于分清行为人之间的权利义务，当然有时也显得繁琐不便。

③推定形式：推定形式是指行为人并不直接用口头或书面形式，而是通过某种积极的行为作出意思表示，并使他人可以据此推知行为人已作出的意思表示的内容。比如租赁合同期满后，承租人继续交付租金并为出租人接受，便可推知租赁合同双方表示延展租赁期间。

④沉默形式：沉默形式指对于行为人既无语言或书面表示，又无积极行为表示的纯粹的消极的不作为，在有法律特别规定或当事人特别约定的情况下，视为其沉默已经构成意思表示。如《民法通则》第 66 条规定："本人知道他人以本人名义实施民事行为而不作否认表示的，视为同意。"

第三节　民事行为的法律效力

一、民事行为的生效

民事行为有效需要具备一定的条件，这些条件就是民事行为的生效要件。《民法通则》第 55 条规定，民事法律行为应当具备下列条件：第一，行为人具有相应的民事行为能力；第二，意思表示真实；第三，不违反法律或者社会公共利益。据此，我国民事行为的生效要件包括以下三个方面：

(一) 行为人具有相应的民事行为能力

行为人实施民事行为将会产生权利义务关系，带来相应的法律后果，这就要求行为人必须具有相应的民事行为能力，能够预见其行为性质和后果。

完全民事行为能力人可以以自己的行为取得民事权利，履行民事义务。限制民事行为能力人，可以进行与他的年龄、智力相适应的民事活动，其他民事活动由他的法定代理人代理，或者征得他的法定代理人的同意。无民事行为能力人，不能独立实施民事法律行为，由他的法定代理人代理民事活动。但在实践中，无民事行为能力人所进行的与日常生活密切相关的细小的民事行为，如购买文具、买零食、乘坐公交车等，一般认为有效。至于法人和其他组织，自其成立之时就具有相应的民事行为能力。

对于商事行为能力，有些国家的民事主体若要从事合法的商事行为，必须先履行商业登记程序，核定营业范围，才能取得从事商业行为，享有商法上的权利、承担商法上的义务的特殊行为能力，即商事行为能力。但也有些国家认可民事主体具有民事行为能力的同时也就具有商事行为能力。

（二）行为人的意思表示真实

民事行为以意思表示作为核心要素，因此要求行为人的意思表示必须真实。只有行为人意思表示真实，才能保证其所实施的民事行为产生的法律后果符合行为人预期的目的。如果意思表示不真实，就属于意思表示存在瑕疵。这种瑕疵可分为两类：一类是意思与表示不一致，另一类是意思表示不自由。意思与表示不一致是指行为人客观上所表示的，与其内心意思并未互相一致；意思表示不自由是指行为人因受到不当干涉，所进行的意思表示并非基于自由意志自愿作出。

（三）行为不违反法律或者社会公共利益，即具有合法性

一项民事行为是否能够生效在于其是否能够被评价为合法的民事法律行为。如果民事行为不违反法律或者社会公共利益，具有合法性，行为人的意思就能够被法律认可，从而可以产生预定的法律效力并受到法律保护。

民事行为的合法性，并不是要求意思表示必须有法律依据或者必须符合法律的所有规定，而是指不能违反法律的强制性规范以及社会公共利益。虽然《民法通则》此处的规定民事行为的生效要件之一是“不违反法律”，但民事行为所不能违反的法律规范至少不应包括任意性规范，因为任意性规范一般允许当事人通过约定排除其适用。

二、无效的民事行为

1. 无效的民事行为的概念　无效的民事行为是指因欠缺民事行为的生效要件，自始、当然、确定不发生法律效力的民事行为。

自始无效是指因不具备生效要件，该民事行为自成立之时就无效，自始就不发生法律效力。该行为之意思，从开始就不被法律所认可。这与可撤销的民事行为不同，可撤销的民事行为在被撤销之前是生效的民事行为。

当然无效是指无效的民事行为，无需任何人主张，也无需法院或仲裁机构进行宣告，即属无效。

确定无效是指无效的民事行为不仅在其成立时不发生法律效力，而且以后任

何事实都不能使之有效,绝无再发生法律效力之可能。这与效力待定的民事行为不同,效力待定的民事行为可以经过权利人的事后追认而生效。

2. 无效的民事行为的分类

(1) 行为人不具有行为能力实施的民事行为:无民事行为能力人独立实施的民事行为无效。但如前述,无民事行为能力人所进行的与日常生活密切相关的细小的民事行为一般认为有效。

限制行为能力人依法不能独立实施的行为可分为三种情况:一是得到法定代理人同意的行为,属于有效行为;二是未经法定代理人允许的合同行为,如果事后经法定代理人追认,该合同有效,因此这种属于效力待定行为;三是未经法定代理人允许的单方行为,这种行为属于绝对无效。

此外,按照《民通意见》第 6 条的规定,无民事行为能力人、限制民事行为能力人接受奖励、赠与、报酬,他人不得以行为人无民事行为能力、限制民事行为能力为由,主张以上行为无效。此类民事行为由于纯粹受益,不负义务,并且不损害他人利益,所以不因行为人不具有完全民事行为能力而使其效力受到影响,他人不能主张这些行为无效。

(2) 意思表示不自由且损害国家利益的民事行为:意思表示不自由是指行为人因受到不当干涉,所进行的意思表示并非基于自由意志自愿作出的,包括欺诈、胁迫、乘人之危等。

虽然《民法通则》第 58 条第 3 项把一方以欺诈、胁迫的手段或者乘人之危,使对方在违背真实意思的情况下所为的行为统统归为无效民事行为,但此规定不适当地强化了国家干预,而且常常会给受欺诈、胁迫以及处于危难境地的当事人带来更为不利的后果。因此《合同法》第 52 条第 1 项规定,一方以欺诈、胁迫的手段订立的合同,只有在损害国家利益的情况下才为无效合同。

所谓欺诈,是指一方当事人故意告知对方虚假情况,或者故意隐瞒真实情况,诱使对方陷于错误判断,并基于此错误判断作出意思表示之行为。

所谓胁迫,是指一方当事人以给自然人及其亲友的生命健康、荣誉、名誉、财产等造成损害,或者以给法人或其他组织的荣誉、名誉、财产等造成损害为要挟,迫使对方作出违背真实的意思表示之行为。

所谓乘人之危,是指一方当事人利用对方的急迫需要或危难处境,迫使其作出违背真意的意思表示之行为。

(3) 内容违法的民事行为

①恶意串通,损害国家、集体或者第三人利益的民事行为:指行为人双方为谋取不正当利益,相互勾结串通而实施的有损于国家、集体或者第三人利益的民事行为。

②以合法形式掩盖非法目的的民事行为：指行为人为规避法律强制性规范，达到其非法目的而实施的以合法形式出现的民事行为。在这里，行为人是采用另一种合法的民事行为对其非法目的加以掩盖。如通过合法的买卖、捐赠形式来达到隐匿财产、逃避债务的目的。

③损害社会公共利益的民事行为：指行为人实施的行为的结果对社会公共利益造成了损害。社会公共利益是相对于个人利益而言的，它事关全社会的利益，表现为社会上应有的道德准则。有些行为虽然在法律上没有禁止性规定，也可能属于损害社会公共利益的行为。

④违反法律、行政法规的强制性规定的民事行为：此处的法律是指全国人大及其常委会制定的法律，行政法规是指国务院制定的行政法规，不能作扩大理解，把地方性法规和行政规章作为判定民事行为有效与否的依据。

三、可撤销的民事行为

（一）可撤销的民事行为的概念

可撤销的民事行为是指虽然已经成立并生效，但因为意思表示不真实，可以因行为人撤销权的行使，使其自始不发生效力的民事行为。

可撤销的民事行为与无效民事行为的不同之处主要体现在：无效民事行为自始、当然、确定不发生法律效力。而可撤销的民事行为在成立之初产生法律效力，只有在当事人行使撤销权并经过法定撤销程序被撤销后，其效力溯及该民事行为成立时无效。如果享有撤销权的人在法定期间内没有行使撤销权，该民事行为继续有效。[①]

（二）可撤销的民事行为的分类

1. 存在重大误解的民事行为　根据《民法通则》第 59 条第 1 项、《合同法》第 54 条第 1 项的规定，因重大误解成立的民事行为为可撤销的民事行为。所谓重大误解，是指行为人因对行为的性质、对方当事人、标的物的品种、质量、规格和数量等的错误认识，使行为的后果与自己的意思相悖，造成较大损失的意思表示。因重大误解而为的民事行为虽然不是因受他人的欺诈或不正当影响所造成，但这是在与行为人真实意思相悖的情况下实施的，故影响行为的法律效力。

存在重大误解的民事行为应当具备如下条件：行为人对所为的民事行为的内容有错误认识；行为人基于这种误解作出了意思表示；误解因行为人自己的过失造成，并非因受他人的欺诈或不正当影响造成；因重大误解实施的行为给行为人造成

---

① 梁慧星. 民法总论. 北京：法律出版社，2007：197 - 198

了较大损失。

2. 显失公平的民事行为　根据《民法通则》第59条第2项、《合同法》第54条第2项的规定，因显失公平成立的民事行为为可撤销的民事行为。显失公平的民事行为，是指民事行为的效果明显违背公平原则。根据《民通意见》第72条的解释，一方当事人利用优势或者利用对方没有经验，致使双方的权利义务明显违反公平、等价有偿原则的，可以认定为显失公平。

存在显失公平的民事行为应当具备如下条件：须为有偿行为，因为无偿行为中一方当事人不支付对价，所以谈不上公平与否的问题；须行为内容明显违背公平原则；该不公平的结果是因受害人自己没有经验或劣势所致。

3. 受欺诈、胁迫和乘人之危而为的民事行为　虽然《民法通则》第58条第3项把一方以欺诈、胁迫的手段或者乘人之危，使对方在违背真实意思的情况下所为的行为统统归为无效民事行为，但此规定不适当地强化了国家干预。依据《合同法》精神，一方以欺诈、胁迫的手段使对方在违背真实意思的情况下所为的民事行为，只有在损害国家利益的情况下才为无效行为。若没有被认定为损害国家利益，则此类行为属于可撤销民事行为。一方乘人之危使对方在违背真实意思的情况下所为的民事行为也属于可撤销民事行为。

4. 撤销权的行使　撤销权是民事行为的当事人依法享有的以其单方的意思表示使民事行为的效力归于消灭的权利。可撤销的民事行为由于仅仅损害了具体行为中的当事人的利益，未对国家利益或社会公共利益造成损害，因此公权力无需直接干预其效力，而是赋予当事人以撤销权。如果享有撤销权的人行使撤销权，则该民事行为归于无效。但是，被撤销的合同，根据《合同法》第57条的规定，不影响其中独立存在的有关解决争议方法的条款的效力。

关于撤销权的行使，根据《民法通则》第59条和《合同法》第54条的规定，享有撤销权的人应当向人民法院或仲裁机构提出撤销的请求而非向相对人提出。

《合同法》第55条规定，具有撤销权的当事人自知道或应当知道撤销事由之日起1年内没有行使撤销权的，撤销权消灭。这1年期限属于除斥期间。此外，具有撤销权的当事人知道撤销事由后明确表示或者以自己的行为放弃撤销权的，撤销权也即行消灭。

依照《民法通则》第59条和《合同法》第54条的规定，可撤销的民事行为同时也是可变更的民事行为。这意味着对于此类民事行为，享有撤销权的人既可以行使撤销权，请求人民法院或仲裁机构予以撤销，也可以不请求撤销而仅仅要求对该民事行为的内容加以变更，使当事人间的权利义务得以均衡和公平。在当事人行使变更权后，可使内容变更后的民事行为确定生效。这里的变更权也属于形成权，适用1年除斥期间的规定。

四、效力待定的民事行为

（一）效力待定的民事行为的概念

效力待定的民事行为是指已经成立但效力处于不确定状态的民事行为。

效力待定的民事行为既非有效，亦非无效，既存在转变为确定有效民事行为的可能，也存在转变为确定不生效民事行为的可能。总之，其效力处于不确定状态。其效力的最后确定，取决于享有决定权的第三人如何行使其权利。如果确定有效，其效力溯及于行为成立之时；确定无效的，自行为开始时即不生效。这一点区别于可撤销民事行为，因为可撤销民事行为在撤销前是有效的，而不是处于效力的或然状态。

（二）效力待定的民事行为的分类

1. 限制民事行为能力人实施的依法不能独立实施的多方民事行为　限制民事行为能力人可以进行与他的年龄、智力相适应的民事活动；可以进行纯获利益的民事行为，如接受奖励、赠与、报酬；也可以在得到法定代理人的同意的情况下进行其他民事行为。但根据《民法通则》第 58 条规定，限制民事行为能力人依法不能独立实施的多方民事行为特别是合同行为，属于效力待定的民事行为。

对于这种效力待定的民事行为，如果法定代理人及时以明示方式追认，该行为确定有效；若法定代理人拒绝追认或没有及时追认，该行为确定不发生效力。《合同法》第 47 条第 1 款规定，限制民事行为能力人订立的合同，经法定代理人追认后，该合同有效。《合同法》第 47 条第 2 款规定，相对人可以催告法定代理人在一个月内予以追认。法定代理人未作表示的，视为拒绝追认。

效力待定民事行为是否会发生效力，并非完全取决于追认权人一人的意思，为平衡当事人之间的利益，法律赋予相对人以催告权和撤销权。催告权就是相对人有权催告法定代理人在一个月内对效力待定的民事行为予以追认。撤销权指善意相对人在法定代理人追认前可以撤销其向限制行为能力人所作的意思表示的权利。应注意这里的相对人必须属于“善意”，即不知道或不应知道对方为限制行为能力人。其行使撤销权应当采取明示的方式。

2. 无权处分行为　是指无处分权人以自己的名义对他人的权利标的物所为的处分行为。无权处分是对他人财产权的侵害，但这并不是行为无效的当然理由。根据我国《合同法》，无权处分行为属于效力待定的民事行为。《合同法》第 51 条规定：“无处分权的人处分他人财产，经权利人追认或者无处分权的人订立合同后取得处分权的，该合同有效。”由此可知无权处分行为最终效力有三种情形：无权处分行为经权利人追认，确定发生效力；无权处分人处分时不具处分权，但在处分后可能取得了处分权，其处分行为也确定发生效力；无权处分既未得到权利人的追认，又没有在处分后取得处分权，则该无权处分行为自始无效。

3. 无权代理行为　是指不具有代理权的人所实施的代理行为。具体而言是指行为人没有代理权、超越代理权或者代理权终止后，以代理人的身份所进行的民事行为。广义的无权代理行为包括表见代理和狭义的无权代理行为。属于效力待定民事行为的是指狭义的无权代理。我们将在“代理”一章中进行分析。

五、民事行为无效、被撤销的法律后果

有效的民事行为受到法律保护，能够实现行为人所追求的法律效果。而民事行为绝对无效、被撤销或确定不发生效力后，从行为开始就没有法律效力。但是没有法律效力不等于没有任何法律后果产生，而是将产生如下法律后果：

1. 返还财产　如果当事人已经根据该民事行为取得了对方的财产，在民事行为绝对无效、被撤销或确定不发生效力后，其已经丧失了取得财产的法律根据。当事人因该民事行为取得的财产，应当返还给对方。如果是一方取得，取得方返还对方，如果是双方取得，则双方返还。返还财产的范围，应当以全部返还为原则。不能返还或者没有必要返还的，应当折价补偿。

2. 赔偿损失　民事行为绝对无效、被撤销或确定不发生效力后，如果无过错方遭受了财产上的损失，则有过错的一方应当赔偿对方因此所受的损失。双方都有过错的，应当各自承担相应的责任。

3. 追缴财产　民事行为绝对无效、被撤销或确定不发生效力后，如果双方恶意串通，实施民事行为损害国家、集体或者第三人利益的，应当追缴双方取得的财产，收归国家所有或者返还集体、第三人。此处“双方取得的财产”应当包括双方当事人已经取得和约定取得的财产。

思考题

1. 试述民事法律行为的概念和特征。
2. 民事法律行为的成立要件有哪些？
3. 意思表示的形式包括哪些？
4. 民事法律行为的成立要件有哪些？
5. 试述可撤销民事行为的分类以及撤销权的行使规则。
6. 试述附条件和附期限民事法律行为的概念和种类。

推荐阅读

1. 王利明. 民法. 第5版. 北京：中国人民大学出版社，2011
2. 魏振瀛. 民法. 第5版. 北京：北京大学出版社，2013

3. 梁慧星. 民法总论. 第 4 版. 北京:法律出版社,2011
4. 王泽鉴. 民法总则. 北京:中国政法大学出版社,2009
5. 董安生. 民事法律行为. 北京:中国人民大学出版社,2002
6. 王泽鉴. 民法概要. 北京:北京大学出版社,2011

河南中医学院　段晓鹏

第八章 代 理

第一节 概 述

一、代理的概念

代理是代理人在代理权限内，以被代理人的名义，独立与第三人为民事法律行为，其法律效果直接归属于被代理人的一种法律制度。《民法通则》第 63 条第 2 款规定："代理人在代理权限内，以被代理人的名义实施民事法律行为。被代理人对代理人的代理行为，承担民事责任。"即代理人应以被代理人名义进行民事法律行为，且在代理权限范围内独立的为民事法律行为，其所为的民事法律行为的法律效果归属于被代理人。

二、代理的特征

1. 代理人代理进行的主要是民事法律行为　代理行为能够在被代理人和第三人之间设立、变更和终止民事权利和民事义务，所以说代理行为主要体现为民事法律行为。但是具有人身性质的民事法律行为不能代理，如商业演出、离婚。

2. 代理人以被代理人的名义实施行为　代理行为须以被代理人名义实施，这是代理行为区别于一般民事法律行为的标准。如果不是以被代理人的名义实施的行为，与一般民事法律行为无异。

3. 代理人是在代理权限内独立向第三人进行意思表示　代理人在代理权限范围内依其独立意志决定其所实施的民事法律行为的意思表示的内容，向相对人做出意思表示。

4. 代理人实施代理的法律后果直接由被代理人承受　代理人实施代理的法律后果直接由被代理人承受，也体现了代理人与被代理人的权利义务关系。

三、代理的适用范围

代理的适用范围极广。从主体上说，不论自然人、法人还是其他主体，都可以通过代理人进行民事活动。从代理的事项上说，有各种民事法律行为，如代订合同、代为处分财产、代理进行民事诉讼；也可代理实施某些行政、财政行为，如代理法人登记、代理纳税等。

但下列行为不适用代理：

1. 当事人约定只能由本人亲自实施的民事行为，如约定不能转委托的加工承揽合同。

2. 具有强烈人身性质的民事法律行为，如办理结婚登记等。

3. 违法行为　代理人知道被委托代理的事项违法仍然进行代理活动的，或者被代理人知道代理人的代理行为违法不表示反对的，由被代理人和代理人承担连带责任。

四、代理的分类

（一）委托代理、法定代理和指定代理

1. 委托代理　是指基于被代理人的委托授权而产生代理权的代理。代理人所享有的代理权是由被代理人授予的，因此，又称授权代理。委托授权行为是委托代理产生的直接根据。授权行为是不要式行为，授权不明的，被代理人应当向第三人承担民事责任，代理人负连带责任。

2. 法定代理　是指根据法律的直接规定而产生的代理权的代理。法定代理权的发生不需要依赖于任何授权行为，而直接来源于法律的规定。取得法定代理的资格不需要当事人作出意思表示，一般也不需要取得被代理人的同意。法定代理主要适用于被代理人是无民事行为能力或限制民事行为能力的情况。在法定代理中代理人与被代理人之间一般都存在血缘关系、婚姻关系等。

3. 指定代理　是指根据人民法院或者其他有关机关的指定而进行的代理。在指定代理中，代理人和代理权限都是由人民法院或者有关机关确定的。其他机关主要是指依法对被代理人合法权益负有保护义务的组织。指定代理是在没有委托代理人和法定代理人的情况下，为无民事行为能力人或限制民事行为能力人设立的代理。

（二）单独代理与共同代理

所谓单独代理又称独立代理，是指代理权属于一人的代理。所谓共同代理是指代理权属于两人以上的代理。法定代理中父母的代理权原则上应由父母共同行使。在委托代理中，如果被代理人选定了数个代理人，其代理权也应当共同行使。

（三）本代理与复代理

根据代理人的选任和产生的不同，代理可以分为本代理和复代理。所谓本代理是指基于被代理人选任代理人或依法律规定而产生的代理，又称原代理。一般的代理都是本代理。所谓复代理是指代理人为被代理人的利益将其所享有的代理权转托他人而产生的代理。复代理是相对于本代理而言的。与本代理相比较，复代理的特点主要表现在：①复代理人是由代理人以自己的名义选任的，不是由被代理人选任的；②复代理人不是原代理人的代理人，而仍然是被代理人的代理人；③代理的后果直接归于被代理人，而不是先归原代理人，再转归被代理人；④再代理权要以原代理权为限。

第二节　代理权

一、代理权的概念

代理权是代理制度的核心内容，是指代理人基于被代理人的意思表示或法律的直接规定或有关机关的指定，能够以被代理人的名义为意思表示或受领意思表示，其法律效果归于被代理人的资格。代理权本质上是一种法律地位，即为一种从事代理行为的资格和地位。这种资格和地位是代理人可以以被代理人名义向第三人为意思表示或接受意思表示。代理权本身作为一种资格不得擅自转让，也不得继承。在许多情况下，特别是在法定代理和指定代理的情况下，代理人不得抛弃其代理权。

二、代理权行使原则

代理包括被代理人与代理人之间的内部关系，以及被代理人与第三人，代理人与第三人之间的外部关系。代理人行使代理权应符合被代理人利益，尽职尽责，应当遵守一定的原则。这些原则包括：

1. 代理人必须在代理权限内从事代理行为　代理人未经被代理人同意，不得擅自扩大和变更代理权限，代理期限一旦届满，应当及时告知被代理人，如果被代理人不延长期限，代理人应当停止代理活动。如果授权不明，应当及时向被代理人提出，尽快明确授权的范围。

2. 代理人必须按照诚信原则从事代理行为　诚信原则是从事任何民事活动都应当遵循的一般原则，代理行为也不例外。被代理人在作出授权时，可能就代理权的范围规定得并不具体明确，而且因为客观情况的变化，代理事务也可能要作出某种改变。因此，代理人完全依据授权行为也可能不利于被代理人。总之，代理人在从事代理行为时，应当依据法律规定和诚信原则正当行使代理权，不得滥用代理权，从事自己代理、双方代理等损害被代理人利益的行为。

3. 代理人必须亲自从事代理行为　代理关系具有浓厚的人身依赖色彩，被代理人常常基于对代理人的知识、信用等而委托代理人。因此，代理人必须亲自从事代理行为，才符合被代理人的意志和利益。

三、滥用代理权的限制

滥用代理权指代理人在行使代理权时，违背代理权的设定宗旨、代理权的行使原则以及诚实信用原则，做出损害被代理人利益的行为。滥用代理权的主要类型有自己代理、双方代理、恶意串通。

1. 自己代理　是指代理人以被代理人名义与自己进行民事活动的民事行为。在这种情况下，代理人同时为代理关系中的代理人和第三人，交易双方的交易行为实际上只由一个人实施。出于交易双方都追求自身利益的最大化，因此很难避免发生代理人为自己利益而牺牲被代理人利益的情况。例如，甲委托乙购买苹果3000斤，乙以甲的名义与自己订立合同，把自己收购的苹果卖给甲。这种行为不仅不符合代理的特征，同时也违背了合同双方协商一致的原则，使一方的利益难以保障。

因此，自己代理除非事前得到被代理人的同意或事后得到其追认，法律不予承认代理行为的效力。

2. 双方代理　又称同时代理，指一人同时担任双方的代理人的法律行为。如甲受乙的委托购买冰箱，又受丙的委托销售冰箱。甲以乙、丙双方的名义订立购销冰箱合同。在这种情况下，甲的行为不仅与合同的属性相违背，而且没有第三人实际参加进来，交易由一人包办，一个人同时代表双方利益，难免顾此失彼，双方也无法进行协商以达到利益平衡。缺乏双方的意思表示，往往会损害某一方被代理人的利益。

因此，如果没有双方当事人的事前同意或事后追认，法律不予承认。根据我国《经济合同法》第7条第3款规定，代理人以被代理人的名义同自己所代理的其他人签订的合同无效。

3. 恶意串通　代理人的职责是为被代理人进行一定的法律行为，维护被代理人的利益。代理人和第三人恶意串通，进行损害被代理人利益的行为，损害了被代理人的利益，显然与其职责不相称，也违背了代理关系中被代理人对代理人的信任，属于滥用代理权的极端表现，与代理制度的宗旨不符。如甲代理乙购买电视机,甲与丙订立合同时,私下约定提高价格,丙将提价所得的额外收入分给甲一部分,从而使乙因多支付价款而受损失。我国法律明确规定,代理人和第三人串通、损害被代理人的利益的,由代理人和第三人承担连带责任。

四、代理权的消灭

代理权的消灭,又称为代理权的终止,是指代理人与被代理人之间的代理关系消灭。我国《民法通则》对委托代理、法定代理、指定代理的终止都有明确规定。

(一) 委托代理的消灭

根据《民法通则》第 69 条规定,委托代理因下列原因而终止:

1. 代理期间届满或代理事务完成。
2. 被代理人取消委托或者代理人辞去委托。
3. 代理人死亡。
4. 代理人丧失民事行为能力。
5. 作为被代理人或者代理人的法人终止。

(二) 法定代理、指定代理的消灭

1. 被代理人取得或恢复民事行为能力。
2. 被代理人或者代理人死亡。
3. 代理人丧失民事行为能力。
4. 指定代理的人民法院或有关单位取消指定。
5. 其他原因引起的被代理人与代理人之间的监护关系消灭。

第三节　无权代理

一、无权代理的概念及特征

(一) 无权代理的概念

无权代理是指代理人不具有代理权而实施代理行为。这种代理行为,具有一般代理行为的表面特征,但不具有代理行为的实质特征,因而不是真正的代理。无权代理,包括如下三种情况:

1. 根本未经授权的代理　即"代理人"实施代理行为,未获得代理人的任何授权,"代理人"或明知这一事实而为代理行为,或误以为被代理人已作授权而为代理行为,但不论是"代理人"的主观心理状态如何,因为缺乏构成代理所必需的"被代理人授权”这一客观要件，而使其“代理权”失去法律和事实的依据。在此种情况下“代理人”对第三人所为的法律行为对本人来讲是没有任何代理意义的，故而这是一种典型的无权代理行为。

2. 超越代理权的行为　即代理人获得了被代理人的授权，但他实施的代理行为，不在代理人的授权范围之内。他的代理行为中超越代理权限的部分构成无权代理。

3. 代理权已终止后的代理　即代理人获得了被代理人的授权，但在代理证书所规定的期限届满后，代理人继续实施代理行为，成为无权代理。

（二）无权代理的特征

1. 行为人所实施的法律行为，符合代理行为的表面特征　代理行为的特征有表面特征和实质特征两类。表面特征为：代理人以被代理人名义进行活动，实质特征为：代理行为的法律效果直接归属于代理人。无权代理的行为人往往是以被代理人名义从事活动，或采取一些措施让第三人认为自己是代表本人而为代理行为，而在实质上考察要么是在质的方面根本不具备代理权，要么在量的方面超越代理权，从而失去代理权的实质特征。而也正因为具备了一定的表面代理特征才成为无权代理，如果连这种表面特征都不符合，则无理由成立为无权代理，它可能是一种与代理完全无关的其他行为，如无因管理行为。

2. 行为人所实施的代理行为不具有代理权　不具有代理权，可以是原始的（自始未授予代理权），也可以是嗣后的（已授予代理权，但超越了其范围或期限行使）。在就代理权之有无发生争议时，无权代理人有责任证明其享有合法的代理权。

二、无权代理的效力

无权代理本身不具有法律效力，不过，这种状况在有关当事人依法行使权利加以处置之前尚处于或然状态。为了稳定社会经济关系，我国《民法通则》及《合同法》有关条款规定了有关当事人处置无权代理的各项权利及其法律后果。

（一）本人的追认权和拒绝权

追认权是指本人对于他人没有代理权、超越代理权或者代理权终止后擅自以本人名义实施的无权代理行为承认其效力，同意承受其法律后果的权利。该权利实质上是对代理权的补授，属于形成权。根据《民法通则》第 66 条第 1 款的规定，没有代理权、超越代理权或者代理权终止后的行为，只有经过被代理人的追认，被代理人才承担民事责任。可见，无权代理一经本人行使追认权予以追认即转变为有权代理，该行为自始产生的法律后果皆由本人承受。应当注意的是，《民法通则》

第 66 条第 1 款还规定："本人知道他人以本人名义实施民事行为，而不作否认表现的，视为同意。"这是我国民事立法有关本人对于无权代理行使追认权适用沉默形式的法律根据。

拒绝权是指本人对于他人没有代理权、超越代理权或者代理权终止后擅自以本人名义实施的无权代理行为不予以追认的权利。本人拒绝追认，意味着本人不同意承受无权代理的法律后果。基于本人拒绝追认，无权代理的无效从或然状态转变成最终确定无效，即"未经追认的行为，由行为人承担民事责任"。无权代理行为自始发生的法律后果均对本人不产生法律效力。此外，根据《合同法》第 48 条第 2 款的规定，在第三人发出催告后的 1 个月内，本人未作表示的，视为拒绝追认。

（二）第三人的催告权和撤销权

在民事立法的平等原则的前提下，与被代理人的权利相对应，无权代理所涉及的第三人也享有催告权和撤回权。这是为了保护第三人的合法权益，以表现被代理人与第三人之间平等的民事法律地位。

催告权就是第三人告知被代理人在一定期限内就是否行使追认权予以明确答复的权利。根据《合同法》第 48 条第 2 款的规定，第三人可以催告被代理人在 1 个月内予以追认。被代理人未作表示的，视为拒绝追认，从而产生无权代理的确定无效的法律后果。撤销权则是指善意第三人在被代理人行使追认权之前，解除与无权代理人所为民事行为的权利。按照《合同法》第 48 条第 2 款的规定，在无权代理被追认之前，善意第三人有撤销其与代理人所为民事行为的权利。而且第三人行使撤销权时，应当以通知的方式作出。第三人行使撤销权之后，被代理人就不得再追认了。但是，恶意的第三人(知道对方没有代理权而与其从事民事行为的)依法丧失撤销权。

（三）无权代理的责任承担

对于确定无效的无权代理所产生的后果，由无权代理人自负责任。并且对被代理人和第三人遭受损失的，无权代理人要承担民事赔偿责任。但如果第三人知道对方无权代理还与其实施民事行为给他人造成损失的，由无权代理人与第三人承担连带责任。

三、表见代理

（一）表见代理的概念

表见代理是指被代理人的行为足以使诚信第三人相信无权代理人具有代理权，基于此项信赖而与无权代理人交易，由此造成的法律效果由法律强制被代理人承担的代理。《合同法》第 49 条："行为人没有代理权、超越代理权或者代理权终止后以被代理人名义订立合同,相对人有理由相信行为人有代理权的,该代理行为有效。”立法目的是维护交易安全,保护善意第三人的利益。

（二）表见代理的构成要件

1. 代理人的代理行为属于无权代理行为,但该行为具有合法性。表见代理本质上是无权代理,因此代理人应没有代理权,超越代理权或代理权终止后仍进行代理行为。如代理人有完全明确的代理权,则被代理人应当直接承担有权代理的法律后果,就不存在适用表见代理的必要。

2. 存在着能使第三人有足够理由确信无权代理人有代理权的客观事由。被代理人虽然未实际授予他人代理权,但根据表象自然“推断”出代理人具有代理权。如介绍信、盖有公司印章的空白合同,或被代理人以其积极行动让相对人产生误解等事由,只要无权代理人以被代理人名义与第三人实施了民事行为,即构成表见代理,被代理人要承担由此产生的责任。

3. 相对人须有善意且无过失是构成表见代理极为重要的主观构成要件。《民法通则》第 66 条第 4 款规定:第三人知道行为人没有代理权、超越代理权或者代理权已经终止还与行为人实施民事行为给他人造成损害的,由第三人和行为人承担连带责任。

4. 本人在裁判前对无权代理行为不追认。表见代理是在本人对无权代理行为不认可的情况下产生的。无代理权人的代理行为在被认定为表见代理前,首先构成无权代理,如果本人在代理行为发生后,对该无权代理行为进行追认,那么自然构成有权代理,而不必再审查其是否构成表见代理。

（三）表见代理的法律后果

1. 本人和第三人有效代理的效果归属　表见代理一旦构成,即按有权代理的效果归责。本人与第三人之间形成直接的法律关系。本人应受无代理权人和第三人所为的民事法律行为之约束,承担该行为设定的权利义务关系,不得以无代理权人行为违背自己真实意思而拒绝承担责任;也不得以无代理权人的主观过错,或自己的主观无过错作为不承担表见代理责任的抗辩理由。

2. 本人与代理人责任追偿关系　在有权代理中,本人对代理人的具体授权内容伴随双方的基本法律关系,而这种基本法律关系往往已明确界定双方的权利义务。因此,如果发生纠纷,本人与代理人即可有据可依。但在表见代理中,本人与无代理权人并没有对未来的行为进行预见性的约定,而且表见代理中的本人在一定程度上也是“受害者”,故表见代理的法律后果不得不涉及本人的损害赔偿问题。如果本人对第三人履行契约义务使自己遭受了损失,则有权向无代理权人进行追偿。但由于表见代理的构成本人往往也有过错,分清其与无代理权人的过错性质和程度对损失的负担具有重要的意义。

思考题

1. 什么是代理？它的基本特征是什么？
2. 民法上的代理与诉讼法上的代理有何区别？
3. 无权代理为什么不统归无效？
4. 复代理与共同代理有何不同？
5. 表见代理的法律后果如何界定？
6. 代理与委托合同的关系是什么？

推荐阅读

1. 桑士东.试分析隐名代理中当事人之间的关系及我国隐名代理制度的完善.南京财经大学学报，2007，(2)
2. 王利明，杨立新，等.民法学.北京：法律出版社，2008，119－145
3. 佟柔.中国民法学·民法总则.北京：中国人民公安大学出版社，1990：278－289
4. 布洛根·史密斯.信托代理.沈阳：万卷出版公司，2011
5. 佟柔.中国民法讲稿.北京：北京大学出版社，2008

福建中医药大学　钟三宇
中国医学科学院皮肤病医院　史　可

第九章 物权概述

第一节 物权的概念和特征

一、物权的概念

物权是民事主体依法对特定的物进行管领、支配并享受物之利益的排他性财产权利。

我国于 2007 年 3 月 16 日第十届全国人民代表大会第五次会议通过《中华人民共和国物权法》(以下称《物权法》),自 2007 年 10 月 1 日起施行。其中对物权的概念进行了定义。物权,是指权利人依法对特定的物享有直接支配和排他的权利,包括所有权、用益物权和担保物权。

在理解物权这一概念时,不能把物权仅仅视为对物的权利,在社会生活中,人与物的关系,实质上反映的是人与人之间的关系。物权关系和其他法律关系一样,是一种人与人之间的以具体权利义务为内容的意志关系,因为只有有意志的人才能享受权利、承担义务,在彼此之间发生法律关系。而物没有意志,是不能与人发生法律关系的,尽管法律在给所有权和其他物权下定义时,通常从人对物的支配角度出发,但不能因此把物权关系看做是人与物的关系。

作为一种财产权,物权与债权相对应,两者相互制约、相辅相成。在商品交换中,首先要求主体对其所交换的财物享有所有权,而交换的实现是财产所有权的转移,也就是一方失去对交换财产的所有权,同时,另一方则取得该项财产的所有权。因此,物权是债权发生的基础和前提,债权是物权变动的基础。正确认识两者的区别,掌握物权的基本特征,对确认财产关系的法律性质,正确行使权利和履行义务以及解决财产纠纷均具有重要意义。

二、物权的特征

（一）物权是绝对权

物权是权利主体对特定物进行管领、支配，享受其利益的排他性权利。这种权利一方面表现为物权人有权在法律规定的范围内，按自己的意愿对物进行支配，包括对物进行占有、使用、收益和处分；另一方面，物权人也有权排除他人对自己支配之物进行侵害和对自己行使物权的行为造成的干涉和妨碍。因而，物权主体以外的其他任何人都负有不得侵害和干涉他人的物权、妨碍他人行使物权的义务。

（二）物权以物为客体

物权是权利主体对物进行直接支配的权利，自然应以物为客体。作为物权客体的物应为特定物和独立物，否则物权便很难确定，权利人也无从支配。此外，物权的客体原则上应当是有体物，但不排除某些无体物作为物权客体的可能性。例如，已为人所掌握并加以利用的光、热、电、气等无体物。权利可作为抵押权或质权的客体，一般不能作为其他物权的客体。

（三）物权以对物进行支配并享受物的利益为内容

所谓直接支配，是指权利人无需借助他人的行为，就能够行使自己的权利，对物进行占有、使用、收益和处分。物权人可以在法律规定的范围内以自己的意志和行为直接支配物，而无需得到他人的同意和借助他人的行为。物权的义务主体只要不妨碍权利人行使权利，就是履行了义务。

（四）物权具有排他性

一物之上不容两个以上的相同内容的物权并存。就所有权来说，一物之上不能有两个所有权。如果某人对某物享有所有权，就排除其他任何人同时再对该物享有一个所有权。这在大陆法系中称为“一物一权”原则。另外，物权还具有排除他人侵害、干涉、妨碍的性质。

第二节　物权的种类

为巩固社会的所有制关系，《物权法》实行物权法定原则，即物权的种类、内容，物权的取得和变更以及物权的公示方法等均由法律直接规定，禁止任何人创设法律没有规定的物权和超越法律的限制行使物权。这种原则的确立是由物权的性质决定的。物权是一种对物直接支配的权利，它具有排他性和绝对性，因此物权的取得、丧失、变更等必须公示，以利于维护交易的安全和保护第三人的利益。

根据物权法定原则，按照《物权法》的规定，我国的物权包括所有权、使用权、承包经营权、典权、抵押权、质权、留置权等。为了解各种物权的性质和特征，有必要对物权法规定的各种物权进行科学的分类，从而加深对物权制度的认识。

按照不同的标准，对物权可以进行如下分类：

一、所有权与他物权

根据物权的权利主体是否是财产所有人，可以把物权分为所有权与他物权。

所有权是财产所有人对自己所有的财产依法进行全面支配的物权，即所有人依法可以对物进行占有、使用、收益和处分的权利，是物权中最完整、最充分的权利。他物权是指所有权以外的物权，指财产非所有人根据法律规定或者所有人的意思对他人所有的财产享有的进行有限支配的物权。

所有权与他物权的主要区别在于：

1. 权利主体不同　所有权的权利主体是所有人，其标的物是自己的，而他物权的权利主体是非所有人，即除所有人以外的其他民事主体，其标的物是别人的。

2. 权利的内容不同　所有权是完全物权，享有占有、使用、收益、处分的权利；他物权是从所有权权能中分离出来的，是不完全物权，一般只能对标的物享有占有、使用和收益的权利，没有法律的依据和所有人的授权，不能行使处分权。

3. 权利存在的期限不同　所有权的存在通常不受时间限制。如果他物权是通过合同的方式取得的，只能在合同的有效期内存在。因此，所有权是“无期物权”，而他物权为“有期物权”。

二、用益物权与担保物权

根据设立的目的不同，他物权还可进一步分为用益物权与担保物权。

用益物权是以物的使用、收益为目的而设立的物权。担保物权是以保证债务的履行、债权的实现为目的而设立的物权。

用益物权和担保物权的主要区别在于：

1. 用益物权与担保物权虽然都是物的支配权，但两者对物支配的内容有所不同。用益物权主要就物的使用价值对物进行支配；而担保物权主要就物的交换价值方面对物进行支配，一般来说担保物权的权利主体只能就标的物的价值优先受偿，不能对标的物使用、收益。

2. 用益物权具有独立性，担保物权具有从属性。一般来说，担保物权要以主债权的存在为前提，债权消灭，担保物权也随之消灭。而用益物权是具有独立性的。

3. 用益物权的行使要以占有标的物为前提，而担保物权人则既可以直接占有标的物，也可以不直接占有标的物。

4. 用益物权客体的价值形态如果发生变化，就会对用益物权人的使用收益权产生直接影响，而担保物权客体的价值形态发生变化，并不影响担保物权的存在。这一特点决定了担保物权具有物上的代位性。

三、动产物权与不动产物权

依物权标的是动产还是不动产为标准划分。

以动产为标的物的物权是动产物权，如动产所有权、留置权、动产质权等。标的物是不动产的物权为不动产物权，如不动产所有权、地役权、典权等。区别二者的意义在于：二者的成立要件、效力及取得、丧失、变更均有所不同。动产物权的公示方法为占有或交付，且以交付作为动产物权变动的生效要件；不动产物权的公示方法为登记，且以登记作为不动产物权变动的生效要件。

四、主物权和从物权

这是根据物权是否从属于其他物权而存在所作的分类。

主物权是指能够独立存在的物权，如所有权、地上权、永佃权等。从物权是指必须依附于其他权利而存在的物权，如抵押权、留置权、质权等。区分二者的意义在于：主物权能够独立存在，从物权的存在则须以它所从属的权利的存在为前提，主物权消灭时，从物权也随之消灭。

五、登记物权与非登记物权

依物权的取得按是否须经登记为标准划分为登记物权与非登记物权。

1. 登记物权　是指物权的设定、变更及终止须经登记机关登记才能产生相应法律效力的物权。不动产物权均为登记物权。登记物权以登记为公示方法，其变动须经登记始生效力。

2. 非登记物权　是指物权的得丧变更无须登记即可产生相应法律效力的物权。绝大多数动产物权均为非登记物权。非登记物权以物之占有为公示方法，其变动无须登记，只需交付即生效力。

六、有期限物权与无期限物权

有期限物权是指有一定存续期间的物权，如典权、抵押权、质权、留置权等。无期限物权是指没有一定存续期间而永久存续的物权，如所有权。

第三节　物权法的基本原则

物权法的基本原则，是贯穿于物权制度中的物权立法思想和适用物权规范的根本准则。

一、物权法定原则

物权法定原则又称物权法定主义，是指物权的种类及其内容等均由法律明确规定，当事人不得任意创设新物权或变更物权的法定内容。

其内容包括：

1. 物权的种类法定　即物权的种类由法律明确规定，当事人不得以协议的方式创设法律所不认可的新类型的物权。比如，当事人不得创设我国法律所不允许的不动产质权。

2. 物权的内容法定　即物权的内容由法律明确规定，当事人不得创设与法定物权内容不符的物权。比如当事人协议设立不移转占有的动产质权，因与法律规定相悖而不被承认。

物权法定原则的内容还包括物权的效力、公示方法、取得方式等事项的法定性。

违反物权法定原则的，物权的设立应属无效，不能发生物权法上的效果；物权法上无明确规定的事项，应推定为禁止。

当然，再完备的法律也难穷尽社会生活中的所有问题，而且，社会生活还要有新的发展，而法律又不能时时更新，因此，物权法定主义并不意味着物权法是一成不变的封闭性立法，而应随着社会生活的发展而有所发展、变化，在特定情况下，可以对物权法定主义进行扩张解释。

二、一物一权原则

一物一权原则指一个标的物上只能存在一个所有权，不允许有互不相容的两个以上的物权同时存在于同一标的物上。

其内容包括：

1. 一个所有权的客体仅为特定的独立的一物。集合物原则上不能成立一个所有权，但在特殊情况下，按照交易习惯认为集合物是一个独立物时，可以设定一个所有权，如一群羊、一个图书馆、一批货物等可视为一个物，可以成立一个所有权。

2. 尚未与物之整体分离的物之组成部分之上，不能单独设立物权。

3. 一物之上只能存在一个所有权，绝不得并存两个以上所有权。

4. 一物之上不得同时存在两个以上性质、内容相抵触的物权，但不相抵触的数个物权可以同时存在于一物之上。

三、公示公信原则

公示公信原则是两个原则，即物权公示原则和物权公信原则。这两个原则既有区别又有联系，是相互依存的两个原则。

1. 物权公示原则　物权公示是指以一定的公开的、外在的、易于查知的形式展示物权存在和变动的情况。物权公示原则是指当事人必须以法定的公开的方式展现物权变动的事实，否则，不能发生物权变动的效力。如各国物权法规定，动产物权变动以交付为公示形式，不动产物权变动则以登记作为其公示形式。

2. 物权公信原则　所谓公信原则，就是依法定方式进行公示的物权，具有使社会一般人信赖其正确的效力，即使公示的物权状况与真实的权利状态不符，法律对信赖公示的善意第三人仍予以保护。比如某房屋产权证上登记的是甲的名字，而事实上真正的房屋所有人是乙，但丙因信赖甲提出的产权证书等文件，而与甲订立了房屋买卖合同，则尽管甲不是真正的权利人，但法律仍应承认该项交易，并保护丙的利益，以维护交易安全。

第四节　物权的民法保护

物权的法律保护，是指国家运用各种法定方法保护物权人对财产进行管理和支配的各种权利。与刑法、行政法比较，物权法对物权的保护更为直接，具有恢复物权或给物权人所受损害以经济补偿的作用。物权法对物权的保护是通过赋予物权人请求确认物权、请求排除妨碍、请求恢复原状、请求返还原物、请求赔偿损失等请求权的方法来实现的。

一、请求确认物权

当物权归属不明或对是否存在发生争议时，当事人向法院提起诉讼，请求确认物权。确认物权是保护物权的一种独立方法，不能以其他方法代替；同时，确认所有权又是采取其他保护方法的基础，因为在所有权的归属问题未得到确定时，其他的保护方法也就无从谈起。

二、请求排除妨碍

当他人的行为非法妨碍物权人行使物权时，物权人可以请求妨碍人排除妨碍，也可请求法院责令妨碍人排除妨碍。请求排除妨碍既包括请求除去已构成之妨碍，也包括请求防止将来可能出现的妨碍。比如，某化工厂正在向某承包户的鱼塘方向挖沟，以排放废水，虽然废水尚未注入鱼塘，但该化工厂的这种行为已构成妨碍鱼塘使用的危险，因此鱼塘承包户可运用此方法，请求化工厂停止向鱼塘方向挖沟，以防止妨碍的发生。

三、请求恢复原状

物权人的物因他人的侵权行为而损坏时，如果能够修复，物权人可以请求侵权行为人加以修理以恢复物的原状，或者请求法院责令侵害人恢复财产的原状。恢复原状一般是通过修理或其他方法使财产在价值和使用价值上恢复到财产受损害前的状态。

四、请求返还原物

所有人在其所有物被他人非法占有时，可以向非法占有人请求返还原物，或请求法院责令非法占有人返还原物。适用返还原物这种保护方法，其前提必须是原物仍然存在，如果原物已经灭失，就只能请求赔偿损失。且该物须为特定物，如果被非法占有的是种类物，就不能要求返还原物，只能请求赔偿损失。

所有人只能向没有法律根据而侵犯其所有物的人，即非法占有人请求返还。如果非所有人对于所有人的财产的占有是一种合法占有，那么对于合法占有人在合法占有期间，所有人不能请求返还原物。若合法占有人将占有物非法转让给第三人时，所有人是否能要求第三人返还要区分第三人是善意还是恶意的占有，若第三人为善意有偿地取得，则所有人不能请求返还；反之，所有人有权要求返还。

五、请求赔偿损失

由于他人的非法行为造成财产毁损、灭失，无法恢复原状或返还原物时，所有人可以直接请求侵害人赔偿损失，也可请求法院责令侵害人赔偿损失。

上述方法是物权的最基本的保护方法，不同的保护方法彼此之间互相联系、互相补充。实践中，可根据权利受到侵害的不同情况，采取一种或同时采取几种保护方法，以使物权得到切实的保护。

思考题

1. 什么是物权？物权有什么特征？
2. 物权有哪些主要分类？
3. 物权变动的公示与公信原则的主要内容是什么？
4. 物权的保护方法有哪几种？

推荐阅读

1. 钱明星. 物权法原理. 北京：北京大学出版社，1994
2. 谢在全. 民法物权论. 北京：中国政法大学出版社，1999
3. 王利明. 物权法研究. 北京：中国人民大学出版社，2002
4. 王利明. 中国物权法草案建议稿及说明. 北京：中国法制出版社，2001
5. 梁慧星，等. 中国物权法草案建议稿. 北京：社会科学文献出版社，2000
6. 孙毅. 物权法公示公信原则研究. 北京：法律出版社，1997
7. 孙宪忠. 德国当代物权法. 北京：法律出版社，1997

黑龙江中医药大学　王　洋

第十章　财产所有权

第一节　所有权概述

一、所有权的概念

所有权是指所有人在法律规定的范围内,依法对自己的财产进行占有、使用、收益、处分并排斥他人非法干涉的权利。

二、所有权的特征

所有权除具备物权的共性外,还具有以下特殊性:

1. 所有权具有自权性　所有权的自权性是指所有人对自己的财产所享有的物权。

2. 所有权具有完全性　所有权的完全性是指所有人对所有物的支配,不仅包括对于物的占有、使用、收益,还包括对于物最终的处分,因而所有权是所有人对所有物进行一般地、全面地支配的最完全、最充分的物权。

3. 所有权具有原始物权性　所有权的原始物权性,是指所有权不是从其他财产权中派生出来的,而是法律直接确认财产归属关系的结果。

4. 所有权具有弹力性　所有权的内容可以自由伸缩,因为所有人可以根据自己利益的需要在其所有物上为他人设定他物权。

5. 所有权具有恒久性　所有权具有永久存续性。所有权因标的物的存在而永久存续,不得预定其存续期间,因此,所有权是无期物权。

第二节　所有权的权能

一、所有权的积极权能

（一）占有权能

占有权能是指特定的所有人对于标的物的实际管领和支配的权能，往往是所有人对物进行使用、收益或处分的前提。占有权能作为所有权的一项独立的权能，在一定条件下可与所有权分离。当占有权能与所有权分离而属于非所有人时，非所有人享有的占有权能同样受法律保护，所有人不能随意请求返还原物。

根据占有人是否是所有人，占有可分为所有人占有和非所有人占有。所有人占有是指所有人在事实上管领、控制属于自己的财产，比如公民在自己的房屋中居住即为所有人占有。非所有人占有是指所有人以外的人对于所有人的财产进行事实上的控制。非所有人的占有，根据其有无法律依据，可分为合法占有与非法占有。合法占有是指依据法律规定和所有人的意思而占有所有人的财产，如通过订立租赁合同承租人占有出租人的财产。非法占有是指没有法律上的根据又未取得所有权人的许可而由非所有人占有所有人的财产，如盗窃他人财产、挪用公款等。非法占有，根据占有人的主观心理状态又可分为善意占有和恶意占有。善意占有是指占有人不知道也不应当知道其对财产的占有是非法的，恶意占有是指占有人知道或应当知道其占有是非法的。善意占有受占有制度的特别保护，在一定条件下可以对抗所有人的物上请求权。

（二）使用权能

使用权能是指按照物的性能和用途对物加以利用，以满足生产生活需要的权能。由于对物的使用须以对物的占有为前提，因此享有物之使用权能必定同时享有物之占有权能。使用权能通常由所有人享有，但它与占有权能一样，也可以与所有权分离而由非所有人享有。非所有人可根据法律的规定或与所有人的约定而取得物的使用权能，如承租人依合同使用租赁物。非所有人取得物的使用权能，可以是有偿的，也可以是无偿的，但无论是有偿还是无偿，都必须按法律的规定或与所有人约定的方式使用财产。非所有人无法律依据使用他人财产为非法使用，如未经允许居住他人房屋。非法使用他人财产者要承担相应的民事责任。

（三）收益权能

收益权能是指收取由原物产生出来的新增经济价值的权能。所有物新增的经济价值包括孳息与利润。孳息包括天然孳息与法定孳息，天然孳息是指由所有物自然派生出来的利益，如果树的果实、母牛生的小牛犊等；法定孳息是指依法律关系从所有物中取得的利益，如存款的利息、租金、股息等。除孳息外，收益还包括投入生产经营活动中所产生的利润等。

收益权能一般由所有人自己行使，但不排除所有人将自己财产的全部或部分收益权能转让给他人。事实表明，在现代市场经济条件下，收益权能不仅是所有权中一项独立的权能，而且是所有权中最重要、最基本的一项权能。因为市场经济的主体是追求自己利益最大化的人。他们所关注的是自己财产的增值，以及如何才能实现这种增值，至于财产是由自己占有、使用，还是交由他人占有、使用并不重要。只要能使财产增值和实现其利益的最大化，他们便可以让与财产的占有权、使用权乃至处分权，而最终把握收益权。在这种条件下，收益权能日益突出，成为体现所有权的最基本的权能。

（四）处分权能

处分权能是指权利主体对其财产在事实上和法律上的处置的权能。处分权能是所有权的主要权能，因为处分权能涉及财产的命运和所有权的发生、变更和终止问题，从这个意义上说，处分权能是所有权中带有根本性的一项权能。

处分权能包括事实上的处分与法律上的处分。事实上的处分，是指对物进行实质上的变形、改造或毁损等事实行为，如拆除房屋、消费食品等；法律上的处分，是指通过不同的法律行为对物进行的种种处置，包括转让物的所有权、设定他物权等。

多数情况下，处分权由所有人享有，非所有人不得随意处分他人所有的财产。例如，承租人不得将租赁物出卖，保管人不得处分保管物等。只有在法律有特别规定的场合，非所有人才能处分他人所有的财产。

占有、使用、收益、处分四项权能共同构成所有权的积极权能。这四项权能的每一项，都有相对独立性，因此又具有可分性。四项权能中某一项或某几项权能暂时脱离所有人。所有人并不丧失对该项财产的所有权，如财产的保管、租赁等关系。四项权能的分离与回复，是财产所有人行使所有权的具体表现。所有权不单是使所有人对其财产享有所有权，重要的是通过对四项权能的行使来发挥其财产的经济效益。从某种意义上说，四项权能的分离与回复，正是所有人行使所有权、发挥物的效益，以满足自己生产、生活需要或实现财产利益的体现。

二、所有权的消极权能

所有权的消极权能，是指所有人有权排除他人对其所有权进行干涉、侵害。由于这种权能并不是所有人对于物可以施加的积极行为，在没有他人干涉时，此种权能体现不出来，故称之为消极权能。

第三节　所有权的取得

所有权的取得，是指民事主体获得财产所有权的合法方式与根据。财产所有权的取得，不得违反法律规定。依据是否依赖于原所有人的所有权，财产所有权的合法取得方式分为原始取得与继受取得两种。

一、原始取得

原始取得，是指依法律规定，最初取得财产的所有权或不依赖于原所有人的意志而取得的所有权。原始取得的根据主要包括：劳动生产，收益，没收，无主财产权归国有，先占，添附，拾得遗失物，发现埋藏物、隐藏物，善意取得等。

（一）先占

先占是以所有的意思占有无主财产而取得其所有权的法律事实。基于先占取得所有权，为各国民法所认可。我国现行民法对先占未作明文规定，但因先占而取得动产所有权是现实生活中的普遍现象，实际上我国司法实践是认可的。作为所有权的一种取得方法，先占应具备以下构成要件：

1. 须为无主物　所谓无主物，是指当前不属于任何人所有的物，比如，经原物主抛弃的物，可以成为先占的标的。

2. 须为动产　先占的标的物仅限于动产，不动产不得依先占而取得。但先占并适用于一切动产。一般认为，人的尸体、由国家文保护法和珍稀野生动物保护法所明文规定保护的物和珍稀野生动物，以及他人享有独占的先占权的，不得为先占的标的物。

3. 须以所有的意思占有无主物　所谓以所有意思，是指以将占有的动产如同自己所有的物归自己管领控制的意思。

拾得遗失物、发现埋藏物的情况下不得先占。

（二）添附

添附是指民事主体把不同所有人的财产或劳动成果合并在一起，如果恢复原状在事实上不可能或者在经济上不合理的情况下，形成另一种新形态的财产。添附主要有混合、附合和加工三种方式。①混合是指不同所有人的财产互相混合，难以识别而形成新财产。②附合，是指不同所有人的财产密切结合在一起而形成新财产，虽未达到混合程度但非经拆毁不能达到原来的状态。附合既可以是动产与动产的附合，也可以是动产与不动产的附合。③加工，是指一方使用他人财产加工改造为具有更高价值的新的财产。在上述情况下，关于新所有权的归属，应由当事人协商处理，或归一方所有，或归当事人共有。如果不能达成协议，应当比较添附价值与原财产价值，由价值量高的一方所有，但其应当向另一方给付适当的经济补偿。需要注意的是，在动产与不动产的附合中，一般由不动产所有人取得新财产的所有权，但应当给动产所有人以补偿。如果添附行为出于恶意，则原所有人有权要求添附人恢复原状，并赔偿损失。

二、继受取得

继受取得，又叫传来取得，是指通过某种法律行为从原所有人那里取得对某项财产的所有权。这种方式是以原所有人对该项财产的所有权作为取得的前提条件的。继受取得的根据主要包括法律行为（买卖、互易、赠与、借贷）和法律行为以外的事实（被继承人死亡而引起的继承遗产和接受遗赠）两大类。

1. 转让财产　是指通过买卖、赠与、互易等民事法律行为，由一方将其财产所有权转移给另一方所有，新的所有人从原所有人那里取得财产所有权。

2. 继承或受遗赠　所有人死亡后，其遗产由其合法继承人继承，或根据所有人的意志遗赠给他人，合法继承人或受赠人依法取得遗产的所有权。

第四节　所有权的行使

所有权的行使，是指民事主体依照法律规定实现所有权各项权能的行为。所有权的行使方式可以分为所有人直接行使和授权他人行使两种。

一、所有人直接行使

所有人直接行使，是指财产所有权人在法律允许的范围内直接对其财产行使占有、使用、收益和处分的权利。所有人在行使其财产所有权时，一般并不需要义务人的积极帮助行为，便可实现自己对财产的自主支配，从而满足其生产或生活的需要。

二、所有人授权他人行使

所有人授权他人行使，是指财产所有人根据法律规定或合同约定，授权他人依法占有、使用、收益或处分自己的财产，从而使所有权权能与所有权分离。这种方式，有利于最大限度地发挥财产的经济效益和社会效益，同时从根本上实现了财产所有权人的意志和利益。

尽管所有人在法定范围内有权依自己的意志行使所有权，但所有人在行使所有权的过程中，必须遵守法律、法规和社会公德。同时，必须以善意的方式行使所有权，不得滥用所有权，致他人损害。例如，在自己使用的土地上挖洞而使他人的房屋有倒塌的危险，此种滥用权利的行为将构成侵权，行为人应承担民事责任。

三、所有权行使的限制

与其他权利一样，所有权也不是绝对无限制的。在现代社会，所有权的行使须符合法律的规定或在法律允许的范围内进行。法律之所以对所有权予以一定的限制，目的在于保护社会公益和他人的正当利益。从所有权所受限制的情形看，主要分为三种：其一为所有人的容忍义务，即要求所有人容忍他人对其所有物于一定限度内为一定的“妨害”行为，基于相邻关系而产生的限制多属于此类；其二为不作为义务，即要求所有人不得任意实施某种自由支配行为，如不得擅自改变耕地的用途等；其三为积极的作为义务，即所有人在一定情况下不仅有行使其所有权的权利，而且还应负有积极行使的义务，如应及时拆除或加固危房、不能任凭土地荒置而不利用等。

第五节　善意取得制度

一、善意取得的概念和意义

善意取得是指无处分权的占有人将其占有的动产或不动产转让给第三人，第三人取得时出于善意，则第三人依法取得该动产的所有权。原所有人不得请求第三人返还，只能要求转让人赔偿损失。法律规定善意取得制度，主要是为了维护交易安全。

二、善意取得的构成要件

1. 受让人受让该动产或者不动产时是善意的　善意取得以受让人善意为成立条件，即受让人不知或不应知道让与人无让与权且无重大过失即为善意，但让与人是否善意则在所不问。受让人是否为善意，应当由主张受让人非善意的一方负举证责任。确定受让人是否善意，应以其受让动产或不动产时的情况判定。交付后受让人是否善意，不影响善意取得的成立。

2. 以合理的价格转让　受让人必须以合理的价格取得该动产或不动产。合理的价格应该参照本动产或不动产在当地的一般情况而定。

3. 转让的不动产或者动产依照法律规定应当登记的已经登记，不需要登记的已经交付给受让人 善意取得以受让人已经控制该动产或不动产为立。如果让与人和受让人只是达成协议，而没有将标的物转移，则不能善意取得该标的物。

三、善意取得的效力

善意取得的发生，使受让人取得所有权，原权利人丧失所有权。善意取得是所有权原始取得的一种方式，因此该动产或不动产在转让之前，他人享有的权利因为受让人善意取得而消失。

善意取得发生后，在原所有人与让与人之间产生债的关系，原所有人可就自己的损失向让与人选择行使以下几种权利：

1. 债务不履行的损害赔偿请求权 当原所有人与让与人之间存在租赁、借用、保管等债务关系时，原所有人可请求让与人承担债的不履行的责任。

2. 侵权损害赔偿请求权 让与人无权处分原所有人的财产，其处分是一种侵权行为，原所有人可请求侵权损害赔偿。

3. 不当得利返还请求权 让与人有偿将他人动产或不动产让与善意第三人时，其所得价金构成不当得利，所有人可主张返还。

第六节 共 有

一、共有的概念与特点

共有是指两个以上的权利主体对同一项财产共同享有一个所有权的法律状态。在共有关系中，共同享有所有权的人称为共有人，共有的标的物称为共有物或共有财产。

共有具有如下特点：

(1) 共有的主体是两个以上，可以是自然人，也可以是法人或其他组织。

(2) 共有的客体是同一项特定财产，即共有的客体具有同一性。这里所说的同一财产不必是一件物品，它可以是集合物，如图书馆；也可以是单一物，如土地、一间房屋等。

(3) 共有的内容包括对内、对外双重权利义务，即共有的内容具有双重性。在共有的内部关系中，各共有人或是按照确定的份额享有权利和承担义务，或是不分份额，平等地分享权利、分担义务；在共有的对外关系中，共有人作为单一的权利主体同他人发生民事法律关系。

(4) 共有是所有权的联合，而不是一种独立的所有权类型，即共有所有权具有联合性。共有通常是多个权利主体为了共同的生产经营目的或共同的生活需要而形成的，其可以是同一类型的所有权的联合，也可以是不同类型的所有权的联合。

共有的发生原因通常有两个：一是基于当事人的意思而发生，如甲、乙、丙共同出资购买一项财产，该财产即为其三人所共有，由此形成共有法律关系；二是基于法律的直接规定而发生，如夫妻财产、家庭财产的共有，遗产分割前继承人对遗产的共有，数人基于先占、拾得遗失物、发现埋藏物、添附等而发生的共有等。

二、共有的类型

共有的类型分为按份共有和共同共有：

(一) 按份共有

按份共有又称分别共有，是指共有人按照确定的份额对共有财产分享权利和分担义务的共有。按份共有人对共有的不动产或者动产按照其份额享有所有权。

按份共有作为共有的一种形式，除具有共有的一般特点外，还具有以下特点：

1. 各共有人分别享有确定的份额。该份额通常称为各共有人的"应有份额"，一般是由共有人协议决定的。如果各个共有人的份额不明确，则一般推定其为均等。

2. 按份共有人之间的联系不以存在共同关系为必要，即不需要存在特殊的团体性或身份关系，如亲属关系。

3. 按份共有人对其应有部分享有相当于所有权的权利。在法律或共有协议未作限制情况下，按份共有人随时都可要求分出或转让其应有部分。

(二) 共同共有

共同共有是指共有人对全部共有财产不分份额地享受权利和承担义务的共有。和按份共有比较，共同共有具有以下特征：

1. 共同共有是不分份额的共有　在共同共有关系存续期间，各共有人对共有财产都没有确定的份额，他们共同享有共有财产的各种利益，也共同负担由共有财产而发生的各种义务。各共有人不得对共有物提出分割请求，如果部分共有人擅自以划分份额的方式处分共有物，应认定为无效。

2. 共同共有关系的形成是基于共同关系　共同共有关系仅存在于婚姻家庭领域之内及具有一定亲属身份关系或有特殊关系的公民之间，如夫妻关系、家庭成员关系、共同继承遗产关系等。如果缺乏这个前提，就不能产生共同共有。

3. 各共有人对共有财产的全部享有平等的权利，承担平等的义务　每个共有人对整个共有财产的占有、使用、收益、处分权都是平等的，不得以任何理由剥夺或干涉其他共有人的所有权。同时，共有人也须承担共同的义务。由于各共有人对共有财产的权利义务不存在份额比例关系，故基于共同共有财产而产生的债权债务也必定为连带债权债务，因而与按份共有相比，共同共有人之间的身份关系与权利义务关系更为密切。

思考题

1. 什么是所有权？所有权与物权的关系如何？
2. 所有权有哪些取得方法？
3. 国家所有权行使的特点是什么？
4. 按份共有与共同共有的主要区别是什么？

推荐阅读

1. 钱明星. 物权法原理. 北京:北京大学出版社,1994
2. 谢在全. 民法物权论. 北京:中国政法大学出版社,1999
3. 王利明. 物权法研究. 北京:中国人民大学出版社,2002
4. 梁慧星,陈华彬. 物权法. 北京:法律出版社,1997
5. 陈华彬. 现代建筑物区分所有权制度研究. 北京:法律出版社,1995

黑龙江中医药大学 王 洋

第十一章　相邻关系

第一节　相邻关系概述

一、相邻关系的概念

相邻关系又称不动产相邻关系，是指两个或两个以上相互毗邻的不动产的所有人或使用人，在行使不动产的所有权或使用权时，因相邻各方应当给予便利和接受限制而发生的权利义务关系。我国《民法通则》第 83 条规定："不动产的相邻各方，应当按照有利生产、方便生活、团结互助、公平合理的精神，正确处理截水、排水、通行、通风、采光等方面的相邻关系。给相邻方造成妨碍或者损失的，应当停止侵害，排除妨碍，赔偿损失。"

民法中的物权，尤其是所有权，是权利人直接支配的标的物并享受其利益的排他性权利。权利主体原则上可以对权利客体自由使用、收益和处分。但是，在不动产相互邻近时，如果不动产所有人或使用人均可以绝对自由的、排他性的使用其不动产，则相邻双方必发生纷争和冲突，结果不仅不能使不动产本身发挥最大的经济效益，而且纷争必然害及不动产财产秩序的维护。基于社会发展的连体性，人们认识到不动产权利人权利的行使不能是绝对的，应要求不动产权利人承担社会性义务，不因行使不动产权利而妨碍社会的进步和公共利益的需要，法律就此设立相邻关系制度。[①]

法律对不动产相邻关系进行调整，其目的是为了尽可能使相邻的不动产权利人之间保持和睦关系，解决相邻的两者或多人因行使存在于不动产之上的各种权利而发生的冲突，维护不动产相邻各方利益的平衡。相邻关系制度的价值最重要的是体现在力求不动产相邻各方利害的平衡或关系的合理调适，即具有充分发挥

---

① 梁慧星，陈华彬．物权法．第 2 版．北京：法律出版社，2003：183 - 184

财产的效用，减少纠纷、调解冲突，稳定经济秩序，增强人们之间的团结协作，以谋求共同利益，促进国民经济发展。在民法为权利法这一视角下，也可以将相邻关系理解为相邻权，但为强调相邻关系的平衡利益之机制和实际生活中相邻双方在处理不动产时都可能发生扩张权利和限缩权利的互动状态，通常称为相邻关系似更为妥帖。①

相邻关系有以下法律特征：

1. 相邻关系的主体必须是不动产的所有人或占有人。单一主体不构成相邻关系。相邻关系可以发生在自然人之间，法人之间或自然人与法人之间，但他们都必须是财产的所有人或使用人。

2. 相邻关系的主体所占有的不动产必须是相毗邻的，动产的相邻不发生相邻权问题。例如，甲、乙的房屋相邻，就会产生相邻防险关系、相邻排水关系等。此外在许多情况下，相邻关系的发生也与自然环境相关，如甲、乙两个村处于一条河流的上下两个相连的地段，于是自然构成了甲、乙两个村相互利用水流灌溉和水利资源的相邻关系。

3. 相邻关系的客体是不动产的所有人或占有人在行使权利上所体现的利益，而对于不动产本身并无争议。相邻关系的主体在行使权利时，既要实现自己的合法权益，又要为邻人提供方便，尊重他人的合法权益。

4. 相邻权的内容是相邻权的一方有权要求他方提供必要的便利，他方应给予必要的方便，包括积极的作为和消极的作为。具体表现在相邻任何一方都要以自己的财产为对方提供某种必要的便利，相邻各方在行使权利时，不得损害他方的合法权益。例如，从相邻方的土地上通过，应尽管避免给其造成损失，否则应负责补偿，而相邻方也应尽力提供对方通行的便利，不得人为设置障碍。②

二、相邻关系和地役权的区别

相邻关系的性质，与用益物权中的地役权相似。地役权是指不动产所有人或使用人为使用其不动产的便利而对他人所有或使用的不动产所加的负担。在地役权关系中，为自己不动产的便利而使用他人不动产的一方称为地役权人，需要他方提供便利而使用的不动产称为需役地；将自己的不动产供他人使用的一方称为供役地人，为他方提供便利的不动产称为供役地。地役权制度的精神在于尽量不削减供役地的效用而增加需役地的价值。地役权与相邻关系有着明显的区别。

1. 权利的性质不同　相邻关系从权利义务的角度讲是指两个以上相互毗邻

---

① 江平. 民法学. 北京：中国政法大学出版社，1999：365 - 366

② 江平. 民法学. 北京：中国政法大学出版社，1999：366 - 367

的不动产所有人，在行使所有权时，因相邻各方给予便利或者接受限制而发生的权利义务关系，故相邻关系不是一种单独的物权，而是所有权的延伸和扩展，是所有权权能的体现。而地役权是土地所有人使用别人土地的权利，它发生在两个不同归属的土地之间，是存在于他人土地之上的物权，属于他物权。

2. 产生的根据不同　相邻关系是基于法律的直接规定而产生的，是法律要求一方必须要为另一方提供便利，是法律上对土地间利用关系的一种最小限度的调节。地役权则是根据需役地人与供役地人自愿达成的协议而产生的，是地役权人通过利用他人的不动产而使自己的不动产获得更大的效益。

3. 是否具有有偿性不同　由于相邻权是法律直接规定的，故不涉及是否有偿问题。而地役权是合同约定的，地役权是否有偿，主要取决于当事人在地役权合同中的约定。如果是有偿的，就应当明确约定费用的数额以及支付的方式。

4. 是否可以对抗善意第三人　法律设立不动产相邻关系的目的是为了解决相邻的两个或者多个不动产所有人或使用人因行使权利而发生的冲突，维护不动产相邻各方利益的平衡。因此相邻权具有天然的对抗属性，不因不动产的流转而消灭。但是地役权则不同，只有办理了地役权登记，才能对抗善意第三人。

5. 受到损害后的救济请求权不同　相邻权受到侵害后，只能以所有权的行使受到妨碍为由提起诉讼。地役权受到损害之后，受害人可以直接提起地役权受损害的请求之诉。

6. 基于相邻关系的规定，相互毗邻的不动产所有人各自在行使权利时，不能影响邻人对其不动产的正常使用及安宁，而且还要容忍邻人在合理范围内使用自己的不动产。因此相邻权是相互的、双向的。而地役权是地役权人按照合同的约定，利用他人的不动产，目的是提高自己的不动产的效益，所以地役权是单向的。

总之，相邻关系与地役权应有明确的法律区别，忽略或模糊两者的界限，必将损害所有权和用益物权的分际，进而使整个物权法的体系陷于紊乱。我国《物权法》严格区分相邻关系与地役权，将相邻关系规定于所有权部分，将地役权规定于用益物权部分，有利于人们明确何种情况下可以不必征得邻居的同意而径直使用邻居的不动产，何种情况下则必须征得邻居的同意，同邻居签订合同后才能利用邻居的不动产，从而避免或减少相邻纠纷的发生，或者即使发生了纠纷，因明确了法定与约定的界限，会有利于法院采取不同的方法迅速裁决案件，消弭纠纷。①

① 彭万林. 民法学. 北京：中国政法大学出版社，1994：206

第二节 相邻关系的种类

相邻关系产生的原因很多，种类复杂，涉及面广阔。根据民法通则与有关法律规定，以及我国司法实践，因土地、水流、建筑物毗邻而发生的相邻关系主要包括以下几种：

1. 因自然资源的使用或所有而产生的相邻关系　相邻各方对其享有使用权或所有权的土地、山岭、森林、草原、荒地、滩涂、水面等自然资源，都必须合理利用，不得滥用权利损害相邻他方的利益。因土地、山岭、森林、草原、荒地、滩涂、水面等自然资源的所有权或使用权发生权属争议的，除涉及行政区划，相邻双方应尊重历史和现实情况，互谅互让，协商解决。

2. 因宅基地的使用而产生的相邻关系　相邻一方因生产和生活上的需要，必须临时或长期通过对方使用的土地的，对方应当允许；因此而给对方造成损失的，应当给予对方适当的补偿。在一方所有或者使用的建筑物范围内，有历史形成的必经通道的，所有权人或者使用权人不得堵塞。但是如果有条件另开通道的，也可以另开通道。对于相邻双方共同使用的空地、道路、院墙以及其他宅基地上的附属物，相邻一方不得擅自独占或擅自处理。

3. 因用水、排水产生的相邻关系　多方共用一水源时，各方均可以自由使用水源，但不得因此影响邻地用水。不得滥钻井眼、挖掘地下水，使邻居的生活水源减少。

对相邻各方都有权利用的自然流水，应当尊重自然形成的流向。任何土地使用人都不得为自身利益而改变水路、截阻水流。一方擅自堵截或独占自然流水影响他方正常生产、生活的，他方有权请求排除妨碍；造成他方损失的，应负赔偿责任。

相邻一方必须利用另一方的土地排水时，他方应当允许；但使用的一方应采取必要的保护措施，造成损失的，应由受益人合理补偿。相邻一方可以采取其他合理措施排水而未采取，以致毁损或者可能毁损他方财产的，他方有权要求加害人停止侵害、消除危险、恢复原状、赔偿损失。

建造房屋应尽量避免房檐滴水造成对邻人的损害，在发生相邻房屋滴水纠纷时，对有过错的一方造成他方损害的，应当责令其排除妨碍、赔偿损失。

4. 因修建施工、防险发生的相邻关系　相邻一方因修建施工、架设电线、埋设管道等，需要临时占用他人土地的。施工完毕后应及时清理现场，恢复原状。因此而给他人造成损失的，施工一方应当给予适当补偿。

相邻一方在自己的土地上挖水沟、水池、地窖、水井和地基等时，应注意对方房屋、地基以及其他建筑物的安全。一方的建筑物有倒塌的危险，严重威胁对方的人身、财产安全时、对方有权请求采取措施排除危险来源，消除危险。如果在别人的土地上挖水沟、水池、地窖、水井和地基等，造成别人的建筑物有倒塌危险的，属于侵权行为，而非相邻关系。相邻一方种植的竹木根枝延伸，危及另一方建筑物的安全和正常使用的，竹木种植人应消除危险、恢复原状、赔偿损失。

5. 因通风、采光而产生的相邻关系　相邻各方修建房屋和其他建筑物，必须与邻居保持适当距离，不得妨碍邻居的通风和采光。相邻一方违反有关规定修建建筑物，影响他人通风采光的，受害人有权要求停止侵害、恢复原状或赔偿损失。

此外，由于民法相邻关系制度总是追随社会生活的发展变迁而与时共进。现代社会出现了许多新的相邻关系，例如建筑物相邻关系中区分所有建筑物的相邻关系、电波通信障碍、日照妨害、观瞻妨害等等，这些相邻关系在司法实践中频繁出现，因此对规范这些相邻关系需要加以重视。①

第三节　处理相邻关系的原则

根据我国《物权法》第 84 条和第 85 条规定："不动产的相邻权利人应当按照有利生产、方便生活、团结互助、公平合理的原则，正确处理相邻关系。法律、法规对处理相邻关系有规定的，依照其规定；法律、法规没有规定的，可以按照当地习惯。"因此，相邻关系应当按照有利生产、方便生活、团结互助、公平合理等原则处理，具体如下：

一、处理相邻关系的原则

1. 有利生产和方便生活的原则　相邻关系是人们在生产、生活中，因行使不动产权利而产生的，与人们的生产、生活直接相关。因此，在处理相邻权时，应当从有利生产、方便生活的原则出发，妥善解决问题。相邻各方不能因行使自己的权利，而有损社会生产和他人生活。例如，相邻各方在都需用水的情况下，任何一方都不得擅自截流以灌溉自己的土地；相邻各方不得制造噪音、震动、臭气等影响他人的休息与生活。

---

① 江平. 民法学. 北京：中国政法大学出版社，1999：370

2. 团结互助和公平合理的原则　相邻权发生在相邻不动产的所有人或使用人之间，要求相邻一方为另一方行使不动产权利给予必要的便利。如果相邻各方只要求他人给予方便，而自己却不为他人提供方便，就不可能处理好相邻关系。因此，处理相邻关系必须遵循团结互助的原则。同时，在相邻权中，相邻各方在获得便利时，也应当承担一定的义务，对受到损失的相邻方，按照公平合理的原则给予适当的补偿。这也是权利义务相一致所要求的。坚持团结互助和公平合理的原则，就是要"予人方便、自己方便"，不以邻为壑，建立起睦邻友好的相邻关系。

3. 尊重历史和习惯的原则　相邻关系基于不动产的特殊性，并非一朝一夕就形成的。因此，在处理相邻关系时，必须尊重历史和习惯。只有这样，才能稳定相邻关系，维护社会的生产和生活秩序，也有利于人们所接受。例如，对于相邻一方所有的或者使用的建筑物范围内历史形成的必经通道，所有权人或使用权人不得堵塞。

二、处理相邻关系的规定

1. 不动产权利人应当为相邻权利人用水、排水提供必要的便利。对自然流水的利用，应当在不动产的相邻权利人之间合理分配。对自然流水的排放，应当尊重自然流向。

2. 不动产权利人对相邻权利人因通行等必须利用其土地的，应当提供必要的便利。

3. 不动产权利人因建造、修缮建筑物以及铺设电线、电缆、水管、暖气和燃气管线等必须利用相邻土地、建筑物的，该土地、建筑物的权利人应当提供必要的便利。

4. 建造建筑物，不得违反国家有关工程建设标准，妨碍相邻建筑物的通风、采光和日照。

5. 不动产权利人不得违反国家规定弃置固体废物，排放大气污染物、水污染物、噪声、光、电磁波辐射等有害物质。

6. 不动产权利人挖掘土地、建造建筑物、铺设管线以及安装设备等，不得危及相邻不动产的安全。

7. 不动产权利人因用水、排水、通行、铺设管线等利用相邻不动产的，应当尽量避免对相邻的不动产权利人造成损害；造成损害的，应当给予赔偿。

思考题

1. 简述相邻关系的概念。

2. 简述相邻关系的法律特征。

3. 简述相邻关系的种类。

4. 简述处理相邻关系的原则。

推荐阅读

1. 祝铭山. 相邻关系纠纷(典型案例与法律适用民事类). 北京:中国法制出版社,2004

2. 高富平. 物业权属与物业管理. 北京:中国法制出版社,2002

3. 刘乃忠. 地役权法律制度研究. 北京:中国法制出版社,2007

4. 胡康生.《中华人民共和国物权法》释义. 北京:法律出版社,2007

5. 滕晓春,李志强.《中华人民共和国物权法》释义. 上海:立信会计出版社,2007

宁波卫生职业技术学院 朱晓卓

第十二章　用益物权

第一节　土地承包经营权

一、土地承包经营权的特征和性质

土地承包经营权，是指农村集体经济组织成员对集体所有或国家所有，由集体经济组织长期使用的耕地、林地、草地等农业土地，采取家庭承包、公开协商等方式进行承包，依法对所承包的土地等占有、使用和收益的用益物权。土地承包经营权人依法享有对其承包经营的耕地、林地、草地等占有、使用和收益的权利，有权自主从事种植业、林业、畜牧业等农业生产。

土地承包经营权在法律上的特点是：①土地承包经营权的主体具有特殊性，是从事农业生产的自然人或集体。②土地承包经营权的标的物具有特殊性，仅限于集体所有或国家所有由农民集体使用的以种植、畜牧等农业生产为目的的土地。③土地承包经营权的目的具有特殊性，是在集体所有或国家所有由集体使用的土地上进行农业活动。④土地承包经营权的产生方式具有特定性，是基于土地承包经营合同产生的。

土地承包经营权的性质是物权，并且是用益物权。《民法通则》第 81 条规定在第五章第一节“财产所有权和与财产所有权有关的财产权”之中，《农村土地承包法》也把农村土地承包经营权作为一种物权来规定，《物权法》则确定土地承包经营权的性质是用益物权。

二、土地承包经营权的取得

土地承包经营权的取得有两种方式：一为依法律行为而取得，二为基于法律行为以外的原因而取得。依法律行为而取得土地承包经营权是土地承包经营权取得的主要方式。具体的方式是：①基于农村土地承包合同而取得。②通过招标、拍卖、公开协商而取得。③基于土地承包经营权流转而取得。根据《物权法》第 128

条的规定，土地承包经营权人依照农村土地承包法的规定，有权将土地承包经营权采取转包、互换、转让等方式流转。流转的期限不得超过承包期的剩余期限。未经依法批准，不得将承包地用于非农建设。

除了法律行为以外，继承为基于法律行为以外的原因而取得土地承包经营权的方式。《农村土地承包法》第 31 条规定："承包人应得的承包收益，依照继承法的规定继承。林地承包的承包人死亡，其继承人可以在承包期内继续承包。"第 50 条规定："土地承包经营权通过招标、拍卖、公开协商等方式取得的，该承包人死亡，其应得的承包收益，依照继承法的规定继承；在承包期内，其继承人可以继续承包。"

三、土地承包经营权人和土地所有人的权利和义务

土地承包经营权人的权利是：①占有、使用、收益权；②依法流转权；③承包地被依法征用、占用时有权依法获得相应的补偿；④其他权利，土地所有权人或者其他组织、个人针对承包地收取法律、法规规定以外的费用，或者违法进行集资、摊派、罚款等，土地承包经营权人有权拒绝。土地承包经营权人的义务是：①维持土地的农业用途，不得用于非农建设；②依法保护和合理利用土地，不得给土地造成永久性损害。

土地所有权人的权利是：①发包本集体所有的或者国家所有依法由本集体使用的农村土地；②对承包土地进行必要调整；③监督土地承包经营权人依照约定的用途合理利用和保护土地；④制止土地承包经营权人损害承包地和农业资源的行为。土地所有权人的义务是：①维护土地承包经营权人的土地承包经营权；②尊重土地承包经营权人的生产经营自主权；③依照约定为土地承包经营权人提供生产、技术、信息服务；④执行土地利用总体规划，组织农业基础设施建设。

四、土地承包经营权消灭的原因

土地承包经营权消灭的原因，既有物权消灭的一般事由，也有土地承包经营权的特定消灭事由。

一般事由有：①承包地被征收。②承包地灭失或使用价值丧失。③土地承包经营权人死亡，无继承人或继承人放弃继承。④土地承包经营权转让。

特定事由有：①土地承包经营权提前收回。②土地承包经营权提前交回，包括在承包期内，土地承包经营权人全家迁入设区的市，享有城市居民社会保障待遇的强制交回和土地承包经营权人自愿交回。无论是交回还是收回承包的土地，土地承包经营权人在承包地上投入而提高土地生产能力的，都有权获得合理的补偿。③土地承包经营权的期限届满。土地承包经营权人在承包地上建造了附属设施，

以及对承包地进行了改良的，有权取回附属设施，恢复土地原状，土地所有权人要求以时价购买的，土地承包经营权人不得拒绝。对改良费用和其他用益费用，土地所有权人知道或应当知道而没有立即反对的，在承包经营合同期限届满没有续期时，土地承包经营权人有权向土地所有权人提出返还请求。

第二节　地上权

一、建设用地使用权

（一）建设用地使用权的概念和设立

建设用地使用权，是指自然人、法人依法对国家所有的土地享有的占有、使用和收益，以及建造并经营建筑物、构筑物及其附属设施的地上权。建设用地使用权人依法享有对国家所有的土地占有、使用和收益的权利，有权自主利用该土地建造并经营建筑物、构筑物及其附属设施。

建设用地使用权具有以下法律特征：①建设用地使用权以开发利用、生产经营和发展社会公益事业为目的。②建设用地使用权的标的物为国家所有的城镇土地，不包括集体所有的农村土地。③建设用地使用权人使用土地的范围限于建造并经营建筑物、构筑物及其附属设施。④建设用地使用权的性质是地上权。

建设用地使用权的设立，是指建设用地使用权的取得。建设用地使用权的设立方式有两种，即建设用地使用权的出让和划拨。以出让方式设立建设用地使用权，是国家以土地所有人的身份，将建设用地使用权在一定年限内出让给土地使用者，由土地使用者向国家支付建设用地使用权出让金的行为。划拨有两种方式：一是县级以上人民政府依法批准，在土地使用者缴纳补偿、安置等费用后，将国有土地交付给土地使用者使用；二是县级以上人民政府依法批准，将建设用地使用权无偿交付给土地使用者使用。

（二）建设用地使用权的内容和流转

建设用地使用权人对作为权利客体的土地，享有占有、使用、收益的权利，有权自主利用该土地建造并经营建筑物、构筑物及其附属设施。依出让方式取得的建设用地使用权，权利人还可依法转让、互换、出资、赠与或抵押，但法律另有规定的除外。通过划拨出让方式取得的建设用地使用权，土地使用者应当从事社会公益事业，不得以营利为目的使用国有土地。

建设用地使用权人的义务是：①支付建设用地使用权费用；②合理利用土地；

③依法保护土地;④恢复土地原状。

建设用地使用权可以依法进行流转:①建设用地使用权可以转让,建设用地使用权人可将建设用地使用权以合同方式再行转移给他人。②建设用地使用权可以进行抵押,抵押人可以将建设用地使用权向抵押权人提供债务履行担保,债务人不履行债务时,抵押权人有权依法从抵押的建设用地使用权拍卖所得价款中优先受偿。③建设用地使用权的期间届满,建设用地使用权消灭。这种消灭是建设用地使用权的终局消灭,不再存在。

（三）建设用地使用权与地上建筑物所有权的关系

我国现行立法采纳了建设用地使用权与建筑物使用权相结合的立场。在房产和地产的交易中,建设用地使用权及其地上建筑物所有权必须共同作为交易标的,不能单独流转,必须同时转移、抵押和出租。这就是通常所说的"房随地走"或"地随房走"的规则。采纳这种立场的好处是:①可以使建设用地使用权和建筑物所有权的主体保持一致,从而最大限度地避免各种产权纠纷。②可以使房地产交易消除障碍,促进交易发展。

建设用地使用权是有期限的。当建设用地使用权人在土地上建造了各种建筑物、构筑物和其他附着物以后,建筑物、构筑物和附着物所有权受到了建设用地使用权的期限限制。《物权法》第 148 条规定:"建设用地使用权期间届满前,因公共利益需要提前收回该土地的,应当依照本法第 42 条的规定对该土地上的房屋及其他不动产给予补偿,并退还相应的出让金。"第 149 条规定:"住宅建设用地使用权期间届满的,自动续期。""非住宅建设用地使用权期间届满后的续期,依照法律规定办理。该土地上的房屋及其他不动产的归属,有约定的,按照约定;没有约定或者约定不明确的,依照法律、行政法规的规定办理。"这种做法能够解决这个矛盾。

（四）乡村建设用地使用权与分层建设用地使用权

乡村建设用地使用权,是指乡(镇)、村企业等自然人、法人依法对集体所有的土地享有的占有、使用和收益,以及建造并经营建筑物、构筑物及其附属设施的地上权。因设立乡(镇)、村企业或者乡村公共设施、公益事业建设等需要使用集体所有的土地的,依照有关法律规定取得建设用地使用权;法律没有规定的,参照关于建设用地使用权的规定。设立乡村建设用地使用权,应当依照《土地管理法》和《物权法》的规定进行,没有具体规定的,应当参照适用关于建设用地使用权的规定。

分层建设用地使用权,是指在他人所有的土地的上下一定空间内所设定的地上权。《物权法》第 136 条规定:"建设用地使用权可以在土地的地表、地上或者地下分别设立。"其中在地表设立的,是建设用地使用权;在地上或者地下设立的,就是分层建设用地使用权。

分层建设用地使用权的设立，应当依照一般的建设用地使用权的设定方法设立，但在以下方面具有特殊之处：①设定的权利客体是土地之上和土地之下空间；②设定的目的，应当与设定建设用地使用权的目的相同。分层建设用地使用权是物权，因此，在相同的物上设立的物权，依设立时间的先后确定其效力。同时，分层建设用地使用权有优先于债权的效力。此外，分层建设用地使用权还具有相对于在同一标的物已经设立的用益物权为优先的效力，这是物权优先原则的例外。

分层建设用地使用权的消灭原因，与建设用地使用权的消灭原因相同。分层建设用地使用权的消灭后果也与建设用地使用权消灭的后果相同。

二、宅基地使用权

（一）宅基地使用权的概念和特征

宅基地使用权，是指农村居民对集体所有的土地占有和使用，自主利用该土地建造住房及其附属设施，以供居住的地上权。宅基地使用权人依法享有对集体所有的土地占有和使用的权利，有权自主利用该土地建造住房及其附属设施。

宅基地使用权是我国特有的一种用益物权形式，其主要特征是：①宅基地使用权是我国农村居民因建造住宅而享有的地上权。②宅基地使用权与农村集体经济组织成员的资格和福利不可分离。③宅基地使用权是特定主体在集体土地上设定的用益物权。④集体经济组织的成员只能申请一处宅基地。⑤宅基地使用权的性质是地上权。

（二）宅基地使用权的内容

宅基地使用权人的权利是：①有权在宅基地上建造住房及其附属设施，也有权种植树木。②有权依照法律的规定转让宅基地使用权，可以将建造的住房转让给本集体内符合宅基地使用权分配条件的农户；住房转让时，宅基地使用权一并转让。③行使宅基地使用权不受期限限制，宅基地上的建筑物或者其他附属物灭失时，不影响宅基地使用权的效力，权利人仍有权在宅基地上重建房屋。

宅基地使用权人的义务是：①不得非法转让宅基地使用权，以馈赠钱款、索取物资、以土地入股等方式变相买卖宅基地使用权的，不产生宅基地使用权转移的法律效力，即使是合法转让宅基地使用权的，农户也不得再申请宅基地使用权。②接受政府和乡村统一规划，但应当对宅基地被占用的农户重新分配宅基地。如果因此而造成宅基地使用权人损失的，应当给予补偿。③正当使用宅基地，未经依法批准，不得改变宅基地用途，不得将宅基地作为生产资料使用，如盖厂房或改作鱼塘等，也不得改作其他用途使用。

（三）宅基地使用权的消灭

宅基地使用权的消灭，有以下原因：①宅基地收回和调整。土地所有权人根据乡村的发展规划，可以收回宅基地使用权，本集体也可以对宅基地使用权进行调整。这些都可以使权利人原来的宅基地使用权消灭。土地所有权人收回宅基地的，应当为其另行批准相应的宅基地使用权，以保证农户的生活需要。②宅基地被征收，消灭宅基地使用权，但就宅基地上的建筑物应当给予相应的补偿，经原宅基地使用权人申请，土地所有权人应当另行给予相当的宅基地使用权。③宅基地使用权抛弃，该权利消灭。宅基地使用权人抛弃宅基地使用权的，不得再申请新的宅基地使用权。④宅基地灭失，宅基地使用权丧失了存在的基础，应归于消灭。如果只是宅基地上的建筑物或其他附属物灭失的，则不影响宅基地使用权的效力，宅基地使用权人有权在宅基地上重新建造房屋。⑤宅基地长期闲置，土地所有权人有权收回该宅基地使用权，进而导致宅基地使用权的消灭。

《物权法》第 155 条规定："已经登记的宅基地使用权转让或者消灭的，应当及时办理变更登记或者注销登记。"对于宅基地使用权的取得，法律并没有规定要求进行登记。已经登记的，在转让或者消灭的时候，应当及时办理变更登记或者注销登记。

第三节　地役权

一、地役权

地役权，是指在他人的土地之上设立的以供自己土地便利利用的用益物权。《物权法》第 156 条规定："地役权人有权按照合同约定，利用他人的不动产，以提高自己的不动产的效益。"

在地役权法律关系中，为自己土地的便利而使用他人土地的一方当事人称为地役权人，也叫需役地人；把自己的土地提供给他人使用的一方当事人称为供役地人；因使用他人土地而获得便利的土地为需役地；为他人土地的便利而供其使用的土地为供役地。因此，地役权的产生必须有两个不同权属的土地存在。地役权关系的成立并不要求供役地和需役地必须相邻，即使在不相互毗连的土地之间也可能设立地役权。

地役权的法律特征是：①地役权是存在于他人土地之上的他物权。②地役权是利用他人上地的用益物权，也就是对供役地的利用。③地役权是为需役地的便利而设定的他物权。④地役权具有从属性和不可分性，必须从属于需役地而存在。同时，地役权须存在于需役地和供役地的全部，不能被分割为各个部分或仅仅在一部分上单独存在。

地役权有以下种类:①积极地役权和消极地役权。积极地役权也叫做作为的地役权,是指以地役权人可以在供役地上为一定行为为内容的地役权,消极地役权也叫做不作为地役权,是指以供役地所有人在供役地上不得为一定行为为内容的地役权。②继续地役权与非继续地役权。地役权的行使,无须每次依赖权利人的行为而能继续行使的地役权,是继续地役权;地役权的行使,每次均须有地役权人的行为而存在的地役权,为非继续地役权。③表见地役权与非表见地役权。表见地役权是指地役权的存在有外形事实为表现,非表见地役权是指地役权的存在无外形事实为表现。

二、地役权的取得和内容

地役权的取得就是地役权的发生。地役权的取得原因,可以是法律行为,也可以是法律行为以外的事实。

地役权的约定取得,也叫地役权基于法律行为取得,即当事人之间以地役权合同来设定地役权。《物权法》第 157 条第 1 款规定:"设立地役权,当事人应当采取书面形式订立地役权合同。"

地役权因某种法定事实的发生而取得的,称为地役权的法定取得。地役权的法定取得有两种事由:①因用益物权的设定而取得地役权。《物权法》第 162 条规定:"土地所有权人享有地役权或者负担地役权的,设立土地承包经营权、宅基地使用权时,该土地承包经营权人、宅基地使用权人继续享有或者负担已设立的地役权。"②因用益物权的分割转让而取得地役权。按照《物权法》第 166 条和第 167 条规定,需役地以及需役地上的土地承包经营权、建设用地使用权、宅基地使用权部分转让时,转让部分涉及地役权的,受让人同时享有地役权;供役地以及供役地上的土地承包经营权、建设用地使用权、宅基地使用权部分转让时,转让部分涉及地役权的,地役权对受让人具有约束力。

地役权人死亡时,由其继承人继承,不必进行登记,但需办理登记后才可以处分继承取得的地役权。

地役权的内容,是指在地役权设定以后,在有关当事人之间发生的权利义务关系,即地役权人的权利义务和供役地人的权利义务关系。地役权人的权利和义务是:①供役地的使用权。②地役权行使处所或方法变更权。③为必要的附随行为与设施的权利。④行使所有权的物上请求权的权利。⑤支付地租的义务。⑥维持附属设施的义务。供役地人的权利和义务是:①容忍土地上的负担或不作为义务;②附属设施使用权及费用分担义务;③变更使用场所及方法的请求权;④租金及其调整请求权。

按照《物权法》的规定，取得地役权可以进行登记，也可以不登记，不登记的地役权对第三人不具有对抗效力。

三、地役权消灭的原因和后果

地役权消灭的原因是：①期限届满。②约定消灭地役权的事由出现。③地役权设定的目的发生变化而事实不能。④供役地人依法解除地役权关系。⑤地役权的抛弃。⑥地役权让与。⑦土地征收。

地役权消灭以后，地役权人不存在继续支配供役地的权能。所以，如果地役权已经登记的，应当及时办理注销登记，地役权人除了供役地人的单独申请注销地役权登记外，应当承担协助注销登记的义务。如果地役权人占有供役地人的土地的，应当及时清除土地上的各种设施和附属物，恢复土地原状，交还土地。不占有供役地，而在供役地上设置设施的，应当恢复原状。在交还土地或者恢复原状时，如果供役地人有继续使用必要的，应当转移附属物的权属，并且由供役地人承担适当的补偿费用，需役地人享有补偿费用的请求权。当事人另有约定的，则按照约定处理。

第四节　特许物权

一、特许物权的概念、特征和性质

特许物权，是指经过行政特别许可而开发、利用自然资源，获得收益的准物权。由于它是基于开发、利用土地之外的自然资源而享有的权利，也称为自然资源使用权。

特许物权制度是基于当代社会对土地和自然资源利用的多元化而出现，并且随着这种多元化的趋势不断发展而日益强大起来的。因此，特许物权的特征是：①特许物权的标的是自然资源而不是土地本身。②特许物权的权利行使方式是对自然资源的开发和获取行为，权利人对具体的自然资源并不享有物权意义上的控制权。③特许物权的取得方式是行政许可。④特许物权的设定目的具有一定的公法意义。

特许物权是由国家直接赋予的物权，权利人行使特许物权的行为，在外观上并不表现为对土地的简单占有、控制和利用，而是表现为对自然资源带有创造性的开发行为。因此，其性质表现为：①特许物权是一种民事权利，并且是一种物权。

②特许物权是一种绝对性的权利，是对土地上的自然资源的利用和开发，权利行使实际上也直接涉及传统民法上所指向的不动产，符合用益物权的特征。③特许物权的基本性质不同于用益物权，目的不在于占有土地上的自然资源，而仅在于对其行使某种开发性的行为，因而物权法最基本的占有和归属规则在特许物权上无法得以实现。因此，特许物权是具有用益物权性质的准物权。

二、特许物权的种类

（一）海域使用权

海域使用权是指依法经批准获得的持续使用海域3个月以上的排他性特许物权。《物权法》第122条规定："依法取得的海域使用权受法律保护。"

海域使用权的取得方式有三种：①依法申请取得；②招标取得；③拍卖取得。取得海域使用权的条件是缴纳海域使用金，按照规定一次性缴纳或者按照年度缴纳。军事用海，公务船舶专用码头用海，非经营性的航道、锚地等交通基础设施用海，教学、科研、防灾减灾、海洋搜救打捞等公益性事业用海，无须缴纳使用金。公用设施用海，国家重大建设项目用海，以及养殖用海，经过批准，可以减缴或者免缴使用金。取得、变更、终止海域使用权，应当进行登记。

海域使用权具有期限。按照规定：养殖用海为15年，拆船用海为20年，旅游、娱乐用海为25年，盐业、矿业用海为30年，公益事业用海为40年，港口、修造船厂等建设工程用海为50年。

（二）采矿权

采矿权，是指全民和集体所有制单位和自然人依照法定程序取得的，在采矿许可证规定的范围内开采矿产资源，获得所开采的矿产品的特许物权。

采矿权的具体规则是：①权利人取得采矿权，必须经过政府主管部门的行政许可。国家对采矿权人的资质、开采顺序、开采方法和选矿工艺等条件进行审查后，通过审批等行政程序授予申请人以采矿权。②采矿权是有偿取得的私权利。我国的矿产资源属于国家所有，实行采矿权有偿取得制度，开采矿产资源必须按照国家有关规定缴纳资源税和资源补偿费。③采矿权的权利人有权开采矿产并获得所有权。采矿权人的主要权利就是有权开采国有的矿产，对所采矿产享有使用、收益和处分权。采矿权人对其因采掘而获得的矿产品有权依照法律的规定出售，从而获得一定的经济利益或为自己使用。④采矿权的行使须由国家行政机关进行监管。采矿权虽为准物权，但由于其事关社会公共利益、国家战略利益，在取得、转让、行使等方面被强加了一些公法义务，法律对采矿权设置了监督的规定。采矿权人不履行其应负的义务，如擅自开采国家规定的实行保护性开采的特定矿种，采用破坏性的开采方法开采矿产资源等，依法应承担相应的民事责任、行政责任和刑事责任。⑤采矿权流转须受适当限制。采矿权的流转受法律严格限制，但在市场经济中，严格限制采矿权的流转并不完全合理。因此，应当参照《物权法》关于用益物权的规定，适当放开，如要求采矿权的受让人、承租人必须具备某种资格，或买卖、出租合同应当经过主管行政部门的审批，从而防止国有矿产资源的损失和遭受破坏，保护国有矿产资源的合理开发和利用。

（三）取水权

取水权，是指自然人、法人或者其他组织依法经批准取得的利用水工程或者机械提水设施直接从江河湖泊或者地下取水的特许物权。

取水权人的权利是：在有关主管机关核定的取水量、确定的取水地点以及取水期限等范围内，取水权人有权直接从江河湖泊或者地下取用水资源，并加以利用。取水权人的义务是：取水权人应当按照有关规定及时缴纳水资源费，不得违反规定取水。

（四）渔业权

渔业权是指自然人、法人或其他组织依法取得的在一定水域从事养殖或捕捞水生动植物的特许物权。渔业权包括养殖权和捕捞权。

1. 养殖权　是指权利人经过批准，在国家或者集体所有的海面、河道、湖泊以及水库的水面从事养殖、经营，并排斥他人干涉的特许物权。

2. 捕捞权　是指自然人、法人依法经批准获得的，在我国管辖的内水、滩涂、领海、专属经济区以及我国管辖的一切海域内从事捕捞水生动植物等活动的特许物权。

思考题

1. 建设用地使用权的概念和法律特征是什么？
2. 建设用地使用权的土地使用权具体包括哪些？
3. 建设用地使用权流转的条件有哪些？
4. 土地承包经营权的特征是什么？
5. 土地承包经营权的消灭原因有哪些？
6. 土地承包经营权的性质是什么？
7. 宅基地使用权的法律性质是什么？
8. 宅基地使用权的特征有哪些？
9. 宅基地使用权取得的条件和原则有哪些？
10. 何为地役权，其法律特征的是什么？
11. 地役权的效力是什么？

推荐阅读

1. 房绍坤.物权法用益物权编.北京:中国人民大学出版社,2007
2. 尹飞.物权法(用益物权卷).北京:中国法制出版社,2005
3. 杨立新.大众物权法.北京:北京大学出版社,2007

宁波卫生职业技术学院 吴美蓉

第十三章　担保物权

第一节　抵押权

一、抵押权

为担保债务的履行，债务人或者第三人不转移财产的占有，将该财产抵押给债权人的，债务人不履行到期债务或者发生当事人约定的实现抵押权的情形，债权人有权就该财产优先受偿。

抵押权主要特征有：①抵押权为物权。物权的本质在于对物的支配，抵押权人虽不能直接支配抵押物的实体，但可基于抵押权而直接支配抵押物的价值，且抵押权人在债务人不履行债务时，可以对抵押物进行扣押，并因此可以取得对抵押物的实体的占有和支配；抵押权人对抵押物的价值的支配权无须借助抵押人的行为而实现；抵押权具有追及性、对世性和优先受偿的效力；从排他性方面看，虽然同一抵押物上可以设立数个抵押权，但必须有位序限制。②抵押权为担保物权。抵押权的产生是当事人设定抵押的必然结果，也是抵押的核心内容。债权人享有抵押权的目的在于确保其债权的实现，而不在于对抵押物的使用与收益。③抵押权为他物权。抵押权的标的物以债务人或者第三人的财产为限，债权人不得在自己所有的财产上为担保自己的债权设定抵押权。④抵押权为从物权。抵押权是为担保债权的受偿而设定或者发生的物权，具有从属于被担保债权的属性。被担保的债权为主权利，抵押权为从权利。

二、抵押财产及其范围

抵押财产，也称为抵押权的标的物或者抵押物，是指被设置了抵押权的不动产、动产或者权利。

《物权法》第 180 条和 184 条详细规定了允许抵押的财产范围与禁止抵押的财产范围。允许抵押的财产范围是：①建筑物和其他土地附着物；②建设用地使用权;③以招标、拍卖、公开协商等方式取得的荒山、荒沟、荒丘、荒滩等土地承包经营权;④生产设备、原材料、半成品、产品;⑤正在建造的建筑物、船舶、飞行器;⑥交通运输工具;⑦法律、法规规定可以抵押的其他财产。禁止抵押的财产范围:①土地所有权;②耕地、宅基地、自留地、自留山等集体所有的土地使用权,但法律规定可以抵押的除外;③学校、幼儿园、医院等以公益为目的的事业单位、社会团体的教育设施、医疗卫生设施和其他社会公益设施;④所有权、使用权不明或者有争议的财产;⑤依法被查封、扣押、监管的财产;⑥法律、行政法规规定不得抵押的其他财产。

三、抵押权的取得

(一)抵押权取得的方式

抵押权的取得,是指因一定的事实或行为而获得抵押权。抵押权的取得方式取决于各国立法的具体规定,一般而言有两种。

1. 抵押权的原始取得　抵押权原始取得的方式主要有:①抵押权的设定,即抵押权设定人通过一定的法律行为而创设抵押权。依我国《物权法》第 185 条的规定,抵押权的设定为双方行为。②依法律规定而取得,是法律对于特定的债权依法自动取得抵押权,当法律规定的债权发生时,该项债权便自动获得抵押权担保。

2. 抵押权的继受取得　是指通过某种法律行为或法律事件从原抵押权人那里取得抵押权。抵押权继受取得的方式主要有:①抵押权的继承:当被继承人死亡后,继承人可以继承被继承人的债权,当这种债权存在抵押担保时,继承人可以一并继承抵押权。《担保法解释》第 68 条规定:抵押物依法被继承或者赠与的,抵押权不受影响。②抵押权承受:法人发生合并时,合并后的法人取得参加合并的原法人债权的抵押权;法人发生分立时,分立后的各法人均可取得担保原法人债权的抵押权。③抵押权的受让:债权发生转让时,抵押权可以附债权一并转让与受让人。

(二)抵押合同

抵押合同是指抵押人与抵押权人订立的关于设定抵押权的协议。抵押合同的当事人为抵押人和抵押权人。抵押人是指以自己所有的或享有处分权的财产为债权人的债权提供抵押担保的人。抵押权人须为被担保债权的债权人,非债权人不能与债务人或第三人订立抵押合同。抵押合同的标的物,是指抵押人用以设定抵押权的财产。

抵押合同的形式,我国采取要式主义,根据我国《物权法》第 185 条第 1 款和《担保法》第 38 条规定,抵押人和抵押权人应当以书面形式订立抵押合同。抵押合同的内容应根据抵押合同的类别来确定。抵押合同一般包括以下条款:①被担保债权的债权种类、数额；②债务人履行债务的期限；③抵押物的名称、数量、质量、状况、所在地、所有权权属或者使用权权属；④抵押担保的范围。通常情况下，有关被担保债务的条款、抵押财产条款及当事人认为合同必须具备的其他条款，为抵押合同的必要条款。如果抵押合同缺乏其必要条款，应认为抵押合同未成立。

（三）抵押权的登记

设定抵押权，应当进行物权登记。我国《物权法》将当事人不办理抵押权登记的法律后果区分为两种不同的情形：①以建筑物和其他土地附着物、建设用地使用权、以招标拍卖公开协商等方式取得的荒地等土地承包经营权、正在建造的建筑物抵押的，应当办理抵押登记，抵押权自登记时设立；未经登记，不得对抗善意第三人。②企业、个体工商户、农业生产经营者以现有的及将有的生产设备、原材料、半成品、产品抵押的，抵押权自抵押合同生效时发生效力；未经登记，不得对抗善意第三人；办理登记的，也不得对抗正常经营活动中以支付合理价款并取得抵押财产的买受人。

四、抵押权的效力

1. 抵押权对所担保债权的效力　抵押权对所担保债权的效力是指抵押权人得以从抵押物的变价中优先受偿的范围。我国《担保法》第 46 条规定："抵押担保的范围包括主债权及利息、违约金、损害赔偿金和实现抵押权的费用。抵押合同另有约定的，按照约定。"

2. 抵押权对于标的物的效力　当抵押权人实现抵押权时可以将抵押财产进行折价或拍卖、变卖，并优先受偿。在一定条件下，从物、添附物、从权利、孳息、抵押财产的代位物、增建物也应纳入抵押权标的物的范围。

3. 抵押权对于抵押权人的效力　抵押权对于抵押权人的效力是指抵押权人所享有的具体权利，包括：①优先受偿权，在债务人不履行债务时，抵押权人就抵押物的卖得价金，可优先受偿。在债务人被宣告破产时，优先受偿权表现为别除权，即抵押财产不列入破产财产，抵押权人可以就抵押物于其担保的债权额范围内优先受偿。②损害赔偿请求权，是指抵押权人在抵押权受到侵害时请求赔偿的权利。

4. 抵押权对抵押人的效力　抵押人依然可以享有对抵押财产进行使用、收益与处分的权利。不过，由于抵押人的所有权是设置了负担的所有权，因而受到抵押权的制约。

第二节 质 权

一、质权概述

质权，是指债权人于债务人不清偿其债务时，得就债务人或第三人移转占有而供担保的动产或财产权利依法折价或者以拍卖、变卖的价款优先受偿的权利。债务人或第三人用于质押担保的动产或财产权利为质权标的，称为质物；占有质权标的的债权人为质权人，提供动产或财产权利的债务人或第三人为出质人，又称质押人。

质权的特征：①质权是为了担保债权的实现而设立的担保物权。②质权只能在债务人或者第三人提供的特定财产或者权利上设定。③动产质权以债权人占有债务人或第三人提供的动产为必要条件。④质权人在债务人履行债务前对质押财产享有留置的权利。

质权的取得方式：有原始取得与继受取得两种。质权的原始取得，是指因一定的事实或行为而产生或创设质权。原始取得的方式有三种：①质权的设定，主要通过合同来实现。②因时效取得。③因善意取得制度取得。尽管我国目前的有关民事立法对此无明文规定，司法实践中对此基本上持否定态度。但在完善我国立法时对质权的善意取得制度仍有确定的必要。质权的继受取得，是指通过某种法律行为或法律事件从原质权人那里取得质权。继受取得的方式主要有：①因让与取得。②因继承取得。③因承受取得，法人发生合并时，合并后的法人取得参加合并的担保原法人债权之质权，法人发生分立时，分立后的各法人均可取得担保原法人债权的质权。

二、动产质权

动产质权，是指债务人或者第三人将其动产移交债权人占有，将该动产作为债权的担保，债务人不履行债务时，或者发生当事人约定的实现质权的情形时，债权人以该动产折价或者以拍卖、变卖该动产的价款优先受偿的担保物权。

动产质权的取得方式，主要是基于法律行为而取得，在实践中最为常见的是通过质权合同设定动产质权。作为质权标的物的动产必须符合以下条件：①该动产须为特定物，这是物权的标的物需要具有特定性的当然要求；②该动产须为独立物，这也是物权的标的物必须具有独立性的必然结果；③该动产必须是法律上允许流通或者允许让与的动产。依照《物权法》第212条规定，质权自出质人交付质押财产时设立。交付包括现实交付、简易交付和指示交付，但不包括占有改定，出质人代质权人占有质押财产时，质权合同不生效。非基于法律行为而取得动产质权，包括依继承取得质权和依善意取得质权。

动产质权的效力是：①对所担保的债权的效力，包括主债权及利息、违约金、损害赔偿金、质押财产保管费用和实现质权的费用。质押合同另有约定的，按照约定。②对质权标的物的效力，是基于作为质押财产的动产，在一定条件下，质押财产的从物、孳息、添附物、代位物等也应纳入质权效力所及的标的物范围。③对出质人的效力，是出质人享有质押财产的收益权、处分权、物上保证人的代位权和保全质押财产的权利。出质人的义务是：因质押财产存在隐蔽瑕疵而致质权人遭受损害时，应由出质人承担赔偿责任。④对质权人的效力，是留置质押财产的权利、优先受偿的权利、收取孳息的权利，以及转质权、因质权受侵害的请求权和质权保全权。质权人的义务是：质押财产的保管义务与返还义务。

三、权利质权

权利质权，是指以依法可转让的债权或者其他财产权利为标的物而设定的质权。权利质权取得方式大体与动产质权相同，即包括基于法律行为如质权合同或遗嘱而取得、基于法律行为以外的事实而取得，如善意取得等。通过质权合同设定权利质权，是最常见、最重要的方式。

第三节　留置权

一、留置权的概念和特征

留置权，是指在债务人不履行到期债务时，债权人可以留置已经合法占有的债务人的动产，并有权以动产折价或者拍卖、变卖的价款优先受偿的权利。留置债务人财产的债权人叫做留置债权人，被留置财产的债务人叫做被留置人，被留置的财产叫做留置财产，也叫留置物。

留置权具有以下法律特征：①留置权是以他人之物而发生的限制性物权。②留置权是法定担保物权。③留置权是二次发生效力的物权。第一次效力发生在留置权产生之时，债权人即留置债权人于其债权未受清偿前可以留置债务人财产，促使债务人履行其义务；第二次效力是留置债权人于债务人超过规定的宽限期仍不履行其义务时，得依法以留置财产折价，或拍卖、变卖的变价款优先受偿。④留置权的效力就债权的全部及于留置财产的全部。⑤留置权依主权利的存在而存在。

二、留置权的成立

留置权是法定担保物权，当具备一定条件时，即依照法律规定当然成立，发生留置权的效力，而不是依当事人的约定而产生。

留置权成立的积极要件是留置权成立所应具备的事实，为以下三项：①须债权人合法占有债务人的动产；②须债权的发生与该动产有牵连关系；③须债权已届清偿期且债务人未履行债务。

留置权成立的消极要件，是留置权成立的否定条件，即虽然具备留置权成立的上述积极要件，但因消极要件的存在，而使留置权仍不能成立。留置权成立的消极要件通常有以下五项：①须当事人事先无不得留置的约定；②须留置债务人的财产不违反公共秩序或善良风俗；③须留置财产与债权人所承担的义务不相抵触；④须留置财产与对方交付财产前或交付财产时所为的指示不相抵触；⑤对动产的占有须非因侵权行为而取得。

三、留置权的效力

留置权的一般效力范围，包括留置权所担保的债权的范围和留置权标的物的范围，是留置权对于担保的债权及留置财产所发生的效力。留置权所担保的债权范围，是与留置财产有牵连的一切债权，包括原债权、债权的利息、迟延的利息、实现留置权的费用、留置财产保管费以及因留置财产瑕疵而产生的损害赔偿等。留置权对留置财产所及的效力范围，包括主物、从物、孳息和代位物。

留置权对留置权人的效力。留置权发生后，首先在留置权人的身上发生效力，使其享有留置权所包括的各项权利以及承担相应的义务。留置债权人的权利是：①留置财产的占有权。②留置财产孳息收取权。③留置财产必要的使用权。④必要费用偿还请求权。⑤留置财产变价权。⑥优先受偿权。留置权人的义务是：①留置财产的保管义务。②不得擅自使用、利用留置财产的义务。③返还留置财产的义务。

留置权对债务人的效力。留置权产生后，留置权对于债务人的效力是：①债务人仍享有留置财产的原有权利。②债务人行使留置财产的权利受到限制。③不得干扰、阻碍留置权人行使留置权。④偿付因留置财产而支出的必要费用。

留置权对其他担保物权的效力。同一动产上已设立抵押权或者质权，该动产又被留置的，留置权人优先受偿。

思考题

1. 何为担保物权？其特征是什么？
2. 抵押权的概念与特征是什么？
3. 抵押权是怎样取得的？
4. 质权的概念和特征是什么？
5. 动产质权是如何取得的？
6. 权利质权的优势在哪里？
7. 抵押权与质权有什么区别？
8. 何为留置权？它有哪些法律特征？
9. 留置权的取得需有哪些法律条件？
10. 留置权具有何种法律效力？

推荐阅读

1. 王利明，物权法研究修订版．北京：中国人民大学出版社，2007
2. 杨立新．民法案例分析教程．北京：中国人民大学出版社，2008
3. 马俊驹，余延满．民法原论．北京：法律出版社，2007
4. 高圣平．物权法担保物权编．北京：中国人民大学出版社，2007

宁波卫生职业技术学院　吴美蓉

第十四章 占 有

第一节 概 述

一、占有的概念

占有是人对物在事实上的占领、控制和管理。对物为管领之人,是占有人,为占有法律关系的主体;被管领之物,是占有物,为占有法律关系的客体。占有是一种事实,并非权利,但占有是产生权利的基础。它不仅是所有权的内容,而且还可以和所有权相脱离。因此,从法律制度的体系来说,占有并不能完全包括在所有权制度之中,它可以是一项独立的民事法律制度。

二、占有的特征

占有是现代物权法的一项重要制度,具有以下特征:

1. 占有的标的以物为限　以物为客体,包括动产和不动产,无论其为私有物或公有物,均可成立占有。对于不因物的占有而成立的财产权,如地役权和专利权等,只能成立准占有,而不能成立占有。

2. 占有是人对物有事实上的管领力　所谓对物有事实上的管领力,指对于物得为支配,并排除他人的干涉,因此它不要求占有人有占有物的权利。至于根据什么标准确认占有人在事实上对物有管领、控制,应当从人对物的空间、时间的支配来具体确认。在空间上,物应当处于人的力量作用的范围内始得谓占有,如房屋、土地因使用而占有,放置在家中的衣物、家具等财产属于主人占有;在时间上,人对物的某种支配应当持续一定的时间方为占有,若仅是暂时的接触,就只是持有而不是占有,例如在饭店使用酒杯、餐具,在图书馆阅读杂志,均不得成立占有。另外,人与物虽无空间或时间上的结合关系,但如人和物存在某种法律关系时,则仍认为该人与该物存在占有关系,如质押关系。①

① 王泽鉴. 民法物权(用益物权、占有卷). 北京:中国政法大学出版社,2001:2-4

3. 占有为事实　按照罗马法的原则，占有的本质是事实而非权利。罗马法上的占有制度，为不问有无所有权或其他本权，凡是对于物有事实上的支配即加以保护的制度。

三、占有的社会作用

确立占有制度在现代社会经济生活中具有重要意义。占有能以占有保护请求权形成对占有事实本身的保护，从而实现维护社会经济秩序，确定人与物之间正常关系的功能。一般说来，占有具有以下几个方面的社会作用。

1. 保护财产占有关系，维护社会经济秩序　占有制度旨在保护现实的财产占有关系，通过保护对物的事实支配，以实现维持社会秩序与和平的社会作用。占有制度区别于其他制度的一个根本特征在于它注重对事实的保护，而非对权利的保护。它对物的现实占有人是否享有所有权或他物权不加过问，首先推定其占有为合法占有，即使有人对此占有事实提出异议，占有人也不承担其占有合法与否的举证责任，这样就十分有利于稳定现实的占有关系，也维护了社会经济秩序。

2. 体现公平诚信，形成和谐正义观念　在物权法的各项制度中，占有制度最能体现出民法的公平原则与诚实信用原则，有益于形成社会的和谐正义观念。例如，对无权占有中善意占有人的保护以及即时取得制度，公平解决了本权人和善意占有人之间的矛盾，发扬了民法作为私法其中包含的公平与诚信，维护了社会的和谐正义观念。

3. 维护商品交易安全，促进商品经济发展　安全价值在理论中可分为静态安全与动态安全两个方面。物的静态安全是指物之占有方面的安全，物的动态安全则是指物在流通过程中的安全。占有对这两方面的安全都有作用。在保护作为事实之占有的同时，占有制度对善意一方因市场上公开的交易行为取得的利益进行保护。这样就使交易主体对商品交易产生安全感，从而促进商品经济发展。

四、占有与相似概念的区别

1. 占有与持有　二者虽均指对物有事实上的管领力，但后者重在对物的实力支配。区别主要表现在：占有分间接与直接，持有则否；占有人行使权利得依法推定其有合法权利，持有则否；占有得移转，且得以观念上交付为之，持有则否；因暴力或诈欺等取得对物支配，系属占有，而非持有；绝对违禁物不得占有，但可持有。

2. 占有与权利　和占有相比，权利仅需要主体有权利能力，不需意识能力之有无；其标的须独立；有主、从权利之分；有不得转让的权利存在；无直接与间接之分;可得为他权利之标的;有混同可能;继受权利之人不得割裂与前手之关系而纯为有利于自己的主张;共有人相互间可提出物上请求的保护。

3. 占有与所有　占有与所有具有密切的联系,从古代民法开始,占有就是取得所有的重要条件,或者通过占有事实推定占有人对占有物享有所有权,在这个意义上,占有成为所有的外部表现形式。在现代民法中,二者的关系表现在:一般情况下,所有与占有发生重合;物脱离所有人为他人占有(包括合法占有和非法占有),所有与占有分离;所有人之外的占有人在特定情况下可以依法取得对占有物的所有权,如根据动产善意取得制度,善意受让人可以取得受让物的所有权;根据占有时效制度,占有人和平、公然、持续地占有某物,经过时效时间,可以依法取得对该物的所有权;所有人的财产受到侵害时,所有人可提起所有之诉,也可提出占有之诉寻找保护,尤其是在所有权本身发生争议之时,提起占有之诉对所有人更为有利。

五、占有的种类

依占有的不同状态,可以将占有分为不同的种类,主要有:

1. 自主占有与他主占有　这是依占有人的意思为标准进行的分类。自主占有是指以物属于自己所有(所有的意思)的占有;无所有的意思,仅依某种特定关系支配物的意思的占有是他主占有。自主占有中的"所有的意思",是指具备所有人占有的意思,不必是真正的所有人或要求其自信为所有人。因此,所有人对其物的占有为自主占有,盗贼对于盗赃的占有亦为自主占有。至于他主占有,如典权人对于典物的占有,承租人对于租赁物的占有,质权人对于质物的占有。自主占有与他主占有区别的意义在于,作为所有权取得的时效要件的占有和先占要件的占有,应当是自主占有。另外,在占有物毁损、灭失时,自主占有人与他主占有人的责任范围不同。

2. 直接占有与间接占有　这是以占有人在事实上是否占有物为标准进行的分类。直接占有是指在事实上对物的占有,如居住房屋、穿着衣服,都是直接占有;间接占有是指基于一定法律关系,对于事实上占有物的人(即直接占有人)有返还请求权,因而间接对物管领的占有。间接占有的特点在于间接占有人与直接占有人间存在特定的法律关系,基于这种法律关系,间接占有人对于直接占有人有返还请求权。例如质权人、承租人、保管人基于质权、租赁、保管法律关系,占有标的物,是直接占有人,而享有返还请求权的出质人、出租人、寄托人为间接占有人。直接占有与间接占有区分的意义在于这两种占有的取得手段不同,保护方法也不一样。

3. 有权占有与无权占有　这是根据进行的占有是否依据本权所作的分类。

所谓本权，是指基于法律上的原因，可对物进行占有的权利，如所有权、地上权、典权、质权、留置权等。有权占有是指有本权的占有，如地上权人依地上权对土地的占有；无权占有是指无本权的占有，如拾得人对于遗失物的占有。有权占有与无权占有区别的意义在于：无权占有人在本权人请求返还原物时，有返还的义务；另外，作为留置权要件的占有，限于有权占有。

4. 善意占有与恶意占有　这是对无权占有依占有人的主观心理状态的不同所做的分类。善意占有是占有人不知其无占有权利的占有；恶意占有是占有人知道其无占有权利的占有。二者的区别的意义在于取得时效中善意占有与恶意占有的期间不同，即时取得以善意占有为要件；另外，善意占有与恶意占有受保护的程度不同。

5. 无过失占有与有过失占有　这是对善意占有的再分类，以占有人不知其无占有的权利有无过失为区分标准。无过失占有是占有人不知且不应知其无占有权利的占有；有过失占有是占有人应当知道但因过失不知其无占有权利的占有。

6. 和平占有与强暴占有　根据占有的手段不同，占有可分为和平占有与强暴占有。以强暴手段而为的占有，为强暴占有；以和平手段而为的占有，为和平占有。两者的区分在于时效取得的成立须以和平占有标的物为必要，强暴占有不发生时效取得的效果。

7. 公然占有与隐秘占有　根据占有的方法不同，占有可分为公然占有与隐秘占有。不以隐藏方法避免他人发现而为的占有，为公然占有。反之，则为隐秘占有。二者的区别在于时效取得的成立，须以公然占有标的物为必要，隐秘占有不发生时效取得的效果。

8. 继续占有与不继续占有　根据占有的时间是否间断为标准，占有可分为继续占有和不继续占有。对于物的占有，时间上继续无间断，为继续占有。反之，则为不继续占有。

9. 自己占有与辅助占有　以占有人是否亲自占有标的物为标准，占有可分为自己占有与辅助占有。凡是占有人亲自对物为事实上的管领的，为自己占有；反之，基于特定从属关系，受他人指示而对标的物为事实上的管领的，为辅助占有。二者的区分的意义在于辅助占有不能独立存在，而自己占有可以独立存在。

10. 单独占有与共同占有　以占有人的人数为一人或数人为标准，占有可分为单独占有与共同占有。一人对于标的物所为的占有，为单独占有，又称分别占有；数人对同一标的物进行的占有，为共同占有。共同占有可以进一步分为重复共同占有与统一共同占有。重复共同占有，又称通常的共同占有，指各共同占有人在不妨害他共同占有人的情况下，各自可以单独管领其物。例如，数人租住一屋，各自可以单独使用公用的浴室或厨房，或数人共管书库，各有钥匙，各自可以单独开门取书,均属于重复的共同占有;统一共同占有,指全体共同占有人对于占有物的一个管领力,仅可以结合全体占有人,为共同的管领。例如,数人共管钱柜,钱柜有数个不同的钥匙,钥匙分由数人保管,任何一人都无法单独开柜取钱,即属于统一共同占有。①

11. 准占有　又称为权利的占有,指以财产权为客体的占有。准占有的主体即占有人,称为准占有人。严格地说,准占有并非真正意义上的占有,关于权利是否能为占有的客体,在法律历史上几经变迁。罗马法时代,占有以物为限,唯对地役权设有例外。日耳曼法中,占有与权利具有密切的表里关系,对于物之支配权不仅得成立占有,而且一般的权利也可以成立占有。目前各国立法对权利是否能作为占有的客体也有所不同,如法国民法典不仅确立权利可以成为占有的客体,而且扩大了权利占有的概念,将身份关系也包括进去,称为"身份占有"[指仅外形有夫妻或父子关系时(如未婚同居、非婚生子女),虽无结婚配偶或婚生的父子身份,亦认其有夫妻或父子身份的效力];瑞士民法典将准占有课题仅限于地役权及土地负担;日本民法典就准占有的立法采取了概括主义,把财产里作为准占有的客体;我国传统民法典关于准占有的规定,沿袭了日本的立法例,以财产权作为准占有的标的。②

由于不同的占有将产生不同的法律后果,因此,区别不同的占有,对司法实践具有重要价值。

第二节　占有的取得和丧失

一、占有的取得

占有的取得,指依特定事实或法定原因而取得占有。当事人对财产取得的占有有原始和派生两种方式,即占有的原始取得和继受取得。

(一)占有的原始取得

占有的原始取得是指基于他人积存的占有而取得的占有,例如对无主物的先占,对遗失物、漂流物的拾得,都属于占有的原始取得。由于直接占有的原始取得纯属于事实行为,不是法律行为,因此不要求取得这种占有的人具有相应的行为能

① 姚瑞光.民法物权论.台北:海宇文化事业有限公司,1995:391

② 江平.民法学.北京:中国政法大学出版社,1999:455

力，无行为能力人也可以依其行为直接取得对物的占有。另外，这种占有的取得方法并不一定是要求对物直接施加自己的力量，只要将物置于自己的控制范围内，即可认为取得了对物的占有。同时，原始取得的占有人对物的占有，并不意味着取得其所有权，占有作为一种事实状态，与其后占有人是否因此而取得该占有物的所有权，并无必然联系。例如对于房屋并不是要使用才为占有，只要上锁不使他人擅自进入，就是占有了房屋。

（二）占有的继受取得

占有的继受取得是指在他人占有基础之上而取得的占有，主要有占有的转移和占有的继承两种形式。

1. 占有的转移　又称占有的让与，是依当事人移转占有的行为而取得的占有。占有的转移，当事人须有让与占有的意思，而且经常伴有其他法律关系，即经常与所有权或其他应占有物的权利（如典权、地上权、质权）的设定或让与同时进行。占有的转移，还必须有占有物的交付，主要是现实交付，也可以是简易交付、占有改定。占有的转移欲受到法律保护，须具备以下要件：①须有转移占有的意思表示；②转让人有权将占有转移给他人，并且该转让关系合法；③须有交付行为。[①]

2. 占有的继承　占有可因继承关系由被继承人移转于继承人。因继承而发生的占有的转移，应从继承开始时发生效力，不要求被继承人知悉继承事实已发生，也不要求其具备事实上的管理或实施交付行为，作为继承结果的占有不同于作为事实的占有，完全出于法律的拟制，与占有的取得须占有人对于占有物有事实的控制和支配不同。

二、占有的丧失

占有的丧失，是占有人丧失了对物的事实上的管领、控制。但这里的丧失，应指确定的丧失了对物的占有。如果对占有物丧失管理为暂时的而非确定的、持续的，不视为占有丧失。因此，如果基于占有人的意思，将物交付给他人、抛弃对物的占有，或者非基于占有人的意思，占有物被盗、遗失，占有人丧失了对物的管领、控制，占有即归于丧失。此外，占有物灭失，占有人事实上的支配已无所凭借，占有丧失。至于间接占有，在占有人丧失了对物的返还请求权时，其占有丧失。

① 江平. 民法学. 北京：中国政法大学出版社，1999：457

第三节　占有的效力和保护

一、占有的权利推定效力

占有不仅是一种对于物的事实上的控制和支配，而且还是物权(尤其是动产物权)变动的要件、权利存在的外衣。占有的存在，通常以实质或真实的权利为基础。法律规定：占有人在占有物上行使的权利，推定其合法有这样的权利，这即为占有的权利推定效力。占有人以所有的意思对占有物行使权利的，推定其有所有权；以租赁的意思行使的，推定其有租赁权。

二、占有状态的推定

1. 占有人对占有物，如果难以区分自主占有还是他主占有，在事实不明时，推定为自主占有，以便在一定时间经过后，可以享有法律规定的利益。

2. 占有人的占有有无过失，事实不明时，一般认为，占有人就无过失的事实，应负举证责任。无过失为消极的事实，故依举证责任的一般分配规则，占有人无须就常态事实与消极事实，负举证责任，即推定无过失的占有。

3. 占有人是否以善意而占有，因是个人的内心状态，难以举证证明，推定善意占有。

4. 和平占有、公然占有，均属于占有的常态，在事实不明时，推定为和平和公然占有。

5. 占有人主张继续占有的，只需证明前后两时有占有，无须证明从头至尾占有的不间断，即可推定继续占有。

三、占有的保护

占有为一种既成的事实，即使这种事实与其他当事人的权利相抵触，也不应再受到非法行为的侵害。占有人对于非法行为的侵害，有自力救济权和占有保护请求权。

(一) 占有人的自力救济权

占有人在其占有受到侵害时，如果侵害人没有比占有人更强的权利，则占有人有权依其占有进行自力救济。占有人的自力救济权包括：

1. 自力防御权　占有人对于侵夺或妨害其占有的行为，例如侵入占有人的房屋，可以以自己的力量进行防御，例如将侵入者驱逐出房屋。自力防御权的保护，重在占有的事实状态，因此只有直接占有人可以行使，间接占有人无此权利。

2. 自力取回权　即占有人对于被他人侵夺的占有物，有权取回。例如占有人的动产，被他人非法侵夺时，占有人可以当场或追踪取回。

（二）占有保护请求权

占有保护请求权是占有人的占有被非法侵害时，占有人可直接对侵害人，也可向法院提请保护其占有的请求权。《物权法》第 241 条规定："基于合同关系等产生的占有，有关不动产或者动产的使用、收益、违约责任等，按照合同约定；合同没有约定或者约定不明确的，依照有关法律规定。"占有的不动产或者动产被侵占的，占有人有权请求返还原物；对妨害占有的行为，占有人有权请求排除妨害或者消除危险；因侵占或者妨害造成损害的，占有人有权请求损害赔偿。

1. 占有物返还请求权　占有人在其占有被侵夺时，有权请求返还其占有物。占有物的返还请求权的行使，以占有物被侵夺为要件，占有被侵夺，指占有人对于占有物的管理力已被他人夺取，已失去管理能力，如占有未被侵夺，即使对占有物有合法的权源，也无该项请求权。占有人返还原物的请求权，自侵占发生之日起一年内未行使的，该请求权消灭。不动产或者动产被占有人占有的，权利人可以请求返还原物及其孳息，但应当支付善意占有人因维护该不动产或者动产支出的必要费用。

2. 占有妨害排除请求权　占有人在其占有受到妨害，使占有人无法完全支配其占有物时，占有人有权请求排除妨害。在他人的行为还没有对占有人造成现实的妨害，只是有妨害的可能时，占有人也可以请求预防这种妨害的发生。

3. 占有妨害防止请求权　占有有被妨害之危险时，占有人可以请求防止其妨害，即为占有妨害防止请求权。占有有被妨害之危险，指占有人之占有物，将来有被妨害之危险。该危险非由占有人的主观意思认定，而应就具体事实，依一般社会观念，客观地加以判断。

4. 占有物损害赔偿请求权　占有人因使用占有的不动产或者动产，致使该不动产或者动产受到损害的，恶意占有人应当承担赔偿责任。占有的不动产或者动产毁损、灭失，该不动产或者动产的权利人请求赔偿的，占有人应当将因毁损、灭失取得的保险金、赔偿金或者补偿金等返还给权利人；权利人的损害未得到足够弥补的，恶意占有人还应当赔偿损失。

思考题

1. 简述占有的概念和分类。
2. 简述占有取得的方式。

3. 简述占有的效力与保护。

推荐阅读

1. 王泽鉴. 民法物权(用益物权、占有卷). 北京:中国政法大学出版社,2001
2. 梁慧星,陈华彬. 物权法. 第2版. 北京:法律出版社,2003
3. (德) 弗里德里希·卡尔·冯·萨维尼. 论占有. 北京:法律出版社,2007
4. 刘智慧. 占有制度原理. 北京:中国人民大学出版社,2007
5. 宁红丽. 物权法占有编. 北京:中国人民大学出版社,2007
6.《中华人民共和国物权法》释义. 北京:中国经济出版社, 2007
7. 胡康生.《中华人民共和国物权法》释义. 北京:法律出版社,2007
8. 郭明瑞. 学习培训用书——《中华人民共和国物权法》释义. 北京:中国法制出版社,2007

宁波卫生职业技术学院 朱晓卓

第十五章　合同概述

第一节　合同的概念和特征

一、合同的概念和分类

（一）合同的概念

《中华人民共和国合同法》(以下简称《合同法》)中规定的合同，是指平等主体的自然人、法人、其他组织之间设立、变更、终止民事权利义务关系的协议。

（二）合同的分类

合同可以按照不同的标准进行分类。以法律、法规是否对其名称作出明确规定为标准，分为有名合同和无名合同；按照除双方意思表示一致外，是否尚需交付标的物才能成立为标准，分为诺成合同与实践合同；按照法律、法规是否特别要求具备特定形式和手续为标准，分为要式合同和不要式合同；按照双方是否互负义务，分为双务合同和单务合同；按照当事人权利的获得是否以支付代价为标准，分为有偿合同与无偿合同。

《合同法》按照其业务性质和权利义务内容的不同，将合同分为：买卖合同；供用电、水、气、热力合同；赠与合同；借款合同；租赁合同；融资租赁合同；承揽合同；建设工程合同；运输合同；技术合同；保管合同；仓储合同；委托合同；行纪合同；居间合同等共 15 类合同。《合同法》也承认无名合同和其他特别法上的债权合同。

二、合同法概述

合同制度是适应商品经济的发展而产生的，经过长期的发展已经逐渐形成为一种完整、配套的法律制度。我国现行的合同法律制度主要是 1999 年审议通过的《中华人民共和国合同法》。

（一）《合同法》的调整范围

《合同法》调整的范围包括：

1. 平等主体之间的民事关系。

2. 法人、其他组织之间的经济贸易合同关系，同时还包括自然人之间的买卖、租赁、借贷、赠与等合同关系。

3. 在政府机关参与的合同中，政府机关作为平等的主体与对方签订合同时适用《合同法》的规定。国家根据需要下达指令性任务或者国家订货任务的，有关法人、其他组织之间应当依照有关法律、行政法规规定的权利和义务订立合同。

4. 其他法律对合同另有规定的，依照其规定；其他法律没有明文规定的合同，适用《合同法》总则的规定。

但是，涉及婚姻、收养、监护等有关身份关系的协议，不属于《合同法》调整的范围。

（二）《合同法》的基本原则

《合同法》的基本原则是合同当事人在合同活动中应当遵守的基本准则，也是人民法院、仲裁机构在审理、仲裁合同纠纷时应当遵循的原则。

1. 平等原则　《合同法》规定，合同当事人的法律地位平等，一方不得将自己的意志强加给另一方。在法律上，合同当事人是平等主体，没有高低从属之分，不存在命令者与被命令者、管理者与被管理者。不论所有制性质、经济实力强弱，其法律地位是平等的，都是独立、平等的合同当事人。平等的当事人之间的权利义务也是对等的，既享有权利，同时又承担义务，而且彼此的权利义务是相应的。

2. 自愿原则　自愿原则是指合同当事人通过协商，自愿决定和调整相互的权利义务关系，任何单位和个人不得非法干涉。自愿原则体现了民事活动的基本特征，是民事关系区别于行政法律关系、刑事法律关系的特有的原则。自愿原则贯穿合同活动全过程。

3. 公平原则　当事人应当遵循公平原则确定各方的权利和义务。公平原则要求当事人之间的权利义务要对等，要公平合理，要以利益均衡为价值判断标准来调整合同主体之间的关系，强调双方负担和风险的合理分配。

4. 诚实信用原则　当事人行使权利、履行义务应当遵循诚实信用原则。诚实信用原则要求当事人在订立、履行合同以及合同终止后的全过程中，都要诚实，讲信用，相互协作。

5. 遵守法律，不得损害社会公共利益原则　当事人订立、履行合同，应当遵守法律、行政法规，遵守社会公德，不得扰乱社会经济秩序，损害社会公共利益。合同关系不仅是当事人之间的关系，有时可能涉及社会公共利益和社会公德，涉及维护经济秩序。合同当事人的意思应当在法律允许的范围内表示。

6. 严守合同原则　依法成立的合同对当事人具有法律约束力，当事人应当按照约定履行自己的义务，不得擅自变更或解除合同。

（三）《合同法》的溯及力

就一般情况而言，《合同法》没有溯及力。人民法院确认合同效力时，对《合同法》实施以前成立的合同，适用当时的法律无效而适用《合同法》有效的，则适用《合同法》；人民法院对《合同法》实施以前已经作出终审裁决的案件进行再审，不适用《合同法》。

第二节 合同的订立

一、合同订立的概念

合同的订立是指两个或两个以上的当事人，依法就合同的主要条款经过协商一致达成协议的法律行为。合同当事人可以是自然人，也可以是法人或者其他组织，但都应当具有与订立合同相应的民事权利能力和民事行为能力。当事人可以依法委托代理人订立合同。

二、合同订立的方式

根据《合同法》规定，当事人应采取要约、承诺方式订立合同。合同是当事人之间设立、变更、终止民事权利义务关系的协议，当事人对合同的内容经过协商、达成一致意见的过程，就是通过要约、承诺完成的。要约与承诺制度的规定，使合同的成立有了一个较为具体的标准，可以更好地分清各方当事人的责任，正确而恰当地确定合同的成立，充分保障当事人的权益，鼓励交易，减少与解决纠纷，使合同当事人和司法机关都有所遵循。

（一）要约

要约是希望和他人订立合同的意思表示。当一方当事人向对方提出合同条件作出签订合同的意思表示时，称为“要约”。发出要约的当事人称为要约人，要约所指向的对方当事人则称为受要约人。要约在不同情况下还可以称为发盘、出盘、发价、出价或报价等。

1. 要约应具备的条件

（1）内容具体确定：发出要约的目的在于订立合同，要约人必须是能够确定的；受要约人一般也是特定的，但在一些场合，要约人也可以向不特定人发出要约。要约的内容必须具有足以使合同成立的主要条件，包括主要条款，如标的、数量、质量、价款或者报酬、履行期限、地点和方式等，一经受要约人承诺，合同即可成立。

如果要约内容含糊不清，内容不具备一个合同的最根本的要素，即使受要约人承诺，也会因缺乏合同的主要条件而使合同无法成立。

(2) 表明受要约人一旦承诺，要约人即受该要约约束：要约是一种法律行为，要约人受到要约的约束，整个要约的内容必须能够表明。如果对方接受要约，合同即告成立。

2. 要约邀请　要约邀请是希望他人向自己发出要约的意思表示。要约邀请与要约不同，要约是一个一经承诺就成立合同的意思表示；而要约邀请的目的则是邀请他人向自己发出要约，自己如果承诺才成立合同。要约邀请处于合同的准备阶段，没有法律约束力。实践中要约与要约邀请往往很难区别，《合同法》规定，寄送的价目表、拍卖公告、招标公告、招股说明书等都属于要约邀请，商业广告的内容符合要约规定的，视为要约。

3. 要约生效时间　要约到达受要约人时生效。采用数据电文形式订立合同，收件人指定特定系统接收数据电文的，该数据电文进入该特定系统的时间，视为到达时间；未指定特定系统的，该数据电文进入收件人的任何系统的首次时间，视为到达时间。要约到达受要约人，并不是指要约一定要实际送达到受要约人或者其代理人手中，要约只要送达到受要约人通常的地址、住所或者能够控制的地方(如信箱等)即为送达。反之，即使在要约送达受要约人之前受要约人已经知道其内容，要约也不生效。

4. 要约的撤回、撤销与失效　要约撤回，是指要约在发出后、生效前，要约人使要约不发生法律效力的意思表示。法律规定要约可以撤回，原因在于这时要约尚未发生法律效力，撤回要约不会对受要约人产生任何影响，也不会对交易秩序产生不良影响。由于要约在到达受要约人时即生效，因此撤回要约的通知应当在要约到达受要约人之前或者与要约同时到达受要约人。

要约撤销是指要约人在要约生效后，受要约人承诺前，使要约丧失法律效力的意思表示。撤销的通知应当在受要约人发出承诺之前到达受要约人。也就是说，要约已经到达受要约人，在受要约人做出承诺之前，要约人可以撤销要约。由于撤销要约可能会给受要约人带来不利的影响，损害受要约人的利益，法律规定了两种不得撤销要约的情形：

(1) 要约人确定了期限或者以其他形式明示要约不可撤销。

(2) 受要约人有理由认为要约是不可撤销的，并已经为履行合同做了准备工作。

要约的失效是指要约丧失法律效力，即要约人与受要约人均不再受其约束，要约人不再承担接受承诺的义务，受要约人也不再享有通过承诺使合同得以成立的权利。《合同法》规定了要约失效的情形：

(1) 拒绝要约的通知到达要约人：受要约人接到要约后，通知要约人不同意与之签订合同，则拒绝了要约，在拒绝要约的通知到达要约人时，该要约失去法律效力。

(2) 要约人依法撤销要约。

(3) 承诺期限届满，受要约人未作出承诺：要约中确定了承诺期限的，超过这个期限不承诺，则要约失效；要约中没有规定承诺期限的，在通常情况下，要约发生后一段合理时间内不承诺的，要约失效。

(4) 受要约人对要约的内容作出实质性变更：发生这种情况即为反要约，反要约是一个新的要约，提出反要约就是对原要约的拒绝，使原要约失去效力，原要约人不再受要约的约束。

(二) 承诺

承诺是受要约人同意要约的意思表示，承诺应当具备以下条件：①承诺必须由受要约人作出。如由代理人作出承诺，则代理人须有合法的委托手续。②承诺必须向要约人作出。③承诺的内容必须与要约的内容一致。④承诺必须在有效期内作出。

1. 承诺的方式　承诺的方式是指受要约人将其承诺的意思表示传达给要约人所采用的方式。承诺应当以通知的方式作出，通知的方式可以是口头的，也可以是书面的。一般来说，如果法律或者要约中没有规定必须以书面形式表示承诺，当事人就可以口头形式表示承诺。根据交易习惯或当事人之间的约定，承诺也可以不以通知的方式，而以通过实施一定的行为或以其他方式作出。如果要约人在要约中规定承诺需用特定方式的，只要该种方式不为法律所禁止或不属于在客观上根本不可能，承诺人在作出承诺时就必须符合要约人规定的承诺方式。

2. 承诺的期限　承诺应当在要约确定的期限内到达要约人。要约以信件或者电报作出的，承诺期限自信件载明的日期或者电报交发之日开始计算。信件未载明日期的，自投寄该信件的邮戳日期开始计算。要约以电话、传真等快速通讯方式作出的，承诺期限自要约到达受要约人时开始计算。

要约没有确定承诺期限的，承诺应当依照下列规定到达：

(1) 要约以对话方式作出的，应当即时作出承诺，但当事人另有约定的除外。

(2) 要约以非对话方式作出的，承诺应当在合理期限内到达。

受要约人超过承诺期限发出承诺的，除要约人及时通知受要约人该承诺有效的以外，为新要约。受要约人在承诺期限内发出承诺，按照通常情形能够及时到达要约人，但因其他原因承诺到达要约人时超过承诺期限的，除要约人及时通知受要约人因承诺超过期限不接受该承诺的以外，该承诺有效。

3. 承诺的生效　承诺通知到达要约人时生效。承诺不需要通知的，根据交易习惯或者要约的要求作出承诺的行为时生效。采用数据电文形式订立合同的，承诺到达的时间同上述要约到达时间的规定相同。

承诺也可以撤回。承诺的撤回，是指受要约人阻止承诺发生法律效力的意思表示。撤回承诺的通知应当在承诺通知到达要约人之前或者与承诺通知同时到达要约人。

受要约人对要约的内容作出实质性变更的，为新要约。承诺对要约的内容作出非实质性变更的，除要约人及时表示反对或者要约表明承诺不得对要约的内容作出任何变更的以外，该承诺有效，合同的内容以承诺的内容为准。

三、合同成立的时间和地点

一般来说，合同谈判成立的过程，就是要约、新要约、更新的要约直到承诺的过程。在一般情况下合同生效时即告成立，当事人于此时开始享有合同权利，承担合同义务。合同成立的具体时间依不同情况而定：

1. 当事人采用合同书形式订立合同的，自双方当事人签字或者盖章时合同成立，但在签字或者盖章之前，当事人一方已经履行主要义务并且对方接受的，该合同也成立。

2. 当事人采用信件、数据电文等形式订立合同的，可以在合同成立之前要求签订确认书，签订确认书时合同成立。

3. 当事人以直接对话方式订立的合同，承诺人的承诺生效时合同成立；法律、行政法规规定或者当事人约定采用书面形式订立合同，当事人未采用书面形式但一方已经履行主要义务并且对方接受的，该合同成立。

4. 当事人签订要式合同的，以法律、法规规定的特殊形式要求完成的时间为合同成立时间。

合同成立的地点关系到合同的管辖权，直接影响到当事人的权利义务。一般来说，承诺生效的地点为合同的成立地点，具体有以下几种情况：

1. 采用数据电文形式订立合同的，收件人的主营业地为合同成立的地点。没有主营业地的，其经常居住地为合同成立的地点。

2. 当事人采用合同书、确认书形式订立合同的，双方当事人签字或者盖章的地点为合同成立的地点。

3. 合同需要完成特殊的约定或法律形式才能成立的，以完成合同的约定形式或法定形式的地点为合同的成立地点。

4. 当事人对合同的成立地点另有约定的，按照其约定。

第三节　合同的内容和形式

当事人依程序订立合同，意思表示一致，便形成合同条款，构成作为法律行为的合同内容。从合同关系的角度讲，合同的内容指合同权利和合同义务。合同的形式是当事人同意的表现形式，是合同内容的外部表现，是合同内容的载体。

一、合同的主要条款

合同的条款是合同中经双方当事人协商一致，规定双方当事人权利义务的具体条文。合同当事人的权利义务，除法律规定的以外，主要由合同的条款确定。合同的条款是否齐备、准确，决定了合同能否成立、生效以及能否顺利地履行、实现。由于合同的类型和性质不同，合同的主要条款可能有所不同。根据《合同法》规定，合同的内容由当事人约定，一般应当包括以下条款：

（一）当事人的名称或者姓名和住所

这是每一个合同必须具备的条款。当事人是合同法律关系的主体，合同中如果不写明当事人，就无法确定权利的享有者和义务的承担者，发生纠纷也无法解决。因此，订立合同时，要把各方当事人名称或者姓名和住所都记载准确、清楚。

（二）标的

标的是合同当事人双方权利和义务所共同指向的对象。标的是合同成立的必要条件，是一切合同的必备条款。没有标的，合同不成立，合同关系无法建立。

合同标的多种多样，归纳起来有以下四类：

1. 有形财产　指具有价值和使用价值并且法律允许流通的有形物。如生产资料与生活资料，货币与有价证券等。

2. 无形财产　指具有价值和使用价值并且法律允许流通的不以实物形态存在的智力成果。如商标、专利、著作权、技术秘密等。

3. 劳务　指不以有形财产体现其成果的劳动与服务。如运输合同中的运输行为、保管与仓储合同中的保管行为、接受委托进行代理、行纪、居间行为等。

4. 工作成果　指在合同履行过程中产生的、体现履约行为的有形物或者无形物。如承揽合同中承揽人完成的工作成果，建设工程合同中承包人完成的建设项目，技术开发合同中研究开发人完成的研究开发成果等。

合同对标的的规定应当清楚明白，准确无误。对于名称、型号、规格、品种、等级、花色等都应规定得细致、准确、清楚、防止差错。特别是对于不易确定的无形财产、劳务、工作成果等，更要尽可能地描述准确、明白。

（三）数量

数量是对标的的量的规定，是对标的的计量。在大多数合同中，数量是必备条款，没有数量，合同不能成立。对于有形财产，数量是对单位个数、体积、面积、长度、容积、重量等的计量；对于无形财产，数量是个数、件数、字数以及使用范围等多种量度方法；对于劳务，数量为劳动量；对于工作成果，数量是工作量及成果数量。合同的数量要准确，应选择使用双方当事人共同接受的计量单位、计量方法和计量工具。

（四）质量

质量是标的的内在素质和外观形态的综合，一般以品种、型号、规格、等级和工程项目的标准等体现出来。对有形财产来说，质量是物理、化学、机械、生物等性质与外观形态的综合；对无形财产、服务、工作成果来说，也有其内在素质的衡量方法。合同中必须对质量明确加以规定，国家有强制性标准规定的，必须按照规定的标准执行。如有多种质量标准的，应尽可能约定其适用的标准。当事人可以约定质量检查的方法、质量责任的期限和条件、对质量提出异议的条件与期限等。

（五）价款或者报酬

价款或报酬是一方当事人向对方当事人所付代价的货币支付。价款一般指对提供财产的当事人支付的货币，如买卖合同的货款、租赁合同的租金、借款合同中借款人向贷款人支付的本金和利息等。报酬一般指对提供劳务或者工作成果的当事人支付的货币，如保管合同中的保管费、仓储合同中的仓储费、运输合同中的票款或者运费等。作为主要条款，在合同中应当明确规定其数额、计算标准、结算方式和程序。

（六）履行期限、地点和方式

履行期限，是指合同中规定的一方当事人向对方当事人履行义务的时间界限，如交付标的物、价款或报酬、履行劳务、完成工作的时间界限。它直接关系到合同义务完成的时间，是确定合同能否按时履行的依据。

履行地点，是指合同规定的当事人履行合同义务和对方当事人接受履行的地点。不同的合同，履行地点也不同。如买卖合同中，买方提货的，履行地为提货地；卖方送货的，履行地为买方收货地。履行地点关系到履行合同的费用、风险由谁承担，以及确定所有权是否转移、何时转移、发生纠纷后应由何地法院管辖的依据。

履行方式，是指合同当事人履行合同义务的具体做法。不同种类的合同，有着不同的履行方式。有的需要以转移一定财产的方式履行，如买卖合同；有的需要以提供某种劳务的方式履行，如运输合同；有的需要以交付一定的工作成果的方式履行，如承揽合同等。履行方式还包括价款或者报酬的支付方式、结算方式等。

（七）违约责任

违约责任，是指合同当事人一方或者双方不履行合同或者不适当履行合同时，按照法律规定或者合同的约定应当承担的法律责任。违约责任是合同具有法律约束力的重要体现，也是保证合同履行的主要条款，它可以促使当事人履行合同义务，使对方免受或少受损失。一般有关合同的法律对于违约责任都尽量作出较为详尽的规定。因此，当事人为了保证合同义务严格按照约定履行，为了及时地解决合同纠纷，可以在合同中明确规定违约责任条款，如约定定金或违约金，约定赔偿金额以及赔偿金的计算方法等。

（八）解决争议的方法

解决争议的方法，指合同当事人对合同的履行发生争议时解决的途径和方式。可以选择的解决争议的方法主要有：当事人协商和解；第三人调解；仲裁；诉讼。如果当事人意图通过诉讼解决争议，可以不进行约定；如果想通过其他途径解决，则要经过事先或者事后补充约定。若当事人选择仲裁解决方式，则还要明确选择具体的仲裁机构。

除法律另有规定外，涉外合同的当事人可以选择解决他们的争议所适用的法律，可以选择中国法律、其他国家或地区的法律。当他们选择用仲裁方式解决纠纷时，可以选择中国的仲裁机构，也可以选择其他国家的仲裁机构。

二、格式条款

《合同法》还规定，当事人可以参照各类合同的示范文本订立合同。同时，有些行业（如电力、煤气、自来水、铁路、邮政等商品供应或服务行业）需要进行频繁的、重复性的交易，在多次的交易的过程中为了简化合同订立的程序，形成了“格式条款”（又称格式合同）。

（一）格式条款的概念

格式条款是当事人为了重复使用而预先拟定，并在订立合同时未与对方协商的条款。当事人采用格式条款订立合同时，提供格式条款的一方应当遵循公平原则确定当事人之间的权利和义务，实践中各类合同的示范文本，可以提示当事人在订立合同时更好地明确各自的权利义务。参照这些文本订立合同，可以减少合同缺少款项、容易引起纠纷的现象，使合同的订立更加规范。

（二）《合同法》对格式条款的使用限制

《合同法》从以下三个方面对格式条款予以限制：

1. 提供格式条款的一方有提示说明的义务，应当采取合理的方式提请对方注意免除或限制其责任的条款，按照对方的要求对该条款予以说明。

2. 某些格式条款无效

（1）提供格式条款的一方免除其责任，加重对方责任，排除对方主要权利的条款无效。

（2）格式条款具有《合同法》第 52 条规定的情形时无效，包括：一方以欺诈、胁迫的手段订立合同，损害国家利益；恶意串通，损害国家、集体或者第三人的利益；以合法形式掩盖非法目的；损害社会公共利益；违反法律、行政法规的强制性规定。

（3）格式条款具有《合同法》第 53 条规定的情形时无效，包括：有造成对方人身伤害的免责条款；有因故意或重大过失造成对方财产损失的免责条款。

3. 对格式条款有两种以上解释的，应当做出不利于提供格式条款一方的解释；格式条款和非格式条款不一致的，应当采用非格式条款。

三、合同的形式

合同的形式，又称合同的方式，是当事人合意的表现形式，是合同内容的外部表现，是合同内容的载体。在我国，合同形式分为约定形式与法定形式，法律兼采要式与不要式的原则。我国已经推行社会主义市场经济，应当按照符合交易安全与交易便捷的要求设计合同的形式，对某些重要的、关系复杂的合同应强调书面形式，其他合同采取何种形式，宜由当事人决定。

（一）口头形式

口头形式，是指当事人只用语言为意思表示订立合同，而不用文字表达协议内容的形式。合同采取口头形式，无须当事人特别指明。凡当事人无约定、法律未规定须采用特定形式的合同，均可采用口头形式。

（二）书面形式

书面形式，是指以文字表现当事人所订合同的形式。合同书以及任何记载当事人要约、承诺和权利义务内容的文件，都是合同的书面形式的具体表现。《合同法》第 11 条规定，书面形式是指合同书、信件以及数据电文（包括电报、电传、传真、电子数据交换和电子邮件）等可以有形地表现所载内容的形式。书面合同必须由文字凭据组成，但并非一切文字凭据都是书面合同的组成部分。成为书面合同的文字凭据，必须符合以下要求：有某种文字凭据，当事人或其代理人在文字凭据上签字或盖章，文字凭据上载有合同权利义务。书面合同的表现形式，常见的有以下几类：

1. 表格合同　它是当事人双方合意的内容及条件，主要体现为一定表格上的记载，能全面反映当事人权利义务的简易合同。表格合同及其附件、有关文书、通用条款等一起，才组成完整的合同。

2. 车票、保险单等合同凭证　不是合同本身，它的功能在于表明当事人之间已存在合同关系。合同凭证是借以确认双方权利义务的一种载体。虽然双方的权利义务并未完全反映在合同凭证上，但因法律及有权机关制定的规章已有明确规定，因而可以确认合同凭证标示双方的权利义务关系。

3. 合同确认书　《合同法》第 33 条规定："当事人采用信件、数据电文等形式订立合同的，可以在合同成立之前要求签订确认书。签订确认书时合同成立。"由此可见，确认书与承诺紧密相连，双方达成书面协议以后，一方要求以其最后的确认为准，这样，其所发出的确认书实际上是其对要约所作出的最终的、明确的、肯定的承诺。

4. 定式合同　关于公证、鉴证、登记、审批是属于合同的书面形式范畴，还是合同的生效要件，我国现行法的态度不一，有时规定为成立要件，视为书面形式；有时认为系生效要件。从法理上讲，后者更为可取，因为合同是当事人各方的合意，公证、鉴证、登记、审批皆为当事人各方合意以外的因素，即不属于成立要件的范畴，而属于效力评价的领域，尤其是登记、审批宜定为不动产物权的变动要件。

书面形式的最大优点是合同有据可查，发生纠纷时容易举证，便于分清责任。因此，对于关系复杂的合同、重要的合同，最好采取书面形式。但双方当事人均承认的口头合同，已经履行了主要义务的口头合同，法律认可的其他口头合同亦有效。

（三）推定形式

当事人未用语言、文字表达其意思表示，仅用行为向对方发出要约，对方接受该要约，以作出一定或指定的行为作承诺，合同成立。例如商店安装自动售货机，顾客将规定的货币投入机器内，买卖合同即成立。

思考题

1. 简述合同法的基本原则。
2. 合同应该具备哪些条款？
3. 简述要约与要约邀请的区别。

推荐阅读

1. 王利明，崔建元. 合同法. 北京：北京大学出版社，2006
2. 杨立新. 合同法专论. 北京：高等教育出版社，2006
3. 李永军. 合同法案例. 北京：中国人民大学出版社，2006

南京中医药大学　李　鑫　喻小勇

第十六章　合同的效力

合同的效力，即合同的法律约束力，是指合同由法律赋予的并受法律保护的法律效力。合同成立是合同生效的前提，但成立后的合同并不意味着必然产生当事人所追求的法律效果，只有含符合法律规定的生效要件的合同才会产生法律约束力。成立后的合同不具备相应的生效要件的，具体可分为无效合同、效力待定合同和可撤销合同，并产生相应的法律后果。

第一节　有效合同

一、有效合同概述

有效合同是指符合有效要件，因而具有法律约束力的合同。《合同法》第 8 条规定："依法成立的合同，对当事人具有法律约束力。当事人应当按照约定履行自己的义务，不得擅自变更或者解除合同。""依法成立的合同，受法律保护。"合同的法律约束力，并非来源于当事人的意志，而是来源于法律的赋予。如果当事人的意志符合国家的意志和社会利益，国家就赋予当事人的意志以约束力，要求当事人履行合同。如果当事人不履行合同，则依据国家强制力强制当事人履行合同并承担违约责任。可见，合同的效力本身介入了国家意志。

二、合同生效的一般要件

合同的生效要件是判断合同是否具有法律效力的标准。根据《民法通则》第 55 条、第 56 条，《合同法》第 9 条、第 10 条的规定，合同生效的一般要件如下：

（一）行为人具有相应的民事行为能力

合同是以当事人的意思表示为基础，并以产生一定的法律效果为目的，因此，行为人必须具备正确理解自己的行为性质和后果、独立表达自己意思的能力。《合同法》第 9 条规定，当事人订立合同，应当具有相应的民事权利能力和民事行为能力。

根据我国《民法通则》的规定，限制民事行为能力人只能实施与其年龄、智力相适应的民事行为，其他的活动必须由其法定代理人代为实施，或在征得其法定代理人同意后才能实施。无民事行为能力人不能独立进行民事活动，他们所需要从事的民事活动由其监护人代理进行。限制民事行为能力人和无民事行为能力人在纯获法律上的利益而不承担法律义务的合同中，可以作为合同当事人。因为在这些合同中，无行为能力人和限制民事行为能力人只会获得利益，不会遭受损失。无论是限制民事行为能力人还是无民事行为能力人，凡是订立了依法不能独立订立的合同，都不能产生预期的法律效果。

法人的行为能力是特殊的行为能力，法人应当在其核准登记的生产经营和业务范围内活动。对于法人签订的超经营范围的合同，不能简单地宣告无效。《最高人民法院关于适用〈中华人民共和国合同法〉若干问题的解释（一）》第 10 条做了具体规定："当事人超越经营范围订立合同，人民法院不因此认定合同无效。但违反国家限制经营、特许经营以及法律、行政法规禁止经营规定的除外。"

非法人组织的缔约能力，应区分两种情况：对于未领取营业执照的非法人组织，不得以自己的名义独立从事民事活动，而只能以所隶属的法人的名义订约；而对于领有营业执照的非法人组织，则可以对外签订合同。因为我国现行法律允许领取营业执照的非法人组织对外从事经营活动，实际上是允许其对外订立合同。

（二）意思表示真实

意思表示真实是合同生效的重要构成要件，因为合同在本质上是当事人之间的一种合意。合同当事人的合意符合法律规定的，依法律可以产生法律约束力。而当事人的意思表示能否产生此种约束力，则取决于意思表示是否真实。如果意思表示不真实，对合同效力的影响应视具体情况而定，有可能导致合同无效或可撤销。

（三）不违反法律或者社会公共利益

从法律上看，合同之所以能产生法律效力，就在于当事人的表示符合法律的规定。对合法的合同，法律赋予其法律上的约束力，不合法的合同显然不能受到法律保护，也不能产生当事人预期的法律效果。合同不违反法律，是指合同不得违反法律的强制性规定，主要是指合同的内容合法，即合同的各项条款都必须符合法律法规的强制性规定。合同的内容要产生法律效果，必须合法。

合同不得违反社会公共利益。将不违反社会公共利益作为合同生效的要件，可以大大弥补法律规定的不足。将社会公共利益作为衡量合同生效的要件，既有利于维护全体人民的共同利益，也有利于维护社会公共道德。

（四）具备法律所要求的形式

我国法律承认当事人可以依法选择合同的形式。《合同法》第 10 条第 1 款规定："当事人订立合同，有书面形式、口头形式和其他形式。"如果法律对合同的形式作出了特殊规定，当事人必须遵守法律规定。《合同法》第 10 条第 2 款规定："法律、行政法规规定采用书面形式的，应当采用书面形式。当事人约定采用书面形式的，应当采用书面形式。" 对于应当采用书面形式而当事人未采用书面形式的情形，不能一概宣告合同不成立。《合同法》第 36 条规定："法律、行政法规规定或者当事人约定采用书面形式订立合同，当事人未采用书面形式但一方已经履行主要义务，对方接受的，该合同成立。"

三、合同生效的特殊情况

（一）合同的批准、登记

我国法律规定，某些合同在当事人签订书面合同后还必须批准、登记，方为有效。《合同法》第 44 条第 2 款规定："法律、行政法规规定应当办理批准、登记等手续生效的，依照其规定。"对此，《最高人民法院关于适用〈中华人民共和国合同法〉若干问题的解释(一)》第 9 条第 1 款做了具体的规定："依照《合同法》第 44 条第 2 款的规定，法律、行政法规规定合同应当办理批准手续，或者办理批准、登记等手续才生效，在一审法庭辩论终结前当事人仍未办理批准手续的，或者仍未办理批准、登记等手续的，人民法院应当认定该合同未生效；法律、行政法规规定合同应当办理登记手续，但未规定登记后生效的，当事人未办理登记手续不影响合同的效力，合同标的物所有权及其他物权不能转移。"

（二）附条件的合同

当事人可以在合同中约定一定的条件限制合同的效力。《合同法》第 45 条规定："当事人对合同的效力可以约定附条件。附生效条件的合同，自条件成就时生效。附解除条件的合同，自条件成就时失效。当事人为自己的利益不正当地阻止条件成就的，视为条件已成就；不正当地促成条件成就的，视为条件不成就。"此规定具体包括下列内容：

1. 合同可以附条件　附条件的合同中的"条件"必须符合的要件有：条件须为将来的事实；条件是否发生具有不确定性；条件是依当事人的意思设定的；条件应当合法。

2. 附条件的合同　分两种：一种是附生效条件的合同，是指合同的效力自约定的条件成就时起产生，条件不成就，合同不生效；另一种是附解除条件的合同，是指合同的效力自约定的条件成就时终止。

3. 禁止合同当事人滥用条件　当事人不得为自己的利益不正当地阻止或促成条件的成就。

（三）附期限的合同

当事人可以在合同中约定一定的期限限制合同的效力。《合同法》第 46 条规定:“当事人对合同的效力可以约定附期限。附生效期限的合同,自期限届至时生效。附终止期限的合同,自期限届至时失效。”此规定包括以下具体内容:

1. 合同可以附期限　附期限的合同中的“期限”,是将来确定发生的事实。附期限的合同中的“期限”,可以是某一具体日期,也可以是期间,也可以是某一不具体确定的时间。

2. 附期限的合同分两种　一种是附生效期限的合同,自期限届至时生效;另一种是附终止期限的合同,自期限届至时失效。

第二节　无效合同

一、无效合同概述

无效合同,指严重欠缺合同生效要件,不发生合同当事人追求的法律后果,不受法律保护的合同。无效合同是相对于有效合同而言的,是指合同虽然已经成立,但在内容和形式上违反了法律、行政法规的强制性规定和社会公共利益,因此确认为无效。无效合同具有以下几个特征:

1. 无效合同的违法性　所谓违法性,是指违反了法律和行政法规的强制性规定以及社会公共利益。无效合同的违法性表明此类合同根本不符合国家意志,不能发生法律效力。由于无效合同具有违法性,因此对此类合同应实行国家干预,这种干预主要体现在,法院和仲裁机构不待当事人请求合同无效,便可以依职权主动审查合同是否无效。

2. 无效合同具有不得履行性　所谓无效合同的不得履行性,是指当事人在订立无效合同以后,不得依据合同实际履行,也不承担不履行合同的违约责任。

3. 无效合同自始无效　由于无效合同从本质上违反了法律规定,因此国家不承认此类合同的法律效力。合同一旦确认无效,就将产生溯及力,使合同自订立之时起就不具有法律效力,以后也不能转化为有效合同。

二、无效合同的种类

根据《合同法》第40条、52条和53条的规定,无效合同主要有如下几种:

(一)一方以欺诈、胁迫的手段所订立的损害国家利益的合同

欺诈是指一方当事人故意实施某种欺诈他人的行为,并使他人陷入错误而订立合同。一方当事人故意告知对方虚假情况,或者故意隐瞒真实情况,诱使对方当

事人作出错误意思表示的，可以认定为欺诈行为。欺诈和胁迫行为可能直接损害国家利益，也可能会损害集体或第三人的利益。《合同法》规定，一方以欺诈、胁迫的手段所订立的损害国家利益的合同是无效合同。

欺诈的构成要件有：①欺诈方具有欺诈的故意；②欺诈方实施欺诈行为；③被欺诈的一方因欺诈而陷入错误；④被欺诈人因错误而作出意思表示。

胁迫是以将来要发生的损害或以直接施加损害相威胁，使对方产生恐惧并因此而订立合同。可见，胁迫行为包括两种情况：一是以将要发生的损害相威胁，只要受胁迫者在当时情况下相信损害将要发生，就可以构成胁迫。二是胁迫者以直接面临的损害相威胁。

因胁迫而订立的合同应符合以下几个要件：①胁迫人具有胁迫的故意；②胁迫者实施了胁迫行为；③受胁迫者因胁迫而订立了合同；④胁迫行为是非法的。

（二）恶意串通，损害国家、集体或者第三人利益的合同

恶意串通的合同是指合同当事人非法串通在一起，共同订立的，造成国家、集体或第三者利益损害的合同。

恶意串通，损害国家、集体或者第三人利益的合同的主要特点有：第一，合同当事人有损害国家、集体或者第三人利益的故意。第二，合同当事人之间相互串通。相互串通，是指当事人具有共同的目的，即都希望通过实施某种行为而损害国家、集体或第三者的利益。第三，合同的履行结果会损害国家、集体或者第三人的利益。

（三）以合法形式掩盖非法目的的合同

以合法形式掩盖非法目的是指当事人实施的行为在形式上是合法的，但在内容上和目的上是非法的，这种行为又称为隐匿行为。以合法形式掩盖非法目的合同就其外表来看是合法的，但是外表行为只是达到非法目的的手段。由于被掩盖的目的是非法的，将造成对国家、集体或第三者的损害，因此这种合同是无效的。

（四）损害社会公共利益的合同

社会公共利益体现了全体社会成员的最高利益。违反社会公共利益或公序良俗的合同无效，这是各国立法普遍确认的原则。我国民法确立了社会公共利益的概念，损害社会公共利益的合同无效。凡订立的合同危害国家公共安全和秩序，损害公共道德，危害公共健康和环境，或有其他损害公共利益的行为，无论当事人是否主张无效，法律和仲裁机构都应主动宣告该合同无效。

（五）违反法律、行政法规的强制性规定的合同

这种合同属于最典型的无效合同。此处所说的法律是指由全国人大及其常委会制订的法律，行政法规是指由国务院制订的法规，违反这些全国性的法律和法规的行为是当然无效的。无效合同都具有违法性，而违反法律、行政法规的强制性规定的行为，在违法性方面较之于其他无效合同更为明显。

（六）部分无效的合同

部分无效的合同主要有两种情形：第一，某些免责条款的无效。《合同法》规定，造成对方人身伤害的，以及因故意或者重大过失造成对方财产损失的免责条款无效。第二，格式合同中某些格式条款的无效。《合同法》规定，格式条款具有本法第52条和第53条规定情形的，或者提供格式条款一方免除其责任、加重对方责任、排除对方主要权利的，该条款无效。

合同的部分无效，不影响其他部分效力的，其他部分仍然有效。由此可见，如果合同由若干部分组成，或在内容上可以分为若干部分，即有效部分和无效部分可以独立存在，一部分无效并不影响另一部分的效力，那么无效部分被确认无效后，有效部分继续有效。

三、无效合同的法律后果

无效合同最直接的法律后果是不能产生当事人预期的法律后果，不应当履行。合同被确认无效后，尚未履行的，当事人可不必履行；正在履行的，停止履行；已经履行的，恢复原状。合同被确认无效的，不影响合同中有关解决争议方法的条款的效力，当然该条款本身必须是合法有效的。

无效合同的处理方式主要有以下几种：①返还财产，合同无效或者被撤销后，因该合同取得的对方财产，应当予以返还；不能返还或者没有必要返还的，应当折价补偿。②赔偿损失，合同无效或者被撤销后，有过错的一方应当赔偿对方因此所受到的损失，双方都有过错的，应当各自承担相应的责任。③追缴财产，《合同法》特别规定，当事人假借订立合同，恶意串通，意图损害国家、集体或者第三人利益的，因此取得的财产收归国家所有或者返还集体、第三人。

第三节　效力待定合同

一、效力待定合同概述

效力待定的合同，是指合同虽成立但欠缺有效要件，其能否发生效力尚不能确定，有待其他行为才能使之确定的合同。效力待定的合同具有以下法律特征：

第一，效力待定的合同主要是因为有关当事人缺乏缔约能力、签订合同的资格及处分能力所造成的。此类合同并未违反法律的禁止性规定及社会公共利益，也不是因合同当事人意思表示不真实。

第二,效力待定合同须经权利人的承认才能生效。所谓承认,是指权利人表示同意无缔约能力人、无代理权人、无处分权人与他人订立有关合同。权利人的承认与否决定着效力待定合同的效力。在权利人尚未承认以前,效力待定合同虽然已经订立,但并没有实际生效。

二、效力待定合同的种类

依照《合同法》第 47 条、48 条和 51 条的规定,效力待定的合同主要有:

(一) 限制民事行为能力人所订立的依法不能独立订立的合同

根据我国法律规定,限制民事行为能力人可以实施某些与其年龄、智力和健康状况相适应的民事行为,其他民事活动由其法定代理人代理,或在征得其法定代理人同意后实施。限制民事行为能力人订立的合同,经法定代理人追认后,该合同有效,但纯获利益的合同或者与其年龄、智力、精神健康状况相适应而订立的合同,不必经法定代理人追认。

限制民事行为能力人依法不能独立实施的而又未经其法定代理人同意的民事行为,只能由其法定代理人代理进行。如果限制民事行为能力人未经其法定代理人的事先同意,订立其依法不能独立订立的合同,则与其订立该合同的相对人,可以在法律规定的期限内催告其法定代理人对该合同予以追认。

(二) 无权代理人以被代理人名义订立的合同

无权代理,是指无代理权的人代理他人从事民事行为,简而言之,是指欠缺代理权的代理。无权代理行为虽然具有代理行为的表面特征,但由于行为人缺乏代理权,因而并不符合有权代理的要件。

无权代理人以本人名义与他人订立合同,是一种效力待定的合同,而不是绝对无效的合同。这类合同的瑕疵是可以修补的,本人的追认可以使无权代理行为有效。主要原因在于:一方面,无权代理行为并非都对本人不利,有些无权代理活动对本人可能是有利的;另一方面,无权代理行为也具有代理的某些特征。无权代理人并无代理权限,但如果本人事后承认该代理行为,实际上是事后补授代理权,从而可以使代理行为有效,如果本人认为无权代理行为对其不利,自然可不予承认,而且这也有利于维护交易秩序及保护相对人的利益。

承认是本人所享有的一种权利,本人有权作出承认,也有权拒绝承认。如果本人承认,因无权代理所订立的合同从成立之时即产生法律效力。如果本人明确表示拒绝承认,则无权代理行为自始无效,因无权代理所订立的合同不能对本人产生法律效力。

(三) 无权处分合同

无权处分合同,是指无处分权人处分他人财产而订立的合同。无权处分而订立的合同主要具有以下特点:

第一,无处分权人实施了处分他人财产的行为。此处所说的"处分",是指法律上的处分,包括财产上的出让、赠与,以及在财产上设定抵押等行为。

第二,此种合同必须经过权利人追认。此处所说的"权利人",是指对无权处分的财产享有处分权的人。在权利人追认之前,因无权处分而订立的合同属于效力待定的合同。如果权利人追认,合同将溯及既往产生效力。权利人如果拒绝追认,则无权处分行为无效,权利人可基于物上的请求权对无权处分人提出返还原物、赔偿损失等请求。

第三,如果无权处分人事后取得权利,也可导致无权处分行为有效。处分人事后取得了财产权利,便消除了无权处分的状态和导致合同无效的原因。

三、效力待定合同中的追认权、催告权与撤销权

（一）追认权

追认权是法律赋予权利人,包括法定代理人、代理关系中本人和财产所有人,对有缺陷合同事后予以承认的单方意思表示。追认权包括两方面,一是对权利有缺陷的人所订立的合同的追认;二是不予追认。因此,行使追认权的法律后果也有两个:追认合同生效,不追认则合同无效。总之,效力待定合同,就是通过追认权的行使,使其效力最终确定。

（二）催告权和撤销权

撤销权和催告权是法律赋予相对人的权利。撤销权是善意相对人在权利未予追认前,将成立该合同的意思表示撤回。催告权是指相对人在合同成立后,催促权利人在一定期限内明确答复是否承认该合同。

《合同法》第 47 条和第 48 条对相对人的催告权、撤销权以及该权利的行使作了明确规定。相对人可以催告法定代理人、被代理人在一个月内予以追认。法定代理人、被代理人未作表示的,视为拒绝追认。合同被追认之前,善意相对人有撤销的权利。撤销应当以通知的方式作出。

第四节　可撤销合同

一、可撤销合同概述

可撤销的合同,又称为可撤销、可变更的合同,是指当事人在订立合同时,因意思表示存在瑕疵,法律允许撤销权人对其予以撤销或变更的合同。可撤销合同具

有以下的法律特征：

1. 可撤销的合同是意思表示存在瑕疵的合同，并没有违反法律、行政法规的强制性规定及社会公共利益。

2. 可撤销的合同的撤销权必须要由撤销权人主动行使。法律将是否主张撤销的权利留给撤销权人，撤销权人有权请求法院或者仲裁机构予以撤销，也可以仅要求变更合同。当事人请求变更的，人民法院或者仲裁机构不得撤销。

3. 可撤销的合同在未被撤销或变更以前仍然是有效的，只有在撤销权人行使撤销权后，合同才因被撤销而溯及至成立时起无效。

二、可撤销合同的种类

《合同法》第54条规定，可撤销的合同包括以下几类：

（一）因重大误解订立的合同

所谓重大误解，是合同当事人对有关合同效力的重要事项产生了严重的错误认识。误解直接影响到当事人所应享有的权利和承担的义务，误解既可以是单方面的误解，也可以是双方面的误解。因重大误解订立的合同，须具备以下构成要件：

1. 当事人对有关合同效力的重要事项产生了严重的错误认识。所谓重要事项，是指有关合同性质、合同当事人、合同标的物品种、质量、规格和数量等合同的主要内容。若仅仅是对合同的非主要条款发生误解且不影响当事人的权利义务，就不属于重大误解的情形。

2. 误解是由误解方自己的过失造成的，而不是因为受他人的欺骗或不正当影响造成的。

3. 当事人因错误认识而订立合同，即当事人的错误认识与订立合同之间存在直接的因果关系。当事人不产生错误认识，就不会订立该合同。

4. 所订立的合同使当事人遭受重大损失或达不到合同目的。若基于误解订立的合同并不会给当事人造成重大损失或者不影响合同目的的实现，则该合同不属于因重大误解订立的合同。

（二）在订立合同时显失公平的合同

显失公平的合同是指合同当事人一方利用优势或者利用对方没有经验所订立的，致使双方的合同权利明显违反公平、等价有偿原则的合同。显失公平的合同主要具有以下法律特征：

1. 订立合同时当事人之间利益不平衡，存在一方利用优势或者利用对方没有经验的情形。

2. 合同当事人一方存在利用优势或者利用对方没有经验等订立合同的故意。

3. 合同订立时显失公平，合同当事人一方获得的利益超过了法律所允许的限度。需要指出的是，只有在订立合同时显失公平的，该合同才属于可撤销的合同。若订立合同时是公平的，但订立后客观情形发生变化导致双方的权利义务显失公平，则属于情势变更问题，该合同不为可撤销的合同。

（三）一方以欺诈、胁迫的手段或者乘人之危，使对方在违背真实意思的情况下订立的合同

因欺诈、胁迫的手段或者乘人之危订立的合同须具备以下条件，才是可撤销的合同：

1. 一方采用了欺诈、胁迫的手段或者乘人之危。所谓乘人之危，是指在另一方处于危难或者陷入困境时，一方利用这种危难状态迫使另一方接受苛刻条件。

2. 一方当事人因受欺诈、受胁迫或者为摆脱这种危难状态违背其真实意思而与另一方当事人订立合同。

3. 因合同的订立致使一方当事人的利益受到损失。

三、撤销权的行使

《合同法》规定，因重大误解订立的合同，在订立合同时显失公平的合同，以及一方以欺诈、胁迫的手段或者乘人之危，使对方在违背真实意思的情况下订立的合同，受损害方有权请求人民法院或仲裁机构撤销或者变更。

撤销权由因意思表示不真实而受损害的一方当事人享有。撤销权人有权请求法院或者仲裁机构撤销合同，也可以要求变更合同。撤销权的行使，旨在使合同自始不发生效力，而变更权的行使并不是撤销合同，而只是变更合同的部分条款。

撤销权人必须在规定的期限内行使撤销权。《合同法》第 55 条规定，具有撤销权的当事人自知道或者应当知道撤销事由之日起一年内没有行使撤销权或具有撤销权的当事人知道撤销事由后明确表示或者以自己的行为放弃撤销权的，撤销权消灭。

四、可撤销合同的法律后果

可撤销合同的法律后果因撤销权人是否行使了撤销权而不同：

1. 撤销权人放弃了撤销权或在除斥期间内未行使撤销权，可撤销合同具有法律效力，当事人双方应积极履行合同义务和接受合同权利。任何一方不履行义务的则构成违约并应承担违约责任。

2. 撤销权人行使了撤销权的，被撤销合同从合同成立之日起就不具有效力。未履行的合同不再履行，已履行的合同应停止履行。已经从对方取得的财产，应返还给对方；财产已不存在的或第三人善意取得的，应折价返还。因自己的过错给对

方造成损失的，应负赔偿损失的责任；双方都有过错的，则各自承担相应的责任。

思考题

1. 简述合同成立与合同生效的区别。
2. 简述合同效力的内涵。
3. 简述无效合同的概念和特征。
4. 简述效力待定合同的种类。
5. 合同无效或被撤销的法律后果有哪些？

推荐阅读

1. 李卓梅.浅析合同成立、合同生效与合同效力.特区经济，2007，(6)
2. 程国林.合同效力状态及其转化.法学杂志，2006，(3)
3. 李凤章.违法合同的无效判定及其应用.人民司法，2005，(10)
4. 张里安，胡振玲.略论合同撤销权的行使.法学评论，2007，(3)
5. 郭瑞明，张平华.《合同法》学案例教程.北京：知识产权出版社，2003：35－55

浙江中医药大学　邓中裕

第十七章　合同的履行

第一节　合同履行概述

合同的履行，是指合同当事人按照合同的约定或者法律的规定履行合同义务，使债权人的权利得以实现的过程。《合同法》第60条规定："当事人应当按照约定全面履行自己的义务。当事人应当遵循诚实信用原则，根据合同的性质、目的和交易习惯履行通知、协助、保密等义务。"

一、合同履行的特征

合同的履行主要具有以下法律特征：

1. 合同履行的主体是合同当事人　合同当事人作为合同的主体，直接享有合同权利，承担合同义务，所以是合同履行的当然主体。值得注意的是，在实际履行中，具体的履行行为可以由第三人代为实施，例如我国《合同法》第65条规定，当事人可以约定由第三人向债权人履行债务。但是根据合同的相对性，合同履行不当的责任仍然由合同义务人负担。所以在第三人代为履行的情况下，合同的履行主体并没有发生改变。

2. 履行主体应当依照合同约定全面、正确地履行合同义务　只有全面、正确地履行合同约定的内容，才能使合同债权得以充分实现，合同法律关系并因此消灭。而未完全履行或者未按照合同的要求履行，则有履行过错的当事人应当承担相应的法律责任。

3. 合同的履行是完成合同义务的行为过程　合同的履行不仅包括当事人依约的给付行为，而且还应包括其为完成最终交付行为所实施的一系列准备行为，如通知、保密、协助等行为。准备行为是合同最终交付行为的基础或前提，所以亦属合同履行的应有之义。

二、合同履行的意义

现代社会,合同已经凸显出越来越重要的作用,而决定合同内容能否实现的合同履行就有着十分重要的意义。

1. 合同的履行集中体现了合同的效力,是合同关系消灭的主要原因。合同的履行是全部合同制度的核心,其他合同制度,如合同的成立、生效、合同变更和转让以及合同保全等制度均是为了确保合同的履行。一旦合同得到了完全履行,合同的权利义务因此得到实现,合同的法律关系亦随之消灭。

2. 合同的履行是实现合同利益的根本措施,有利于现代社会的良性发展。现代社会,合同关系随时都在发生,它们在社会经济中相互交织形成债权债务关系链,直接影响整个社会的经济运行。只有合同得到良好履行,社会经济才能运转顺畅。并且较高的合同履行率也是社会诚信的良好体现,同时也促进了社会法治秩序的形成。

第二节　合同的适当履行

一、合同适当履行概述

合同的适当履行,即合同的全面正确履行,是指合同履行主体按照约定的标的在适当的履行期限、履行地点,以适当的履行方式,全面完成合同义务。对此,我国《合同法》第60条第1款规定:当事人应当按照约定全面履行自己的义务。

二、合同适当履行的具体要求

合同履行的要素是指合同的主体、标的、履行期限、履行地点、履行方式以及履行费用等。合同的适当履行要求合同各要素的实现都能够符合合同约定、法律规定以及合同目的。

(一)合同的履行主体

合同的履行主体是合同当事人,即合同权利义务关系的直接承受者。尽管在实际履行中,除了依合同约定、合同性质或法律规定必须由合同当事人亲自履行的债务,其他的履行行为也可以由第三人代为完成。但是如果第三人履行行为不适当,法律依然认为是合同义务人没有尽到自己的合同义务,仍由其承担履行不当的合同责任。

（二）合同的履行标的

合同履行的标的，是指合同给付所指向的对象，如物、劳务、智力成果等。合同履行标的与合同标的相区别，后者指的是合同的履行或合同的给付。履行标的得到充分实现是合同履行适当的关键要素。合同的适当履行要求合同标的物的种类、质量、数量、价款或劳务的质量、酬金等符合合同约定、法律规定或合同的目的。

（三）合同的履行期限

合同的履行期限是指合同关系中的债务人向债权人履行债务，债权人接受债务人履行的时间。合同的适当履行要求当事人应当按照约定的时间履行合同。任何一方都不得无故迟延履行或迟延受领。

（四）合同的履行地点

合同的履行地点是指合同当事人履行合同的地方。履行地点一般由当事人约定，也可能由法律明确规定。合同的适当履行要求当事人的履行行为应当按照合同约定或法律规定。

（五）合同的履行方式

合同的履行方式是指合同当事人实现合同内容的方法，如标的物的交付方式、劳务活动的完成方式、价款酬金的交付方式等。具体的履行方式有多种，但一般由当事人根据合同的内容或履行标的的特点协商确定。合同的适当履行要求按照合同约定的方式履行，如果约定不明的，由当事人协商，协商不成的，按照有利于实现合同目的的方式确定履行方式。

（六）合同的履行费用

合同的履行费用是为实现合同的给付行为所支付的费用。履行费用的承担由当事人自行约定。约定不明，又不能达成补充协议的，由履行义务的一方当事人负担。

合同适当履行的重要前提是当事人就合同各项内容有明确约定。但是在合同生效后，当事人就质量、价款或者报酬、履行地点等关系到合同顺利履行的内容没有约定或者约定不明的，根据我国《合同法》可以采取以下步骤确定：

1. 由当事人协议补充，明确合同中履行不明或缺失的条款。

2. 如当事人不能达成补充协议，按照合同有关条款或者交易习惯确定合同相关内容。

3. 如穷尽以上方法仍不能确定相关合同条款的，根据《合同法》第 62 条的规定，参照以下规则执行：

（1）质量要求不明确的，按照国家标准、行业标准履行；没有国家标准、行业标准的，按照通常标准或者符合合同目的的特定标准履行。

（2）价款或者报酬不明确的，按照订立合同时履行地的市场价格履行；依法应当执行政府定价或者政府指导价的，按照规定履行。

（3）履行地点不明确，给付货币的，在接受货币一方所在地履行；交付不动产的，在不动产所在地履行；其他标的，在履行义务一方所在地履行。

（4）履行期限不明确的，债务人可以随时履行，债权人也可以随时要求履行，但应当给对方必要的准备时间。

（5）履行方式不明确的，按照有利于实现合同目的的方式履行。

（6）履行费用的负担不明确的，由履行义务一方负担。

第三节　合同的不履行与不适当履行

一、合同的不履行与不适当履行

（一）合同的不履行与不适当履行概述

合同的不履行即指合同期限到来以后，合同当事人无正当理由拒绝履行或者不能履行合同约定的主要义务。合同的不履行包括拒绝履行和履行不能两种情形。前者是合同当事人主观上的原因而导致的不履行，后者则是客观情况所导致的履行行为无法实现。

合同的不适当履行是指当事人一方履行合同义务不符合合同的约定或违背合同目的，主要包括以下几种情形：

1. 迟延履行　即合同当事人没有按照合同的履行期限及时履行合同义务，而延迟了履行行为。如果是债务人，则是迟延给付；如果是债权人，则是迟延受领。

2. 瑕疵履行　即合同当事人没有按照合同的内容履行合同义务，特别是针对所给付的标的物质量不符合合同要求或不符合合同目的的情况。瑕疵履行可分为违约瑕疵和损害瑕疵。

违约瑕疵是指债务人履行的标的不符合合同的规定。而损害瑕疵，又称为加害给付，是指债务人的履行行为不仅违反了合同的规定，而且造成了债权人的履行利益以外的人身或其他财产损失。

3. 部分履行　即合同虽然履行，但没有按照合同规定的履行量完全履行。对整个合同来说，这也是不适当履行。

4. 其他的不适当履行　除以上情形外，债务人其他未按照合同约定的标的履行义务的行为。如合同当事人违反合同附随义务，没有履行保密义务，导致对方合同利益受到损失等。

（二）合同不履行与不适当履行的后果

合同的不履行与不适当履行均属于违反合同义务的行为，按照合同约定或者法律规定都应当承担相应的违约责任。违约责任的承担方式主要有继续履行、损害赔偿、承担违约金，或者采取其他补救措施。要求违约方承担违约责任的目的，一方面在于补偿违约相对方合同利益的损失，另一方面是为了惩罚违约方违反合同约定的不诚信行为。

二、双务合同履行中的抗辩权

抗辩权是指能够阻止相对人行使其权利的对抗性权利，通常情况下是与请求权相对应的权利。双务合同的履行中引进抗辩权是针对对方的合同履行请求权，是民法的诚实信用原则在合同制度中的体现，目的是为了保护合同履行主体的合法利益。合同履行中的抗辩权只有阻止对方合同履行请求权的效力，而不能消灭合同履行请求权。一旦抗辩事由终止，抗辩权亦随之消灭，合同履行请求权的效力亦相应恢复。

（一）同时履行抗辩权

1. 同时履行抗辩权的概念　同时履行抗辩权，又称为不履行的抗辩权，是指无先后履行顺序的双务合同当事人一方在对方没有作出对待给付之前，有权拒绝自己的履行的权利。根据《合同法》第 66 条的规定，互负债务的当事人，没有约定履行先后顺序的，应当同时履行。一方在对方履行之前有权拒绝其履行要求。一方在对方履行债务不符合约定时，有权拒绝其相应的履行要求。

2. 同时履行抗辩权的成立要件　同时履行抗辩权的成立，应当符合以下要件：

(1) 须是基于同一双务合同而互负债务：双务合同是指当事人双方互负对待给付义务的合同。基于同一双务合同所产生的相互债务具有牵连性。合同双方的履行互以对方的履行为条件。所以在一方不履行或履行不适当时，对方当事人亦享有相对应的拒绝履行权利。但原则上主给付义务和从给付义务之间不存在对价关系，因此如对方已履行了主给付义务，而未履行从给付义务，则另一方当事人不得援引同时履行抗辩权拒绝自己主给付义务的履行。

(2) 所负的债务均已届履行期：只有双方债务均已到履行期，有履行之必要，一方不履行或者履行不合要求，另一方当事人才有拒绝对方相应履行要求的权利。如一方债务尚未到履行期，对方当事人则不能援用此抗辩权延迟履行自己的义务。

(3) 对方未履行合同债务或者履行不符合约定：如果一方已履行自己的合同义务，则另一方当事人无权拒绝其相应的履行要求。因为基于合同制度的对价理论，通常合同当事人所享有的权利承担的义务是平衡的。同时履行抗辩权正是为了维护这种平衡，实质上也是维护法律的公平性。

(4) 对方有对待给付的能力：同时履行抗辩权制度设立的最终目的是促使合同的适当履行。如对方当事人已经丧失了适当履行该合同的能力，则同时履行抗辩权的目的就不能实现。合同既然无继续存续的必要，就可以根据相关法律予以解除，不存在同时履行抗辩权发生的必要。

3. 同时履行抗辩权的效力　同时履行抗辩只是延期履行的抗辩，没有消灭对方请求权的效力。该权利的行使需要符合以上要件，一旦以上要件消灭，如对方已为履行，则抗辩权亦随之消灭。同时履行抗辩权应当由合同当事人自行行使，不得由法院、仲裁机关依职权主动适用。

（二）先履行抗辩权

1. 先履行抗辩权的概念　先履行抗辩权，是指在有先后履行顺序的双务合同中，先履行一方未履行或者履行债务不符合合同约定的，后履行一方有权拒绝其相应的履行要求。先履行抗辩权和同时履行抗辩权的性质、效力完全相同。只是适用条件存在一些差异。

2. 先履行抗辩权的成立要件　先履行抗辩权的成立，根据《合同法》第 67 条，应当符合以下要件：

(1) 须是基于同一双务合同而互负债务。

(2) 基于同一双务合同所负担的债务在履行顺序上有先后差异。这是先履行抗辩权与同时履行抗辩权的显著差异。在先履行抗辩权的适用条件中，负有先履行义务的一方履行合同义务是另一方履行的先决条件。负有先履行义务的一方不履行或者履行不适当的，后履行一方即可成立先履行抗辩权。

(3) 先履行的一方未履行届期的合同债务或者履行不符合约定。

(4) 先履行的一方有履约的能力。

（三）不安抗辩权

1. 不安抗辩权的概念　不安抗辩权又称为异时履行抗辩权，是指在双务合同中，负担先履行义务的一方有确切证据证明对方履行能力严重恶化时，在对方没有履行对待给付义务或者提供充分担保前，可以中止先为给付的权利。同先履行抗辩权一样，都是基于双务合同所产生的履行顺序不同的债务，但是先履行抗辩权是后履行一方向先履行一方所提起的，而不安抗辩权是先履行一方向后履行一方所提起的。该制度的设置旨在赋予先履行一方在后履行一方很可能出现履行不能时的权利保障，以避免预先知道却不能有效中止的损失发生。

2. 不安抗辩权的成立要件　不安抗辩权的成立，根据《合同法》第 68 条、69 条，应当符合以下要件：

(1) 须是基于同一双务合同而互负有先后履行顺序的债务：只有先履行义务

的一方才有权提起针对后履行一方的不安抗辩权。

(2) 出现了后履行义务的一方履行能力严重恶化的事实，并产生后履行义务一方到期不能履行、难以履行或不会履行的现实危险：我国《合同法》规定，负担先履行义务一方主张不安抗辩权时必须有确切证据证明后履行义务一方存在以下情形之一：①经营状况严重恶化；②转移资产、抽逃资金，以逃避债务；③丧失商业信誉；④有丧失或者可能丧失履行债务能力的其他情形。如果没有确切证据证明以上情况，或者对方在接到通知后提供了充分担保，则先履行义务一方就不存在履行风险或者履行风险已经排除，那么先履行义务一方应当履行或者恢复履行合同债务，继续中止履行就将构成违约。

(3) 行使不安抗辩权时应当通知对方当事人：该要件出于民法诚实信用原则的要求。通知的目的，一方面是避免因对方不知先履行义务一方行使不安抗辩权延迟合同的履行而造成利益损害，另一方面也便于对方在获得通知后及时提供充分担保，以消灭不安抗辩权。

3. 不安抗辩权的效力　具备以上要件后，先履行一方就可以行使不安抗辩权，中止履行合同义务并通知对方当事人。对方在接到通知后，可以在合理的时间内提供充分的履约担保，以消灭不安抗辩权，要求先履行一方继续履行合同义务。该担保的提出应当是及时的，如果过于迟延，按照诚实信用原则，可以认为后履行一方放弃对不安抗辩权的再抗辩，即确实如先履行一方所推知的不欲履行合同债务。此时，如其在合理期限也未恢复履约能力的话，先履行一方即可以进一步解除合同。

三、情势变更

1. 情势变更的概念　情势变更是合同理论中的一个重要概念，与合同的效力和合同的履行关系密切。情势变更是指在合同有效成立以后，非因当事人双方的过错而发生的情势变化，致使合同成立之基础丧失或动摇，若继续履行原合同将显失公平，根据诚实信用原则，当事人可以请求变更或解除合同。情势变更理论之所以在合同制度中居于重要地位，是因为在出现因不可归咎于任何一方当事人的客观情况导致合同利益失衡时，通过司法权力的介入，改变合同已经确定的条款或者解除合同，从而重新分配双方利益，不至于使合同的履行违背法律的公平正义。这也是诚实信用原则在合同理论中的一个较好体现。

2. 情势变更的适用条件

(1) 有情势变化的客观事实发生：所谓情势，是指订约时作为合同基础及其背景的客观情况。所谓变更，是指情势在客观上发生了异常变动。情势上的变更不仅包括交易和经济情况的变化，如价格的升降，也包括非经济事实的变化，如政府行为所导致的合同目的无法达到。

(2) 情势变更发生在合同成立之后,履行终止之前:如果情势变更发生在合同订立之时或之前,当事人依然进行相关的缔约行为,则可认为当事人自愿承受相关的缔约风险,法律对其没有事后保护的必要。而如果情势变更发生在合同履行终止之后,则合同关系已因履行行为的完成而消灭,法律亦无追溯调整的必要。而如果是债务人迟延履约,在迟延履行期间发生了情势变更,从制裁违约的角度而言,亦应不许债务人援引情势变更主张减轻责任或免责。情势变更所要保护的是当事人在缔约时无法预见的,而在合同效力持续期间发生的重大情势变化中利益受损的当事人之利益。

(3) 情势变更是当事人在缔约时所无法预见的:如果当事人能够预见,根据民法理论,其应当为自己的行为承担相应的风险。

(4) 情势变更不可归责于双方当事人:情势变更应当是客观情况的变化,而不应归责于任何一方当事人。如情势变更可归责于当事人的事由所引起的,则有主观过错的当事人应承担由此而产生的风险,不能以情势变更为由减轻或排除责任。

(5) 因情势变更而使原合同的履行显失公平:显失公平的判断应以社会一般人的认识标准,即合同的履行使当事人之间的利益极不均衡。如只是使当事人受到一般的利益损失,则不认为是显失公平。此要件的判断应当从严控制,以免造成情势变更在实践中的滥用。

(6) 应当以当事人主张为前提,法院无权直接适用:这主要是因为合同权利作为民事权利,是当事人意思自治下的个人利益,国家权力不应当强行介入。当事人受利益的驱动,即使在情势变更的情形下,也可能为长远利益而自愿放弃主张情势变更减轻己方责任。在私权能够自动调节的领域,法院不应主动干涉。

3. 情势变更的效力　情势变更的效力主要体现在两方面:①变更合同,使原合同在公平的基础上继续履行。如增减给付、延期或分期给付或者变更给付标的物等。各项变更亦有相对应的适用情形。②解除合同,彻底消除利益失衡的状态。这一般是在使用变更合同的方法仍不能消除继续履行显失公平的情形下所采用的,如情势变更已使合同目的达不到而只能解除合同。

思考题

1. 阐述合同履行的主要法律特征以及何为合同的适当履行。
2. 在合同约定不明或没有约定时,如何确定合同履行的各要素?
3. 比较先履行抗辩权与不安抗辩权的异同。
4. 比较合同情势变更与不可抗力的异同。

推荐阅读

1. 谢怀栻,等.合同法原理.北京:法律出版社,2000:143－200
2. 马俊驹,余延满.民法原论(下).北京:法律出版社,2001:572－590
3. 李永军.合同法原理.北京:中国人民公安大学出版社,1999:504－542

南京中医药大学　沈爱玲

第十八章　合同的转移和消灭

第一节　合同的转移

一、合同转移的概念

合同的转移是指当事人一方将合同的权利或者义务的全部或部分转移给了第三人。合同的转移只是合同主体发生了变更，合同的内容并没有发生变化。其具体分为三种情形：一是合同债权的让与；二是合同债务的承担；三是合同权利义务的概括转让。

二、合同权利的让与

合同权利的让与，又称为合同权利的转移，是指合同权利人将其在合同中的权利全部或部分转移给第三人的行为。合同权利是一种财产权具有一定的经济价值，所以合同权利的自由转让有利于促进交易的进行，权利的资本化拓宽了投资的领域，促进了投资的发展。

合同权利的让与可以分为全部合同权利的让与和部分合同权利的让与。如为全部合同权利的让与，则是权利受让人完全取代原合同权利人，称为新的合同权利人，原权利人脱离了原合同关系。如为权利的部分让与，则是权利让与人加入原合同关系，与原合同权利人共同享有原合同权利。原合同之债亦随即称为按份共有之债或连带之债。

不论是合同权利的全部让与还是部分让与，其成立均须符合以下条件：

（1）合同权利是合法有效的，并且该权利是确定的：这是合同权利让与的前提条件。如合同权利是非法的，则该权利自始不存在。而合同权利的无效及不确定则会影响权利受让人向债务人主张权利的有效性。

（2）合同权利具有可转移性：即合同权利人让与的权利不得是不可让与的权利，如具有人身性质的权利或者依合同约定或法律规定为不可让与的权利。

(3) 须是原权利人与受让人达成合意:合同权利的让与是权利处分行为,合同中只有权利人才有权处分自己的合同权利,因此让与合同权利的人只能是原合同中的权利人。除此以外的其他人对第三人所作出的权利让与的意思表示不能发生合同权利让与的法律后果。此外,合同权利让与也是合同行为,只有让与人与受让人达成意思表示一致,取得让与的合意才能发生合同权利让与的法律效果。

此外,合同权利让与后,原合同权利人应当告知债务人。告知的具体方式可以是书面通知,也可以是口头通知或其他能将让与意思表达给债务人的方式。债务人一经接到合同权利让与的通知,合同权利让与即对其发生法律效力。如债务人没有收到让与通知,则合同权利让与合同尽管成立,但是对债务人没有法律约束力,债务人仍可以按照原合同向原权利人清偿债权,权利受让人无权向债务人主张合同权利。

三、合同义务的承担

合同义务的承担又称为合同义务的转移,是指合同义务人将其在合同中的义务全部或部分转移给第三人的行为。合同义务的承担可以分为两种情形:①合同义务的全部承担,又称为免责的债务承担;②合同义务的部分承担,又称为并存的债务承担或债务加入。

合同义务承担的成立要件主要有以下几点:

(1) 合同义务是合法有效的:这是债务转移的前提条件。如果债务自始无效或者在转移时一经消灭,则不能作为合同义务转移承担的标的。

(2) 合同义务具有可转移性:即合同义务的转移不违反合同的目的、当事人之间的约定或者法律的规定。例如演出合同、劳务合同等,必须由合同义务人亲自履行的合同则不能转移由他人承担。

(3) 合同义务的承担须经债权人同意:即合同义务人应事先将转移债务的意思告知债权人,并征得其同意。如果债权人不同意债务的转移,则债务人不得将合同义务转移给第三人。这是因为合同能否得到履行,和合同义务人的履行能力密切相关。债权人需要考量第三人的履约能力以保证合同内容的圆满实现。但是法定的合同义务移转,原则上不需要征得债权人的同意。

(4) 应当有债务承担协议:该协议一般是原合同义务人与第三人达成的有关债务移转的书面合同。该合同内容非经债权人同意,不对债权人发生法律效力。

合同义务的承担生效后,即产生相应的法律效力。如果是合同义务的部分承担,则是第三人受让了合同的部分债务,与原合同义务人共同成为合同的新债务人,向合同权利人履行义务。如果是合同义务的全部承担,则原合同义务全部转移给第三人,原合同义务人脱离合同关系,不再对合同权利人承担履行义务。新债务人可以援用原债务人的抗辩事由对抗债权人。

合同义务转移时，从属于主义务的附随义务亦一并转移。被担保的债务发生移转时，只有经过担保人认可后，担保义务才能随同主债务发生转移。

四、合同权利义务的概括转让

合同权利义务的概括转让，是指合同当事人一方将其权利义务一并转移给第三人，由第三人全部承受这些权利和义务。这样的情形只能发生在双务合同中，单务合同中合同一方不会既享有权利又承担义务，所以也不会发生将其权利义务一并转让的情形。

合同权利义务的概括转让分为全部转移和部分转移。此外，合同权利义务的概括转让方式还分为协议性的概括转让和法定的概括转让。前者是指合同关系的一方通过与第三人签订协议，经合同对方当事人的同意，将其相应的权利义务转移给第三人。后者是基于法律的规定产生的概括性转让。典型的是企业合并，企业合并后，原企业债权债务全部由新的企业概括承受。这种法定的转移，无需征得合同关系相对人的同意，依通知或公告而产生效力。

第二节　合同的消灭

一、合同消灭的概念

合同的消灭是指因一定事由的出现使合同主体之间的权利义务关系归于消灭的现象。合同设立的目的即是合同主体设立、变更、终止权利义务。一旦合同目的达到或者因其他事由而使目的无法实现，则合同的意义业已不存在，合同关系亦随之消灭。合同消灭后，当事人之间的合同与权利合同义务也不复存在。

二、合同消灭的事由

引起合同关系消灭的法律事实主要有以下几种：

（一）履行

合同的适当履行是合同消灭最普遍、最正常的原因。因为合同设立的目的是为了实现一定的利益，从而为合同主体设定了相应的权利义务。如果合同当事人适当地履行了自己的合同义务，并因此享有合同约定的权利，则合同目的也就达到了。因履行的完成是合同之债最圆满的结局。而不适当的履行往往并不导致合同的消灭，而会使合同之债转化为损害赔偿之债。

（二）抵消

抵消是指双方当事人相互负有同种类的债务，而将两项债务相互冲抵的现象。抵消可分为合意抵消和法定抵消。但是要成立抵消均需要符合以下条件：

1. 合同双方互负债务　与抗辩权适用条件不一样的是，此处不是基于同一合同所产生的债务，而是双方当事人在两个债中互为权利人和义务人。因此，两项债务的抵消也是两个权利的抵消。

2. 双方的债务为同一性质　如果双方互负的债务都是货币之债，则可以相互抵消。如果互负的债务种类不一样，其经济目的也有差异，简单的抵消并不能达到合同的目的，因此，法律不承认不同性质债务的抵消。

3. 双方的债务均已届履行期　如一方债务尚未到履行期，可拒绝对方的抵消请求。但是如果债务人自愿放弃期限利益而为抵消的，只要不违反法律规定，亦为可以。

4. 债务的性质可以抵消　如债务是与人身有关的合同所设置的，例如提供劳务、抚恤金给付等，不得抵消。因为这种做法违反了与人身有关的合同设置的目的。此外，如果当事人约定不得抵消的债务，亦不得抵消。

抵消权为形成权，有抵消权的一方当事人一旦将抵消意思通知了对方，即发生抵消的效力。双方债务相等时，相互间的债务即因抵消而全部消灭；如抵消债务存在差额，则抵消部分的债务宣告消灭。

（三）提存

提存是指债务人因权利人无正当理由拒绝接受履行或者权利人下落不明，致使合同实际履行不能，而经公证机关证明或人民法院裁定，将标的物交给有关机关保存的行为。标的物被提存之日，合同即告消灭。

提存的标的物应当易于提存，如是易燃、易爆、易腐烂等物品，应当在公证处进行提存公证后拍卖或变卖，提存其价款。债务在提存后，尽管合同因此消灭，但是合同债务人在可能的条件下，应当及时通知权利人，否则因此而造成的损失由债务人承担。如果债务人通知有困难的，应由提存机关书面通知或以公告的形式告知权利人。

提存期间所发生的保管费、公告费、拍卖费等，以及标的物所发生的自然毁损的风险均应由权利人承担。

（四）免除

免除即合同权利人自愿放弃权利，解除债务人的所负担的合同债务。这是基于当事人所享有的自由处分权而产生的权利。免除是单方的民事法律行为，权利人的免除意思一经通知债务人即发生免除效力，合同相应的权利债务关系亦随之消灭。

（五）混同

混同是指权利人、债务人合为一人，即因债的转移而使原权利债务集于一身，从而使原合同关系归于消灭。

（六）当事人协议

合同双方作为民事主体，享有当然的民事权利处分权，所以既然当事人可以协议签订合同设置权利义务，亦可协议消灭原合同关系。例如合同权利让与中，原权利人和债务人之间的合同关系即告消灭。

（七）其他原因

除以上原因外，合同还可以因其他原因而消灭，例如合同出现履行不能，或者出现了法律禁止的情形时，合同亦随之消灭。

思考题

1. 阐述合同义务承担的成立要件。
2. 比较合同消灭与合同解除、合同变更之间的异同。
3. 导致合同消灭具体有哪些事由？

推荐阅读

1. 张玉敏. 民法. 北京：高等教育出版社，2007：342 - 367
2. 李开国. 合同法. 北京：法律出版社，2002：198 - 240
3. 谢怀栻，等. 合同法原理. 北京：法律出版社，2000：201 - 276

南京中医药大学　沈爱玲

第十九章　其他与民事法律关系相关的法律制度

第一节　劳动合同法律制度

一、劳动合同法概述

（一）劳动合同法的概念

劳动合同法是调整中华人民共和国境内的企业、个体经济组织、民办非企业单位等与劳动者建立劳动关系，订立、履行、变更、解除或者终止劳动合同的法律规范的总称。

（二）劳动合同法的基本原则

《劳动合同法》第 3 条第 1 款规定了劳动合同法的基本原则，与《合同法》所规定的平等、自愿、公平、诚实信用、合法与无损社会公益等基本原则是同一的，即劳动合同属特殊的私法性合同，《合同法》中的相关原则和某些规定对劳动合同来说也是适用的。

主要包括：合法原则，公平原则，平等自愿原则，协商一致原则，诚实信用原则。

（三）劳动合同的含义与特征

1. 劳动合同的含义　劳动合同亦称劳动契约，《劳动法》第 16 条："劳动合同指劳动者与用人单位确立劳动关系、明确双方权利和义务的协议。建立劳动关系应当订立劳动合同。"劳动合同是确立劳动关系的法律形式，是产生劳动法律关系的法律事实。

一般所说的"劳动合同"有狭义和广义之分，狭义的劳动合同仅指为建立劳动法律关系而签订的合同，而广义的"劳动合同"除前者外，还包括集体合同。

2. 劳动合同的特征　与民事合同、行政合同相比，劳动合同具有以下的特征：

（1）主体具有特定性：一方是劳动者，另一方是用人单位。双方在实现劳动过程中具有支配与被支配、领导与服从的从属关系。双方当事人之间强弱对比则比较悬殊，一方是非常弱小的个体，即劳动者；另一方是实力较强的组织，即用人单位。

(2) 内容具有权利与义务的统一性和对应性：劳动者与用人单位均享有一定的权利并履行相应的义务。但劳动者的权利与用人单位的义务并非完全重合，一般来说，劳动者的权利大于用人单位的义务，如社会保险方面。

(3) 客体具有单一性：劳动合同的客体即劳动行为。从劳动合同的订立、履行过程分析，劳动权利与义务的对象实际就是劳动行为。

(4) 具有诺成、有偿、双务的特性：①双方就劳动合同条款内容依法协商达成一致意见，劳动合同即成立。②用人单位要付给劳动者报酬，义务性劳动不受劳动法调整。③双方各有其权利和义务。

(5) 涉及第三人的利益：如劳动者工资的最低标准除了能满足本人基本生活需要之外，还包括能满足其法定赡养的亲属的基本生活需要；社会保险的受益人可以是劳动者本人，也可以是其生前供养的(直系)亲属。

(6) 兼有私法与公法性：虽然《劳动法》第 17 条规定“订立和变更劳动合同，应当遵循平等自愿、协商一致的原则”，但民事法律中的契约自由、意思自治原则并不完全适用劳动合同，因为劳动合同的必要条款中有些是法定标准性条款，如工时、工资、劳动保护、社会保险都有法定的最低或最高标准，并不完全由双方约定。劳动合同是在国家干预下的当事人的意思自治。

二、劳动合同的订立

(一) 劳动合同订立的概念

劳动合同的订立，是指劳动者与用人单位就劳动合同条款达成一致，从而确立劳动关系以及明确相互间权利义务关系的法律行为。我国所采用的是广义的劳动合同订立的概念，认为劳动合同订立是指两个或者两个以上当事人，为设立、变更或者终止相互之间劳动权利义务关系而进行协商并促成合意的行为。

(二) 劳动合同订立的主体

劳动合同订立的主体是指订立劳动合同的当事人。订立劳动合同，首先要有当事人，这是订立劳动合同的前提。但并非所有的人都可以成为劳动合同当事人从而订立劳动合同。劳动合同订立主体的资格和条件，由法律明确规定。

1. 自然人　作为劳动主体的自然人，在社会中以一个独立的人格形式存在，具有独立的法律地位，可以参与劳动关系，享有劳动权利和承担劳动义务。当然，自然人要想成为劳动合同订立的主体，还必须具备相应的劳动权利能力和劳动行为能力。根据我国《劳动法》的规定，年满 16 岁的自然人便具有劳动权利能力和劳动行为能力。

2. 法人 据我国《民法通则》的规定，法人是指具有劳动权利能力和劳动行为能力，依法独立享有劳动权利和承担劳动义务的组织。根据《劳动合同法》第2条的规定：中华人民共和国境内的企业、个体经济组织、民办非企业单位等组织与劳动者建立劳动关系，订立、履行、变更、解除或者终止劳动合同，适用本法；国家机关、事业单位、社会团体和与其建立劳动合同关系的劳动者，订立、履行、变更、解除或者终止劳动合同，依照本法执行。

3. 其他组织 其他组织是指依法成立、有一定的组织机构和财产，但又不具备法人资格的组织，例如企业法人的分支机构。这类组织虽然不具备法人资格，但是他们在经过其法人授权之后，也具有劳动合同主体的劳动权利能力和劳动行为能力。

（三）劳动合同订立的程序

劳动合同订立的程序，指双方当事人订立劳动合同时应当经过的步骤。我国《劳动法》对劳动合同订立程序除“协商一致”外没有明文规定。但是劳动合同作为合同的一种，合同订立程序要约、承诺的规定也应当适用于劳动合同的订立。实践中一般经过以下几个步骤：

1. 用人单位发布用工信息。

2. 应聘者与用人单位接洽。

3. 劳动者与用人单位就建立劳动关系订立劳动合同。

三、劳动合同的内容和形式

（一）劳动合同的内容

劳动合同的内容具体体现为劳动合同的条款。一般来说，劳动合同的内容分为劳动合同的必备条款和协商条款。

1. 劳动合同的必备条款 劳动合同的必备条款也称为劳动合同的法定条款，是指《劳动法》，尤其是《劳动合同法》规定的劳动合同双方当事人应当在劳动合同当中明确约定的条款。《劳动合同法》第17条明确规定：“劳动合同应当具备以下条款：①用人单位的名称、住所和法定代表人或者主要负责人；②劳动者的姓名、住址和居民身份证或者其他有效身份证件号码；③劳动合同期限；④工作内容和工作地点；⑤工作时间和休息休假；⑥劳动报酬；⑦社会保险；⑧劳动保护、劳动条件和职业危害防护；⑨法律、法规规定应当纳入劳动合同的其他事项。”劳动合同的必备条款，也就是法律规定劳动合同必须具备的条款，只有完全具备了这些条款，劳动合同才能依法成立，才能对劳动合同双方当事人具有法律约束力。

与《劳动法》第19条的相关规定相比，新劳动合同法增加了双方当事人自然状况说明、工作、地点、工作时间和休息休假、社会保险、职业危害防护以及法律、法规规定应当纳入劳动合同的其他事项等新内容。

劳动合同必备条款中的第一项和第二项，主要是为了解决合同双方当事人身份的确认，只有当事人的身份明确、可靠，劳动合同当中所确立的权利义务才能得到切实地履行，如果用人单位或者劳动者使用假的名称或者地址，一旦发生争议就很难处理。

劳动合同期限是劳动合同双方当事人劳动权力义务关系的存续期间。劳动合同期限的确立便于当事人双方按照期限规定的时间承担权利和履行义务。

工作内容和工作地点是指劳动者为用人单位提供劳动的工作岗位、工作任务和要求的地点，也是劳动者履行劳动合同义务的地点，需要在合同中加以明确规定。从劳动者的角度来说，工作内容、工作地点就是为了明确劳动者进入用人单位以后在什么地方工作，担任何种职务、职责等。

工作时间和休息休假是指劳动合同双方当事人就工作的时间和休息休假的时间所做出的约定。工作时间和休息休假时间的约定要依照国家法律、法规的相关规定，当事人的约定必须合法。确实需要加班的，需要按照《劳动法》和《劳动合同法》的规定进行。

劳动报酬是用人单位和劳动者约定的、用人单位向劳动者支付的报酬，这是劳动者支付劳动力的等价物，也是用人单位的一项基本义务。劳动者的劳动报酬应当以货币的形式支付，其中，工资是劳动报酬的基本形式，奖金以及津贴也是劳动报酬的组成部分。在劳动合同中要求明确规定工资标准和工资的计算方法，工资支付的方式，奖金、津贴的条件以及标准。在确定工资条款时需要特别注意，工资约定的标准不得低于当地最低工资标准，也不得低于本单位集体合同中规定的最低工资标准。在劳动报酬问题上，还有一个需要特别注意的情况，就是用人单位在用工时没有与劳动者签订书面劳动合同时如何处理劳动报酬的争议问题。用人单位对于没有订立书面劳动合同的劳动者的劳动报酬，应当按照同岗位、同工种同报酬的原则来加以执行。

一般来说，以口头形式订立的劳动合同或者事实劳动关系中的劳动报酬往往不容易确定，以书面形式做成的劳动合同一般不容易发生这样的纠纷。但有时即使订立了劳动合同也会产生劳动报酬和劳动条件约定不明的情况，从而引发争议。《劳动合同法》为这种情况设定了三种解决办法：①用人单位与劳动者重新协商；②协商不成适用集体合同的规定；③没有集体合同或者集体合同未规定劳动报酬的，用人单位应当对劳动者实行同工同酬；没有集体合同或者集体合同未规定劳动条件等标准的，适用国家有关的法律法规。

劳动保护、劳动条件和职业危害防护是指用人单位应当依法为职工提供一个安全、洁净、卫生的劳动环境。前者是为保障劳动者在劳动过程中的安全和健康所采取的各项保护措施，后者是为劳动者提供符合国家劳动安全卫生标准的工作环境。

2. 劳动合同的协商条款　劳动合同的协商条款是指用人单位和劳动者双方在劳动合同的必备条款之外协商确定的条款。《劳动合同法》第 17 条第 2 款规定："劳动合同除前款规定的必备条款外，用人单位与劳动者可以约定试用期、培训、保守秘密、补充保险和福利待遇等其他事项。"

(1) 试用期条款：试用期是用人单位与劳动者相互了解、相互选择而约定的考察期，而不是培训期，可以约定也可以不约定。对劳动合同的试用期，劳动法作了较具体的限制性规定。

(2) 保守商业秘密和专有技术秘密条款：保守商业秘密和专有技术秘密是现代企业竞争越来越激烈的必然要求。这也是企业员工履行忠诚义务的具体体现。

(3) 培训条款：用人单位为劳动者提供专项培训费用，对其进行专业技术培训的，可以与该劳动者订立协议，约定服务期。劳动者违反服务期约定的，应当按照约定向用人单位支付违约金。违约金的数额不得超过用人单位提供的培训费用。用人单位要求劳动者支付的违约金不得超过服务期尚未履行部分所应分摊的培训费用。

用人单位与劳动者约定服务期的，不影响按照正常的工资调整机制提高劳动者在服务期期间的劳动报酬。

(4) 福利条款：福利待遇是指用人单位是否给职工提供住房、班车、托儿所、幼儿园、子女入学、补充保险等物质帮助。在劳动合同中约定福利条款，有助于解除职工的后顾之忧，调动职工的劳动积极性。

(二) 劳动合同的形式

劳动合同的形式，也叫劳动合同的订立形式，它是劳动合同当事人双方意思表示一致的外部表现，是劳动合同存在的外在形式。一方面，劳动合同的形式反映了当事人双方一致同意的合同内容；另一方面，也是双方当事人意思表示一致的外在表现形式。只有通过劳动合同的形式，才能证明合同内容的客观存在。根据《劳动合同法》和劳动实践，劳动合同的形式分为书面形式和事实劳动关系形式。

1. 书面形式　劳动合同的书面形式，是指劳动合同当事人采用书面文字表达方式确立相互之间权利义务关系的协议。

《劳动合同法》第 10 条"建立劳动关系，应当订立书面劳动合同"，《劳动法》第 16 条、第 19 条规定："建立劳动关系应当订立劳动合同"，"劳动合同应当以书面形式订立"，第 98 条规定："用人单位违反本法规定的条件解除劳动合同或者故意拖延不订立劳动合同的，由劳动行政部门责令改正；对劳动者造成损害的，应当承担赔偿责任”。

书面合同是由双方当事人达成权利和义务协议之后以文字形式固定下来，作为劳动关系的凭证。由于书面劳动合同比较规范，它把合同内容条文化、具体化，便于双方当事人履行和对劳动合同履行情况进行监督检查，一旦发生劳动争议有据可查。因此，书面劳动合同对于减少劳动争议，维护双方当事人合法权益都有着非常重要的作用。正是基于这种考虑，《劳动合同法》在规定了建立劳动关系应当订立书面的劳动合同的同时，规定：“已建立劳动关系，未同时订立书面劳动合同的，应当自用工前订立劳动合同。用人单位与劳动者在用工前订立劳动合同的，劳动关系自用工之日起建立”。

2. 事实劳动关系　所谓事实劳动关系，是指虽然没有订立书面劳动合同但却与用人单位建立了实际上的劳动关系。

《劳动法》和《劳动合同法》都不承认口头劳动合同，只承认事实劳动关系。《劳动合同法》第 11 条规定：“用人单位未在用工的同时订立书面劳动合同，与劳动者约定的劳动报酬不明确的，新招用的劳动者的劳动报酬按照集体合同规定的标准执行；没有集体合同或者集体合同未规定的，实行同工同酬。”《劳动合同法》不仅间接地承认了事实劳动关系，而且规定了在报酬不明确的情况下，新招用的劳动者的劳动报酬应当按照集体合同规定的标准执行，没有集体合同或者集体合同未作规定的，用人单位应当对劳动者实行同工同酬。这对于那些没有订立书面劳动合同而形成事实劳动关系的劳动者的保护力度大大提高了。

四、劳动合同的变更和解除

（一）劳动合同的变更

劳动合同变更，是指当事人双方对依法成立、尚未履行的劳动合同条款所作的修改或增减。仅指合同内容的变化，不包括劳动合同主体的变化。

用人单位与劳动者协商一致，可以变更劳动合同约定的内容。变更劳动合同，应当采用书面形式。变更后的劳动合同文本由用人单位和劳动者各执一份。

引起劳动合同变更的情况有以下几种：

1. 当事人双方协商同意。《劳动法》第 17 条：“订立和变更劳动合同，应当遵循平等自愿、协商一致的原则，不得违反法律、行政法规的规定。”

2. 在履行合同过程中，客观情况发生重变化。包括订立劳动合同时所依据的法律、法规已经修改或废止；企业经有关部门批准转产、调整生产任务，或者由于上级主管机关决定改变单位的工作任务；企业严重亏损或发生自然灾害，确实无法履行劳动合同规定的义务。

（二）劳动合同的解除

1. 劳动合同解除的概念和特征　劳动合同的解除指劳动合同有效成立以后，

尚未履行完毕之前，由于一定事由的出现，提前终止劳动合同的法律行为。

(1) 内涵：指当事人双方提前终止劳动合同的法律效力，解除双方的权利义务关系。它是因发生一定的法律事实，导致有效的劳动合同在期限届满之前终止。解除合同以合同有效为前提，无效劳动合同从订立时起就没有法律约束力，不存在解除的问题。

(2) 外延：劳动合同解除有两类：

①协商解除：是指当事人双方因某种原因，协商同意提前终止劳动合同的法律效力。《劳动法》第 24 条："经劳动合同当事人协商一致，劳动合同可以解除。"

②法定解除：是指因发生法律、法规或劳动合同规定的情况，提前终止劳动合同的法律效力。如《劳动法》第 25～32 条的规定。其中又可分为三小类：①用人单位提出解除劳动合同(如单位解雇员工)；②劳动者提出解除劳动合同(如员工提出辞职)；③法定特殊情形下的自行解除。

(3) 劳动合同的解除具有的法律特征

①劳动合同解除的前提是劳动合同是有效的，其目的在于提前使有效的劳动合同归于消灭。

②劳动合同解除必须具备解除的条件，劳动合同有效成立后，双方当事人都必须严格遵守，适当履行，不得擅自变更或解除，只有在主客观情况发生变化，符合解除条件规定的情况下，才可依法予以解除。

③劳动合同解除原则上必须有解除行为，表现为双方协商同意解除，或是一方依法单方解除。

④解除的效果仅向将来发生效力，没有溯及力，即只对未履行的部分发生效力，不涉及已履行的部分。如劳动者的工资请求权在解除劳动合同后终止，即便是双方在争议期间也不影响。

2. 劳动合同解除的条件和程序

(1) 双方协商解除劳动合同：依据《劳动法》第 24 条规定："经劳动合同当事人协商一致，劳动合同可以解除。"双方协商解除劳动合同，应由当事人双方按照要约、承诺的程序达成解除劳动合同的书面协议。

(2) 用人单位提出解除劳动合同：首先，用人单位提出解除劳动合同，可以分为以下三种情况：

①用人单位随时提出解除：劳动者不符合录用条件、有严重过错或触犯刑律，用人单位可随时通知劳动者解除劳动合同。一般适用于劳动者经试用不符合要求，或者违纪、违法达到一定程度，主观上存在一定过错的情形。

《劳动法》第 25 条、《劳动合同法》第 39 条和其他有关规定对此作了规定，主要有以下情形：

·在试用期间被证明不符合录用条件的。

·严重违反劳动纪律或者用人单位规章制度的。

·严重失职,营私舞弊,给用人单位造成重大损害的。如因玩忽职守造成事故的,因工作不负责任给用人单位造成重大损害的;贪污受贿的;泄露或出卖商业秘密的;等等。

·劳动者同时与其他用人单位建立劳动关系,对完成本单位的工作任务造成严重影响,或者经用人单位提出,拒不改正的。

·因《劳动合同法》第 26 条第 1 款第 1 项规定的情形致使劳动合同无效的。

·被依法追究刑事责任的。具体指被人民检察院免予起诉的;被人民法院判处刑罚(包括:管制、拘役、有期徒刑、无期徒刑、死刑、罚金、剥夺政治权利、没收财产)的;被人民法院依据刑法第 32 条免予刑事处分的。

·劳动者被劳动教养的,用人单位可以依据被劳动教养的事实解除与该劳动者的劳动合同。

劳动者有上述情形之一的,用人单位无须以任何形式提前通知劳动者,即可以同劳动者解除劳动合同。

②用人单位提前书面通知解除:劳动者不能胜任工作或因客观原因致使劳动合同无法履行的,用人单位可以提前书面通知劳动者解除劳动合同,又称预告辞退或非过失性辞退,指用人单位须提前在一定期限内向劳动者发出书面通知,才可解除劳动合同。一般限于在劳动者无过错的情况下由于主客观情况发生变化而导致劳动合同无法履行的情形。

根据《劳动法》第 26 条、《劳动合同法》第 40 条的规定,有下列情形之一的,用人单位可以解除劳动合同:

·劳动者患病或者非因工负伤,在规定的医疗期满后不能从事原工作,也不能从事由用人单位另行安排的工作的。医疗期指劳动者患病或者非因工负伤停止工作治病休息不得解除劳动合同的时限。

·劳动者不能胜任工作,经过培训或者调整工作岗位,仍不能胜任工作的。"不能胜任工作"指不能按要求完成劳动合同中约定的任务或者同工种、同岗位人员的工作量。但用人单位不得故意提高定额标准,使劳动者无法完成。

·劳动合同订立时所依据的客观情况发生重大变化,致使劳动合同无法履行,经用人单位与劳动者协商,未能就变更劳动合同内容达成协议的。

根据这一规定,用人单位提前 30 日以书面形式通知劳动者本人或者额外支付劳动者 1 个月工资后(即用人单位可以向被解除劳动合同的劳动者额外支付 1 个月工资来取代 30 日的预告期),这是因为解除劳动合同的原因并非劳动者个人过错,这一程序可以使劳动者有所准备,以便寻找合适的劳动岗位。

③经济性裁员：这是一种特殊的用人单位单方解除劳动合同的方式，是指企业的经营状况出现严重困难，不得不用裁员的方式来缓解经济压力的行为。经济性裁员时要严格裁员标准。首先，公开选择裁员对象的标准，标准应由《劳动法》或集体协议并将这些标准公开化。其次，赋予被裁减人员再雇佣的优先权。再次，以法定程序实施裁员，即与工人代表协商和通知主管部门，用人单位必须提前书面通知工人，用人单位还必须将同样的内容依法定期限通知地方政府（主管部门），然后，进入政府监督下的协商过程。

《劳动法》第 29 条、《劳动合同法》第 41 条等对此作了规定。

• 经济性裁员的情形：有下列情形之一，需要裁减人员 20 人以上或者裁减不足 20 人但占企业职工总数 10%以上的，用人单位提前 30 日向工会或者全体职工说明情况，听取工会或者职工的意见后，裁减人员方案经向劳动行政部门报告，可以裁减人员：

依照企业破产法规定进行重整的；生产经营发生严重困难的；企业转产、重大技术革新或者经营方式调整，经变更劳动合同后，仍需裁减人员的；其他因劳动合同订立时所依据的客观经济情况发生重大变化，致使劳动合同无法履行的。

• 经济性裁员的程序：当用人单位需要裁减人员 20 人以上或者裁减不足 20 人但占企业职工总数 10%以上的，应当遵守以下程序：

第一，用人单位提前 30 日向工会或者全体职工说明情况。第二，提出裁减人员方案，内容包括：被裁减人员名单，裁减时间及实施步骤，经济补偿办法等；第三，听取工会或者职工的意见，并进行修改和完善；第四，向当地劳动行政部门报告裁减人员方案；第五，正式公布裁减人员方案，办理解除劳动合同手续，支付相关经济补偿。

• 优先留用权和再雇佣的优先权：裁减人员时，应当优先留用下列人员：与本单位订立较长期限的固定期限劳动合同的；与本单位订立无固定期限劳动合同的；家庭无其他就业人员，有需要扶养的老人或者未成年人的。

为了防止用人单位滥用单方解除劳动合同的权利，《劳动法》第 29 条、《劳动合同法》第 42 条还专门规定了用人单位不得解除劳动合同的情况。如：患职业病或者因工负伤并被确认丧失或者部分丧失劳动能力的；患病或者负伤，在规定的医疗期内的；女职工在孕期、产期、哺乳期内的；在本单位患职业病或者因工负伤并被确认丧失或者部分丧失劳动能力的；在本单位连续工作满 15 年，且距法定退休年龄不足 5 年的；法律、行政法规规定的其他情形。劳动者有上述情形之一的，即使劳动合同期限届满，劳动者仍有权依照原劳动合同的规定享受社会保险待遇。

最后，用人单位单方解除劳动合同应遵守通知义务，出具书面证明的义务，办理转移手续的义务，招用与其他用人单位尚未解除或者终止劳动合同的劳动者，给其他用人单位造成损失的，应当承担连带赔偿责任。

(3) 劳动者单方解除劳动合同：劳动者单方解除劳动合同，是劳动者辞职权的体现，可分为以下两种情形：

①提前书面通知用人单位解除：劳动者在某一用人单位工作即实现劳动权后，由于主、客观原因不愿在该单位继续工作，可提前 30 日以书面形式通知用人单位解除劳动合同。这一规定的目的主要是保护劳动者在劳动关系中的弱者地位，维护劳动自主的权利。

②随时通知用人单位解除：指劳动者无需向用人单位通告就可以随时解除劳动合同的形式。在试用期内或用人单位有违法违约行为的情形下，劳动者可随时通知用人单位解除劳动合同，用人单位应当向劳动者支付经济补偿。根据《劳动法》第 32 条、《劳动合同法》第 38 条的规定，主要有以下情形：

·未按照劳动合同约定提供劳动保护或者劳动条件的。

·未及时足额支付劳动报酬的。

·未依法为劳动者缴纳社会保险费的。

·用人单位的规章制度违反法律、法规的规定，损害劳动者权益的。

·因本法第 26 条第 1 款规定的情形致使劳动合同无效的。

·法律、行政法规规定劳动者可以解除劳动合同的其他情形。

·用人单位以暴力、威胁或者非法限制人身自由的手段强迫劳动者劳动的①，或者用人单位违章指挥、强令冒险作业危及劳动者人身安全的，劳动者可以立即解除劳动合同，不需事先告知用人单位。

(4) 劳动合同自行解除：只适用法律规定的特殊情况，并且无须履行解除劳动合同的手续。根据我国有关劳动法规的规定，劳动者被除名、开除、劳动教养，以及被判刑的，劳动合同自行解除。

3. 解除劳动合同的经济补偿　解除劳动合同的经济补偿是指因解除劳动合同而由用人单位一次性给予劳动者经济补偿金。

(1) 用人单位解除劳动合同给予劳动者经济补偿的条件：《劳动合同法》第 46 条规定，有下列情形之一的，用人单位应当向劳动者支付经济补偿：

①劳动者符合随时通知用人单位解除劳动合同规定，解除劳动合同的。

②由用人单位提出、经双方协商一致解除劳动合同的。

③用人单位符合书面提前通知解除规定，解除劳动合同的。

④符合经济性裁员规定解除劳动合同的。

---

① 《刑法》第 244 条规定了强迫劳动罪：对直接责任人员处 3 年以下有期徒刑或者拘役，并处或单处罚金。

⑤除用人单位维持或者提高劳动合同约定条件续订劳动合同，劳动者不同意续订的情形外，因劳动合同期满而终止固定期限劳动合同的。

⑥因用人单位被依法宣告破产或用人单位被吊销营业执照、责令关闭、撤销或者用人单位决定提前解散，而终止劳动合同的。

⑦法律、行政法规规定的其他情形。

（2）解除劳动合同的经济补偿办法：《劳动合同法》对解除劳动合同的经济补偿的具体办法作了规定：经济补偿按劳动者在本单位工作的年限，每满一年支付一个月工资的标准向劳动者支付。6 个月以上不满一年的，按一年计算；不满 6 个月的，向劳动者支付半个月工资的经济补偿。

劳动者月工资高于用人单位所在直辖市、设区的市级人民政府公布的本地区上年度职工月平均工资 3 倍的，向其支付经济补偿的标准按职工月平均工资 3 倍的数额支付，向其支付经济补偿的年限最高不超过 12 年。

注：这里所称月工资是指劳动者在劳动合同解除或者终止前 12 个月的平均工资。

（3）解除劳动合同时应承担的责任

①继续履行：用人单位违反劳动合同法的规定解除或者终止劳动合同，劳动者要求继续履行劳动合同的，用人单位应当继续履行；劳动者不要求继续履行劳动合同或者劳动合同已经不能继续履行的，用人单位应当依法支付赔偿金。

②保障保险义务：国家采取措施，建立健全劳动者社会保险关系跨地区转移接续制度。

③出具书面证明、办理转移手续等相关义务：用人单位应当在解除或者终止劳动合同时出具解除或者终止劳动合同的证明，并在 15 日内为劳动者办理档案和社会保险关系转移手续。

劳动者应当按照双方约定，办理工作交接。用人单位依照法律有关规定应当向劳动者支付经济补偿的，在办结工作交接时支付。

用人单位对已经解除或者终止的劳动合同的文本，至少保存 2 年备查。

④赔偿责任

· 用人单位解除或者终止劳动合同，未依照本法规定向劳动者支付经济补偿的，由劳动行政部门责令限期支付；逾期不支付的，责令用人单位按应付金额 50%以上 100%以下的标准向劳动者加付赔偿金。

· 用人单位违反本法规定解除或者终止劳动合同的，应当依照《劳动合同法》规定的经济补偿标准的 2 倍向劳动者支付赔偿金。

· 用人单位违反法律规定未向劳动者出具解除或者终止劳动合同的书面证明，由劳动行政部门责令改正；给劳动者造成损害的，应当承担赔偿责任。

·用人单位招用与其他用人单位尚未解除或者终止劳动合同的劳动者，给其他用人单位造成损失的，应当承担连带赔偿责任。

第二节 反不正当竞争法律制度

一、反不正当竞争法概述

（一）反不正当竞争法的概念

反不正当竞争法，是指调整在制止不正当竞争过程中发生的社会关系的法律规范的总称。

（二）不正当竞争的概念和特征

不正当竞争，是指经营者违反法律规定，损害其他经营者的合法权益，扰乱社会经济秩序的行为。

不正当竞争至少包括以下特征：

1. 行为的违法性　不正当竞争不仅指违反反不正当竞争法律规范的行为，还包括违背法律原则的行为。

2. 行为的反商业道德性　经营者在市场交易中，应当遵循自愿、平等、公平、诚实信用的原则，遵守公认的商业道德，不正当竞争违反了商业道德。

3. 侵权对象的特定性　不正当竞争侵害了其他经营者的合法权益。

4. 行为的危害性　不正当竞争不仅侵害其他经营者的合法权益，还扰乱了社会经济秩序，并最终损害消费者的利益。

（三）经营者

经营者是指从事商品经营或者营利性服务的法人、其他经济组织和个人。从主体性质上看，经营者包括法人、其他经济组织和个人；从营业性质上看，经营者包括商品的生产者、销售者和服务的提供者。

二、不正当竞争行为的类型

（一）假冒行为

假冒行为是指经营者对商业标识进行不正当的相同或类似使用，以使人产生混淆或引人误解的不正当竞争行为。

经营者不得采用下列不正当手段从事市场交易，损害竞争对手利益：①假冒他人的注册商标；②擅自使用知名商品特有的名称、包装、装潢，或者使用与知名商品近似的名称、包装、装潢，造成和他人的知名商品相混淆，使购买者误认为是该知名商品；③擅自使用他人的企业名称或者姓名，引人误认为是他人的商品；④在商品上伪造或者冒用认证标志、名优标志等质量标志，伪造产地，对商品质量作引人误解的虚假表示。

（二）限购排挤行为

限购排挤行为是指公用企业或者其他依法具有独占地位的经营者，限定他人购买其指定的经营者的商品，以排挤其他经营者公平竞争的行为。

限购排挤行为的主体是公用企业或者其他依法具有独占地位的经营者。包括两类：一类是公用企业，是指涉及公用事业的经营者，包括供水、供电、供热、供气、邮政、电讯、交通运输等行业的经营者；另一类是其他依法具有独占地位的经营者，是指公用企业以外的由法律、法规、规章或者其他合法的规范性文件赋予其从事特定商品或服务的独占经营资格的经营者。

所谓独占地位，是指经营者的市场准入受到法律、法规、规章或者其他合法的规范性文件的特别限制，该经营者在相关市场上独家经营或者没有充分的竞争，以及用户或者消费者对其提供的商品具有较强的依赖性的经营地位。如新华书店依法具有从事中小学教材征订和发行经营活动的独占地位。

（三）滥用行政权力行为

滥用行政权力行为是指政府及其所属部门不正当地行使行政权力以限制竞争的行为。包括指定交易行为和地方封锁行为。

政府及其所属部门不得滥用行政权力，限定他人购买其指定的经营者的商品，限制其他经营者正当的经营活动。政府及其所属部门不得滥用行政权力，限制外地商品进入本地市场，或者本地商品流向外地市场。

（四）商业贿赂行为

商业贿赂行为是指经营者在为争取交易机会，暗中给予交易对方或者相关人员财物或其他利益的不正当竞争行为。在现实的交易活动中，以回扣、折扣、佣金等名义给予对方财物或其他利益以争取交易机会的现象较为普遍，这些行为如果构成商业贿赂行为，则会破坏公平的市场竞争秩序，为法律所禁止。

（五）虚假宣传行为

虚假宣传行为是指经营者利用广告或者其他方法，对商品的质量、制作成分、性能、用途、生产者、有效期限、产地等作引人误解的不实宣传的不正当竞争行为。广告的经营者不得在明知或者应知的情况下，代理、设计、制作、发布虚假广告。虚假宣传行为违反商业道德，欺骗和误导消费者，侵犯了同行业竞争对手的合法权益，必须予以禁止。

（六）侵犯商业秘密行为

所谓商业秘密，是指不为公众所知悉、能为权利人带来经济利益、具有实用性并经权利人采取保密措施的技术信息和经营信息。商业秘密具有秘密性、经济性、实用性、保密性的特征。

侵犯商业秘密行为是指以不正当的手段获取、披露、使用或允许他人使用权利人的商业秘密的行为。商业秘密权是一种无形财产权，是权利人劳动的智力成果，侵犯商业秘密行为侵犯了他人的商业秘密权利，已经或可能对权利人造成损害，同时扰乱了正常的公平竞争秩序，必须予以规制。

（七）低价排挤行为

低价排挤行为是指以排挤竞争对手为目的，以低于成本的价格销售商品的不正当竞争行为。价格策略是经营者进行竞争的有效手段，低价排挤行为违背了价值规律，经营者的行为客观上侵犯了他人的公平交易权利和市场的正常竞争秩序。

低价排挤行为不同于正常的低价销售行为，经营者也会因为特殊原因以低于成本的价格销售商品，其目的不是为了排挤竞争对手，而是为了解决自身的一些困难。如销售鲜活商品；处理有效期限即将到期的商品或者其他积压的商品；季节性降价；因清偿债务、转产、歇业降价销售商品等，则不属于不正当竞争行为。

（八）附加不合理条件的行为

附加不合理条件的行为是指经营者在销售商品时违背购买者的意愿搭售商品或者附加其他不合理的条件的不正当竞争行为。搭售行为是指经营者违背购买者的意愿，在销售一种商品或服务时，要求购买者以购买另一种商品或服务为条件。附加其他不合理的条件的行为是指经营者违背购买者的意愿，在销售一种商品或服务时，要求购买者接受搭售商品或服务以外的不合理条件的行为。

（九）不正当的有奖销售行为

不正当的有奖销售行为是指经营者销售商品或者提供服务时，采取不正当的手段，附带性地向购买者提供物品、金钱或者其他经济上的利益的不正当竞争行为。有奖销售，是指经营者销售商品或者提供服务时，附带性地向购买者提供物品、金钱或者其他经济上的利益的行为，包括奖励所有购买者的附赠式有奖销售和奖励部分购买者的抽奖式有奖销售，是经营者常用的市场竞争手段，可以促进商品的销售。《反不正当竞争法》不是禁止有奖销售，而是禁止有奖销售活动中的不正当竞争行为。因为不正当的有奖销售行为是欺骗性交易行为，破坏了公平竞争的市场秩序。

（十）诋毁商誉行为

诋毁商誉行为，又称商业诽谤行为，是指经营者捏造、散布虚伪事实，损害竞争对手的商业信誉、商品声誉的不正当竞争行为。商业信誉是社会对经营者商业道德、商品品质、价格、服务等方面的积极评价。商品声誉是社会对特定商品品质、性能的赞誉*，能给经营者带来巨大的经济效益和市场竞争中的优势地位。而诋毁商誉行为则损害了他人的经济利益和竞争优势。

（十一）通谋投标行为

通谋投标行为是指投标者之间串通投标，抬高标价或者压低标价，或者投标者和招标者相互勾结，以排挤竞争对手的公平竞争的行为。招标投标是一种竞争性缔约方式，如果当事人在招标投标的过程中相互串通，使招标投标的竞争性降低，则会失去该制度的意义和作用，因此，对这种行为应予禁止。通谋投标行为具体包括：投标者之间串通投标，抬高标价或者压低标价；投标者和招标者相互勾结，以排挤竞争对手的不公平竞争的行为。

三、法律责任

（一）民事责任

《反不正当竞争法》第 20 条规定，经营者违反该法的规定，给被侵害的经营者造成损害的，应当承担损害赔偿责任，被侵害的经营者的损失难以计算的，赔偿额为侵权人在侵权期间因侵权所获得的利润；并应当承担被侵害的经营者因调查该经营者侵害其合法权益的不正当竞争行为所支付的合理费用。可见，不正当竞争行为的民事责任的承担方式主要是损害赔偿，应当还包括停止侵害、消除影响、赔礼道歉、恢复名誉等形式。损害赔偿责任实行补偿性原则，赔偿范围包括直接损失、可得利益的损失以及合理的调查费用。为便于保护合法经营者的正当权益，法律规定，被侵害的经营者的损失难以计算的，赔偿额为侵权人在侵权期间因侵权所获得的利润，提高了该法律规范的可操作性。

（二）行政责任

应当承担行政责任的情形，具体包括：①经营者假冒他人的注册商标，擅自使用他人的企业名称或者姓名，伪造或者冒用认证标志、名优标志等质量标志，伪造产地，对商品质量作引人误解的虚假表示的；②经营者擅自使用知名商品特有的名称、包装、装潢，或者使用与知名商品近似的名称、包装、装潢，造成和他人的知名商品相混淆，使购买者误认为是该知名商品的；③经营者采用财物或者其他手段进行贿赂以销售或者购买商品，不构成犯罪的；④公用企业或者其他依法具有独占地位的经营者，限定他人购买其指定的经营者的商品，以排挤其他经营者公平竞争的，以及被指定的经营者借此销售质次价高商品或者滥收费用的；⑤经营者利用广告或者其他方法，对商品作引人误解的虚假宣传的，以及广告的经营者，在明知或者应知的情况下，代理、设计、制作、发布虚假广告的；⑥侵犯商业秘密的；⑦实施不正

---

* 杨紫烜. 经济法. 北京：北京大学出版社，高等教育出版社，2001：191

当的有奖销售行为的;⑧投标者串通投标,抬高标价或者压低标价;投标者和招标者相互勾结,以排挤竞争对手的公平竞争的;⑨经营者有违反被责令暂停销售,不得转移、隐匿、销毁与不正当竞争行为有关的财物的行为的;⑩政府及其所属部门违法限定他人购买其指定的经营者的商品、限制其他经营者正当的经营活动,或者限制商品在地区之间正常流通的,以及被指定的经营者借此销售质次价高商品或者滥收费用的;⑪监督检查不正当竞争行为的国家机关工作人员滥用职权、玩忽职守,不构成犯罪的。

承担行政责任的方式,具体包括责令停止违法行为、消除影响、没收违法所得、罚款、吊销营业执照、责令改正、行政处分等。

（三）刑事责任

违反《反不正当竞争法》,构成犯罪的,应当追究刑事责任的行为包括:①销售伪劣商品的;②经营者采用财物或者其他手段进行贿赂以销售或者购买商品的;③监督检查不正当竞争行为的国家机关工作人员滥用职权、玩忽职守的;④监督检查不正当竞争行为的国家机关工作人员徇私舞弊,对明知有违反本法规定构成犯罪的经营者故意包庇不使他受追诉的。

第三节　产品质量法律制度

一、产品质量法概述

产品质量法,是指调整产品质量规制关系的法律规范的总称。

产品有广义狭义之分。广义的产品是指人类的一切劳动成果,包括动产与不动产,有形产品与无形产品,工业品与农产品。狭义的产品是指法律意义上的产品,是指经营者能够对其质量加以控制的加工物品,而不包括内在质量主要取决于自然因素的产品。

二、产品质量的管理和监督

质量监督管理制度是指由产品质量法确认的互相联系、互相依存的管理规定系统。《产品质量法》总结我国产品质量管理工作的实践经验,借鉴国外立法,确立以下制度:

（一）企业内部监督管理制度

《产品质量法》第 3 条规定,生产者、销售者应当建立健全内部产品质量管理制度，严格实施岗位质量规范、质量责任以及相应的考核办法。

生产者、销售者内部的质量管理，属于经营自主权范畴，在市场经济条件下，主要依靠市场竞争机制的作用，促使经营者加强内部质量管理，以取得竞争优势。但现实中，一些经营者质量管理工作薄弱，是造成产品质量问题的重要原因之一，《产品质量法》赋予经营者内部监督管理义务，有助于提高产品质量水平。

1. 标准化监督管理制度　产品质量标准是对产品特性所作的技术规定，是判断产品质量是否合格的技术依据。《产品质量法》第 12 条规定，产品质量应当检验合格，不得以不合格产品冒充合格产品。第七届全国人民代表大会常务委员会第五次会议于 1988 年 12 月 29 日通过了《中华人民共和国标准化法》。

产品质量标准有多种分类。根据制定主体的不同，可以分为国家标准、行业标准、地方标准、企业标准；根据强制性的不同，可以分为强制标准和推荐性标准。国家标准、行业标准分为强制标准和推荐性标准。保障人体健康，人身、财产安全的标准和法律、行政法规规定强制执行的标准是强制标准，其他标准是推荐性标准。

2. 质量认证制度　质量认证制度，是指由认证机构证明产品、服务、管理体系符合相关技术规范或标准的制度，分为企业质量体系认证制度和产品质量认证制度。《中华人民共和国认证认可条例》已于 2003 年 11 月 1 日起施行。

企业质量体系认证制度，是指由认证机构证明企业管理体系符合相关技术规范或标准的制度。《产品质量法》第 14 条第 1 款规定，国家根据国际通用的质量管理标准，推行企业质量体系认证制度。企业根据自愿原则可以向国务院产品质量监督部门认可的或者国务院产品质量监督部门授权的部门认可的认证机构申请企业质量体系认证。经认证合格的，由认证机构颁发企业质量体系认证证书。

产品质量认证制度，是指由认证机构证明产品符合相关技术规范或标准的制度。《产品质量法》第 14 条第 2 款规定，国家参照国际先进的产品标准和技术要求，推行产品质量认证制度。企业根据自愿原则可以向国务院产品质量监督部门认可的或者国务院产品质量监督部门授权的部门认可的认证机构申请产品质量认证。经认证合格的，由认证机构颁发产品质量认证证书，准许企业在产品或者其包装上使用产品质量认证标志。

3. 产品质量的监督检查制度　产品质量的监督检查制度，是指产品质量的监管机构依照法定的职权和程序对产品质量实施监督检查的法律制度，是一种行政强制措施。

监督检查的对象有三种：①对可能危及人体健康和人身、财产安全的产品；②影响国计民生的重要工业产品；③消费者、有关组织反映有质量问题的产品。

另外，《产品质量法》第 25 条还规定，产品质量监督部门或者其他国家机关以及产品质量检验机构不得向社会推荐生产者的产品；不得以对产品进行监制、监销等方式参与产品经营活动。

三、生产者、销售者的产品质量义务

(一)生产者的产品质量义务

1. 积极义务

(1)默示担保义务和明示担保义务:《产品质量法》第 26 条第 2 款规定,产品质量应当符合下列要求:①不存在危及人身、财产安全的不合理的危险,有保障人体健康和人身、财产安全的国家标准、行业标准的,应当符合该标准;②具备产品应当具备的使用性能,但对产品存在使用性能的瑕疵作出说明的除外;③符合在产品或者其包装上注明采用的产品标准,符合以产品说明、实物样品等方式表明的质量状况。前两项为默示担保义务,第三项为明示担保义务。

(2)标识义务:产品标识,是指用于识别产品及其质量、数量、特征、特性和使用方法所做的各种表示的统称。除产品使用说明外,产品标识应当标注在产品或者产品的销售包装上。《产品质量法》第 27 条规定,产品或者其包装上的标识必须真实,并符合下列要求:①有产品质量检验合格证明。②有中文标明的产品名称、生产厂厂名和厂址。③根据产品的特点和使用要求,需要标明产品规格、等级、所含主要成分的名称和含量的,用中文相应予以标明;需要事先让消费者知晓的,应当在外包装上标明,或者预先向消费者提供有关资料。④限期使用的产品,应当在显著位置清晰地标明生产日期和安全使用期或者失效日期。⑤使用不当,容易造成产品本身损坏或者可能危及人身、财产安全的产品,应当有警示标志或者中文警示说明。裸装的食品和其他根据产品的特点难以附加标识的裸装产品,可以不附加产品标识。

(3)特殊产品的包装和警示义务:《产品质量法》第 28 条规定,易碎、易燃、易爆、有毒、有腐蚀性、有放射性等危险物品以及储运中不能倒置和其他有特殊要求的产品,其包装质量必须符合相应要求,依照国家有关规定作出警示标志或者中文警示说明,标明储运注意事项。

2. 消极义务　禁止产品质量欺诈行为。《产品质量法》规定,禁止伪造或者冒用认证标志等质量标志;禁止伪造产品的产地,伪造或者冒用他人的厂名、厂址;禁止在生产、销售的产品中掺杂、掺假,以假充真,以次充好;不得以不合格产品冒充合格产品。

生产者不得生产国家明令淘汰的产品。国家淘汰的产品多是产品性能落后,耗能高,效能小,环境污染较大,毒副作用大,对人体健康或者人身、财产安全和动植物安全危害较大,必须予以禁止。

(二)销售者的产品质量义务

1. 积极义务　《产品质量法》规定,销售者应当建立并执行进货检查验收制

度，验明产品合格证明和其他标识，又称为索证制度；应当采取措施，保持销售产品的质量，如防虫、防潮、防腐等；销售的产品的标识应当符合法律规定的标识要求。

2. 消极义务　禁止产品质量欺诈行为。《产品质量法》规定，禁止伪造或者冒用认证标志等质量标志；禁止伪造产品的产地，伪造或者冒用他人的厂名、厂址；禁止在销售的产品中掺杂、掺假，以假充真，以次充好；不得以不合格产品冒充合格产品。

销售者不得销售国家明令淘汰并停止销售的产品和失效、变质的产品。

四、产品质量责任

产品质量责任，是指因违反了产品质量义务或不当行使产品质量权利所产生的，由行为人承担的不利后果。

承担产品质量责任的主体包括生产者、销售者、产品质量检验机构、认证机构、行政机关。另外，《产品质量法》第 61、62 条还规定了其他主体，知道或者应当知道属于本法规定禁止生产、销售的产品而为其提供运输、保管、仓储等便利条件的，或者为以假充真的产品提供制假生产技术的，服务业的经营者将禁止销售的产品用于经营性服务的，应当承担相应的法律责任。

（一）民事责任

产品质量民事责任，按照通常说法，产品质量民事责任包括产品瑕疵担保责任和产品缺陷责任（产品责任）。

1. 产品瑕疵担保责任　产品瑕疵担保责任，是指经营者因违反默示担保义务或明示担保义务须承担的法律责任，承担方式是修理、更换、退货和赔偿损失。

责任主体包括销售者、生产者，销售者直接承担产品瑕疵担保责任，生产者和供货者间接承担产品瑕疵担保责任。《产品质量法》第 40 条第 2 款规定，销售者依法承担产品瑕疵担保责任后，属于生产者的责任或者属于向销售者提供产品的其他销售者（以下简称供货者）的责任的，销售者有权向生产者、供货者追偿。

产品瑕疵担保责任适用《民法通则》第 136 条规定，诉讼时效期限为 1 年。

2. 产品缺陷责任　产品缺陷责任，即产品责任，是指因产品缺陷引起的损害赔偿责任。承担责任的方式是赔偿人身损失和财产损失。

另外，《产品质量法》还对连带责任作出了规定。产品质量认证机构对因产品不符合认证标准给消费者造成的损失，与产品的生产者、销售者承担连带责任；社会团体、社会中介机构对产品质量作出承诺、保证，而该产品又不符合其承诺、保证的质量要求，给消费者造成损失的，与产品的生产者、销售者承担连带责任。

（二）刑事责任

《产品质量法》对严重违反该法并构成犯罪的行为规定了刑事责任。包括：

①生产、销售不符合保障人体健康和人身、财产安全的国家标准、行业标准的产品的。②在产品中掺杂、掺假，以假充真，以次充好，或者以不合格产品冒充合格产品的。③销售失效、变质的产品的。④产品质量检验机构、认证机构伪造检验结果或者出具虚假证明的。⑤知道或者应当知道属于该法规定禁止生产、销售的产品而为其提供运输、保管、仓储等便利条件的，或者为以假充真的产品提供制假生产技术的。⑥各级人民政府工作人员和其他国家机关工作人员有下列情形之一的：包庇、放纵产品生产、销售中违反该法规定行为的；向从事违反该法规定的生产、销售活动的当事人通风报信，帮助其逃避查处的；阻挠、干预产品质量监督部门或者工商行政管理部门依法对产品生产、销售中违反该法规定的行为进行查处，造成严重后果的。⑦产品质量监督部门或者工商行政管理部门的工作人员滥用职权、玩忽职守、徇私舞弊的。⑧以暴力、威胁方法阻碍产品质量监督部门或者工商行政管理部门的工作人员依法执行职务的。

第四节　消费者权益保护法律制度

一、消费者权益保护法概述

消费者权益保护法，是指调整保护消费者权益过程中所产生的社会关系的法律规范的总称。我国于1994年颁布实施《中华人民共和国消费者权益保护法》(以下简称《消费者权益保护法》)。2013年10月25日第十二届人民代表大会常务委员会第五次会议修改《消费者权益保护法》，并于2014年3月15日正式实施。

二、消费者与消费者权利

所谓消费者，是指为满足生活消费需要而购买、使用商品或者接受服务的自然人。

消费者权利，是指在生活消费中依法所享有的权利的总和。各国法律所规定的消费者的具体权利不尽相同，但一些基本权利是相同的。根据《消费者权益保护法》，我国消费者依法享有相对独立且相互关联的九项权利。

1. 安全保障权　消费者在购买、使用商品和接受服务时享有人身、财产安全不受损害的权利。消费者有权要求经营者提供的商品和服务，符合保障人身、财产安全的要求。安全保障权是最基本的消费者权利，安全得不到有效保障，其他权利的享有便无从谈起。安全保障权具体包括人身安全权和财产安全权两项权能。

2. 知情权　知情权又称知悉真情权、获取信息权、了解权，是消费者享有知悉其购买、使用的商品或者接受的服务的真实情况的权利。该权利特征有二：一是真实性，消费者享有知悉其购买使用的商品或接受的服务的真实情况的权利；二是全面性，消费者有权根据商品或者服务的不同情况，要求经营者提供商品的价格、产地、生产者、用途、性能、规格、等级、主要成分、生产日期、有效期限、检验合格证明、使用方法说明书、售后服务，或者服务的内容、规格、费用等有关情况。

3. 自主选择权　自主选择权是消费者享有自主选择商品或者服务的权利。自主选择权的内容具体包括：①自主选择提供商品或者服务的经营者；②自主选择商品品种或者服务方式；③自主决定购买或者不购买任何一种商品、接受或者不接受任何一项服务；④在自主选择商品或者服务时，有权进行比较、鉴别和挑选。

4. 公平交易权　公平交易权是指消费者在购买商品或者接受服务时，享有获得质量保障、价格合理、计量正确等公平交易条件和拒绝经营者的强制交易行为的权利。具体包括两项内容：①获取公平交易条件，主要包括质量保障、价格合理、计量正确三项具体内容；②拒绝强制交易行为，消费者有权按照自己真实的意愿购买商品或者接受服务，有权拒绝经营者的强制交易行为。

5. 获得赔偿权　获得赔偿权是指消费者因购买、使用商品或者接受服务受到人身、财产损害的，享有依法获得赔偿的权利。无救济则无权利，获得赔偿权是保护消费者权益的重要权利，具体包括两方面的内容：①人身损害的赔偿，无论是生命健康的损害还是精神损害均可求偿；②财产损害的赔偿，包括直接损失和间接损失。

6. 依法结社权　依法结社权是指消费者享有依法成立维护自身合法权益的社会组织的权利。依法结社权是宪法规定的公民基本权利中的结社权在消费者权益保护法中的具体体现，同经营者相比消费者在交易中处于弱势地位，赋予消费者依法结社权可以改善消费者的弱势地位。1960 年，国际消费者组织联盟（IOCU）在美国、英国、荷兰、澳大利亚和比利时 5 国的消费者组织的发起下宣告成立，该组织是一个独立的、非盈利的、非政治性的组织。中国消费者协会于 1987 年 9 月加入国际消费者联盟组织。

7. 获取知识权　获取知识权是指消费者享有获得有关消费和消费者权益保护方面的知识的权利。所谓消费知识，是指有关商品和服务的知识。获取知识的方式包括接受教育和自我教育，《消费者权益保护法》规定，消费者应当努力掌握所需商品或者服务的知识和使用技能，正确使用商品，提高自我保护意识，应当说获取知识权既是消费者的权利，也是消费者的义务。

8. 受尊重权　受尊重权是指消费者在购买、使用商品和接受服务时，享有其人格尊严、民族风俗习惯得到尊重的权利，享有个人信息依法得到保护的权利。人格权是公民的基本权利，在消费活动中，消费者的人格尊严不容侵犯。同时，各民族具有同等的法律地位，尊重消费者的民族风俗习惯，有利于构建一个和谐的社会。个人信息作为个人隐私权理应受到法律的保护。

9. 监督批评权　监督批评权是指消费者依法享有对商品和服务以及保护消费者权益工作进行监督的权利。一方面，消费者有权对经营者所提供的商品和服务进行监督；另一方面，消费者有权检举、控告侵害消费者权益的行为和国家机关及其工作人员在保护消费者权益工作中的违法失职行为，有权对保护消费者权益工作提出批评、建议。

三、经营者的义务

为了充分保护消费者的权利，《消费者权益保护法》既以专章的形式规定了消费者的九项权利，还以专章的形式规定了经营者的十项义务，二者是相辅相成的，最终目的都是为了维护消费者的合法权益。

1. 经营者的法定义务和约定义务　经营者向消费者提供商品或者服务。这是经营者的首要义务，是对经营者的最基本的要求；同时，经营者和消费者有约定的，应当按照约定履行义务，但双方的约定不得违背法律、法规的规定。经营者向消费者提供商品或服务应当恪守社会公德、诚信经营、保障消费者合法权益，不得设定不公平、不合理交易条件，不得强制交易。

2. 接受监督的义务　经营者应当听取消费者对其提供的商品或者服务的意见，接受消费者的监督。法律规定经营者的接受监督的义务，能够更好的落实和保护消费者的监督批评权。

3. 保障人身和财产安全的义务　经营者应当保证其提供的商品或者服务符合保障人身、财产安全的要求。具体包括两项内容：①危害警示义务，经营者对可能危及人身、财产安全的商品和服务，应当向消费者作出真实的说明和明确的警示，并说明和标明正确使用商品或者接受服务的方法以及防止危害发生的方法；②危害防止义务，经营者发现其提供的商品或者服务存在严重缺陷，即使正确使用商品或者接受服务仍然可能对人身、财产安全造成危害的，应当立即向有关行政部门报告和告知消费者，停止销售、警示、无害化处理、销毁、停止生产或者服务等措施。经营者对存在严重缺陷的商品应当主动召回。宾馆、商场、餐馆、银行、机场、车站、港口、影剧院等场所经营者应当对消费者尽到安全保障义务。

4. 提供真实信息的义务　获得真实信息是保障消费者行使自主选择权的前提和基础。经营者向消费者提供有关商品或者服务的质量、技能、用途、有效期等信息，应当真实全面，不得做虚假或引人误解的宣传。经营者对消费者就其提供的商品或者服务的质量和使用方法等问题提出的询问，应当作出真实、明确的答复。经营者提供商品或服务应当明码标价。

5. 标明真实名称和标记的义务 经营者应当标明其真实名称和标记。租赁他人柜台或者场地的经营者，应当标明其真实名称和标记。经营者不标明其真实名称和标记，会造成与其他经营者相混淆，从而使消费者无法真正行使其自主选择提供商品或者服务的经营者的权利，同时，经营者标明其真实名称和标记，也更易区别经营者的法律责任。

6. 出具凭证或单据的义务 经营者提供商品或者服务，应当按照国家有关规定或者商业惯例向消费者出具发票等购货凭证或者服务单据；消费者索要发票等购货凭证或者服务单据的，经营者必须出具。凭证或单据主要指发票、收据、购货卡、服务卡、保修证等文书，是记载双方权利和义务的书面凭证，同时也是消费者要求经营者履行义务、保护自身合法权益的重要证据。值得注意的是，无论消费者有无凭证或单据，都不能排除经营者的法律义务，也不能剥夺消费者的合法权益。

7. 保证质量的义务 保证质量的义务是一种担保义务，包括默示担保义务和明示担保义务。具体而言，默示担保义务是指经营者应当保证在正常使用商品或者接受服务的情况下其提供的商品或者服务应当具有的质量、性能、用途和有效期限；但消费者在购买该商品或者接受该服务前已经知道其存在瑕疵且该瑕疵不违反法律强制性规定的除外。明示担保义务是指经营者以广告、产品说明、实物样品或者其他方式表明商品或者服务的质量状况的，应当保证其提供的商品或者服务的实际质量与表明的质量状况相符。经营者提供的机动车、计算机、电视机、电冰箱、空调器、洗衣机等耐用商品或者装饰装修等服务，消费者自接受商品或者服务之日起 6 个月内发现瑕疵，发生争议的，由经营者承担有关瑕疵的举证责任。

8. 承担“三包”或其他责任的义务 经营者提供的商品或者服务不符合质量要求的，消费者可以依照国家规定、当事人约定退货，或者要求经营者履行更换、修理等义务。没有国家规定和当事人约定的，消费者可以自收到商品之日起七日内退货；七日后符合法定解除合同条件的，消费者可以及时退货，不符合法定解除合同条件的，可以要求经营者履行更换、修理等义务。“三包”义务包括法定义务和约定义务，列入国务院产品质量监督管理部门发布的实施三包的商品目录（以下简称目录）的商品，为法定“三包”义务；经营者与消费者协商确定的“三包”责任为约定“三包”义务。根据国家经济贸易委员会等于 1995 年 8 月 25 日发布的《部分商品修理更换退货责任规定》，列入目录的产品实行谁经销谁负责的“三包”原则，销售者与生产者、销售者与供货者、销售者与修理者之间订立的合同，不得免除法定的三包责任和义务。目录中规定的指标是履行三包规定的最基本要求。国家鼓励销售者和生产者制定严于本规定的三包实施细则。法律规定不免除未列入目录产品的三包责任和销售者、生产者向消费者承诺的高于列入目录产品三包的责任。

四、法律责任

（一）民事责任

经营者提供商品或者服务有下列情形之一的，承担民事责任：①商品或者服务存在缺陷的；②不具备商品应当具备的使用性能而出售时未作说明的；③不符合在商品或者其包装上注明采用的商品标准的；④不符合商品说明、实物样品等方式表明的质量状况的；⑤生产国家明令淘汰的商品或者销售失效、变质的商品的；⑥销售的商品数量不足的；⑦服务的内容和费用违反约定的；⑧对消费者提出的修理、重作、更换、退货、补足商品数量、退还货款和服务费用或者赔偿损失的要求，故意拖延或者无理拒绝的；⑨法律、法规规定的其他损害消费者权益的情形。经营者对消费者未尽到安全保障义务，造成消费者损害的，应当承担侵权责任。

侵犯人身权的民事责任：①造成伤害的民事责任：经营者提供商品或者服务，造成消费者或者其他受害人人身伤害的，应当赔偿医疗费、护理费、交通费等为治疗和康复支出的合理费用，以及因误工减少的收入。造成残疾的，还应当赔偿残疾生活辅助具费和残疾赔偿金。②造成死亡的民事责任：经营者提供商品或者服务，造成消费者或者其他受害人死亡的，应当支付丧葬费、死亡赔偿金。③侵害人格尊严或者侵犯人身自由的民事责任：经营者侵害消费者的人格尊严、侵犯消费者人身自由或者侵害消费者个人信息依法得到保护的权利的，应当停止侵害、恢复名誉、消除影响、赔礼道歉，并赔偿损失。经营者有侮辱诽谤、搜查身体、侵犯人身自由等侵害消费者或者其他受害人人身权益的行为，造成严重精神损害的，受害人可以要求精神损害赔偿。

侵犯财产权的民事责任。经营者提供商品或者服务，造成消费者财产损害的，应当依照法律规定或者当事人约定承担修理、重作、更换、退货、补足商品数量、退还货款和服务费用或者赔偿损失等民事责任。

（二）行政责任

经营者有下列情形之一，应当依法承担行政责任：①提供的商品不符合保障人身、财产安全要求的；②在商品中掺杂、掺假，以假充真，以次充好，或者以不合格商品冒充合格商品的；③生产国家明令淘汰的商品或者销售失效、变质的商品的；④伪造商品的产地，伪造或者冒用他人的厂名、厂址，篡改生产日期伪造或者冒用认证标志等质量标志的；⑤销售的商品应当检验、检疫而未检验、检疫或者伪造检验、检疫结果的；⑥对商品或者服务作虚假或者引人误解的宣传的；⑦拒绝或者拖延有关行政部门责令对缺陷商品或者服务采取停止销售、警示、召回、无害化处理、销毁、停止生产或者服务等措施；⑧对消费者提出的修理、重作、更换、退货、补足商品数量、退还货款和服务费用或者赔偿损失的要求，故意拖延或者无理拒绝的；⑨侵害消费者人格尊严或者侵犯消费者人身自由的；⑩法律、法规规定的对损害消费者权益应当予以处罚的其他情形。

除承担相应民事责任外其他有关法律、法规对处罚机关和处罚方式有规定的，依照法律、法规的规定执行；法律、法规未作规定的，由工商行政管理部门责令改正，可以根据情节单处或者并处警告、没收违法所得、处以违法所得一倍以上十倍以下的罚款，没有违法所得的，处以50万元以下的罚款；情节严重的，责令停业整顿、吊销营业执照：

（三）刑事责任

经营者违反本法规定提供商品或服务、侵害消费者合法权益，构成犯罪的，依法追究刑事责任。应当追究刑事责任的行为包括：①经营者提供商品或者服务，造成消费者或者其他受害人人身伤害、残疾、死亡的；②以暴力、威胁等方法阻碍有关行政部门工作人员依法执行职务的；③国家机关工作人员玩忽职守或者包庇经营者侵害消费者合法权益的行为的。

思考题

1. 什么是劳动合同，它有哪些特征？
2. 劳动合同中对试用期是如何规定的？
3. 劳动合同解除的条件有哪些？
4. 不正当竞争行为有哪些类型？
5. 试述产品质量责任。
6. 消费者享有哪些权利？

推荐阅读

1. 关怀. 劳动法学. 北京：中国人民大学出版社，2005
2. 王益英. 外国劳动法和社会保障法. 北京：中国人民大学出版社，2001
3. 梁敏，何辛. 新编经济法实用教程. 大连：大连理工大学出版社，2006
4. 王学梅. 经济法基础教程. 北京：经济科学出版社，2005
5. 葛恒云，吴爱成. 经济法. 北京：中国统计出版社，2003

徐州医学院 杨海涛

第二十章　知识产权概述

第一节　知识产权的概念和特征

一、知识产权的概念

知识产权是一个经过长期发展、演变形成的概念，既不是与生俱来的，也不是一成不变的。迄今，它仍然是各国学者不断探究的问题。对于知识产权概念的表达，出现过多种大同小异的方式。

1. 通过列举知识产权主要内容的方法形成知识产权的概念，这是国内外相关著作中普遍采用的方法。这一方式把知识产权界定为包括著作权、专利权、商标权三个法律领域的权利。这一表述方法的优点在于便于择其精要，不足之处是未能揭示知识产权属概念的全部外延，只包含了专利权、商标权和著作权，而不及于反不正当竞争和商业秘密以及其他方面的内容。

2. 通过下定义的方式形成知识产权的概念。如世界知识产权组织编写的《知识产权法教程》一书中：知识产权的对象是指人的脑力、智力的创造物。之所以把这类财产称作知识产权，简单地说，就是知识产权与各种各样的信息有关，人们把这些信息与各种有形物质相结合，并同时在世界不同的地方大量复制。知识产权并不指这些复制件，而是指这些复制件中所包含的信息。① 这一方式所作的表述固然简单、抽象，但其缺点也是明显的，它未能概括知识产权保护对象的全部，将工商业标记排除在外。

3. 用完全列举知识产权保护对象的方法表述知识产权的概念，其代表是两个重要的国际公约：其一是《成立世界知识产权组织公约》，其中第 2 条第 8 款规定，知识产权包括下列权利：①与文学、艺术及科学作品有关的权利，即版权或著作权。

① 世界知识产权组织. 知识产权法教程. 北京：专利文献出版社，1990：2

②与表演艺术家的表演活动、与录音制品及广播有关的权利，即邻接权。③与人类创造性活动的一切领域的发明有关的权利，即专利权(包括发明专利、实用新型和非专利发明的权利)。④与科学发现有关的权利。⑤与工业品外观设计有关的权利。⑥与商品商标、服务商标、商号及其他商业标记有关的权利。⑦与防止不正当竞争有关的权利。⑧一切其他来自工业、科学及文学艺术领域的智力创作活动所产生的权利。其二是《与贸易有关的知识产权协定》(即《TRIPS 协议》)，《TRIPS 协议》第一部分第 1 条规定，本协议知识产权是指本协议第二部分第 1 至 7 节中所包括所有权利，即版权与邻接权、商标权、地理标志权、工业品外观设计权、专利权、集成电路布图设计权、未披露过的信息权。这一表述方式清楚、全面、明确，但是用来说明概念，则略显繁琐，而且知识产权保护对象的范围是变化发展的，这样的表述却难以列全。

4. 采用划分的方法概括，认为知识产权是智力成果的创造人或工商业标记的所有人依法享有的权利的统称。① 本书基本上采用此说。这一方法概括比较全面，但是与下定义的方法相比，抽象程度稍显欠缺。

目前看来，较为可取的办法是，既为知识产权作出一个相对抽象的概括，也对迄今为止知识产权的主要保护对象的范围作一个全面的描述。因此，知识产权便是基于创造性智力成果和工商业标记所依法产生的权利的统称。

二、知识产权的特征

知识产权的法律特征同知识产权的概念一样，学界并未取得共识。研究一种权利的法律特征，是为了弄清楚该权利在主体、客体、内容等方面的特点，并把它和其他的权利区别开来，指导人们的学习和司法实践。作为知识产权的法律特征，必须符合两个基本要求：①不能是所有民事权利的共同特点，否则便不能将知识产权与其他民事权利区别开来；②必须是所有知识产权都具备的特点，仅部分知识产权所具有的特点不能作为知识产权的共同特点，否则会给知识产权的学习造成疑惑和困难。按照这一要求，本书认为以下特点可以作为知识产权的法律特征：

(一) 知识产权的保护对象是非物质性的信息

知识产权所保护的对象，大部分是智力活动所创造的成果，即通常所说的智力成果，如文学艺术和科学作品、新产品新方法的发明创造。至于商标等商业标志，法律是把它们当作商业活动的标志，而不是作为智力成果来保护的。但是，不管是智力成果，还是商业标志，都具有财产价值，而且都具有非物质性。所谓非物质性，是指知识产权保护的对象并无物质性存在，它仅是一种信息。知识产权法所保护

① 刘春田. 知识产权法教程. 北京：中国人民大学出版社，1995：1

的，正是人们对这种信息的控制和支配。

非物质财产不同于无形财产。无形财产所表达的是该财产没有形体，不占据一定的空间，但是，它可能是一种客观存在的物质，如气、水、电、光。因此，用无形性来描述知识产权保护对象的特征是不科学的。知识产权的保护对象确实是无形的，但是与其他财产的本质区别在于它的非物质性，而不是无形性。

保护对象的非物质性是知识产权区别于其他财产权利的最主要的法律特征，知识产权的其他法律特征，都以此为根据，都是由这一特点派生出来的，知识产权法的各种制度设计也都与其保护对象的这一特点相联系。因此，这一特点是我们理解知识产权法的钥匙。

（二）知识产权是对世权、支配权

1. 知识产权是对世权　对世权又称绝对权，是指权利的效力可以对抗一切人，即除权利人之外的任何人都负有不得侵害、干涉其权利的消极义务，而没有协助其实现权利的积极义务。这是知识产权与属于相对权的债权的一个重要区别。

2. 知识产权是支配权　支配权是权利人得以根据自己的意志，对权利的保护对象进行直接支配，并排除他人干涉的权利。知识产权的权利人对作为其权利保护对象的信息可以进行商业性利用，也可以不利用，可以用法律许可的任何一种方式利用，也可以按自己的意志进行处分。他人未经许可，不得进行商业性使用。在这方面，知识产权与物权没有什么区别，因此，知识产权被称为“准物权”。这是知识产权与债权的又一区别。因此，物权法的一些基本原理和制度，可适用于知识产权法，如权利法定原则、公示公信原则等。可惜的是，由于过分强调知识产权的特殊性，目前我国在知识产权的研究中，尚未有效运用这些原理原则去平衡权利人、被许可人和第三人之间的利益关系，权利转让制度、许可使用制度和质押担保制度还不够完善，特别是缺乏保护善意第三人的完善规定。

（三）知识产权可分地域取得和行使

可分地域取得和行使是知识产权区别于其他民事权利的最重要的特征之一。这一特征是由知识产权的保护对象的非物质性和各国法律的域内效力决定的。了解这一特点，对信息所有人及时在国外取得和保护自己的权利，以及在与外商的经济技术合作中保护自己的利益，谋取最大的经济效益，具有十分重要的意义。

1. 知识产权可分地域取得　分地域取得指同一信息可依照法律规定的程序和条件，同时或先后在不同的法域分别取得相应的知识产权。这是由知识产权保护对象的非物质性决定的。信息具有可无限传播的特点，而且这种传播不受时空的限制，凡知悉信息内容的人只要具备相应的条件都可以使用该信息。信息所有人从保护自身利益出发，自然希望能够在已经使用或可能使用自己信息的所有地方，取得对其信息的独占使用权。信息可以不受国界限制无限传播并可同时被许多人使用的特点,为信息在两个以上的国家取得保护提供了事实上的可能性,所有人垄断信息的使用以谋求商业利益最大化的利益要求使信息的域外保护成为必要,国际公约及其他国际保护制度的建立使信息的域外保护有了法律上的可能性。因此,在今天的国际条件下,同一信息可以同时或先后在不同的法域内取得知识产权。

2. 知识产权可分地域行使　既然同一项信息可以在不同的法域内分别取得多个知识产权,而且各法域对知识产权的保护是相互独立的,所以,权利人可以在取得权利的不同地域范围内分别行使其权利。如果一个人就同一项技术在中国、美国、欧盟都取得了专利权,那么,他可以将在美国的专利权转让,而保留在中国和欧盟的专利权,并将在欧盟的专利权许可他人使用,还可以将专利产品在上述国家和地区的销售权授予不同的销售商;某一作品的著作权人可以将该部作品的英文翻译权和出版权授予一个美国的出版社,中文的出版权授予中国的出版社,等等。物质财产权由于其保护对象的唯一性,不可能分地域取得,当然也不能分地域行使。

(四) 知识产权具有可分授性

知识产权的权利人不仅可以在不同的法域分别行使其权利,而且可以在同一法域内同时或先后将知识产权相同的或不同的权能分别授予多人行使。这包括两种情况:①不同的权能可以分别授予多人行使,例如,著作权人将一件作品的出版权授予某出版社,将改编权授予某作家,而将摄制电影的权利授予某电影制片厂。②相同的权能亦可授予多人行使,例如,专利权人通过普通许可使用合同将专利实施权授予两个以上的企业。所有权的权能虽然也可以与所有权分离,但是,所有权标的物的最终使用人只能是一人,因此,以使用标的物为内容的权能只能授予一人行使。

可分授性是知识产权区别于其他民事权利特别是物权的又一重要特征,这一特征是由知识产权的保护对象可以同时被许多人所利用的特点决定的。这一特征使知识产权的权利人享有更多的选择自由,他可以通过多种方式行使自己的权利,谋求最大的经济效益。

第二节　知识产权的意义

一、激励知识创造

知识产权制度依法授予知识产权创造者或拥有者在一定期限内的排他独占权,并予以保护。有了这种独占性,就使得知识产权创造者或拥有者可以通过转让或实施生产取得经济利益、收回投资,这样才有继续研究开发的积极性和物质条件，从而调动知识创新者的积极性。

二、调节公共利益

知识产权制度虽然保护知识创造者的利益，但并不等于垄断。知识产权制度有两大功能：一是保护功能，这使知识创造者的正当权益能够得到保护，从而调动了人们从事创造活动的积极性；二是公开功能，也就是知识创造者在申请知识产权保护的同时，要向社会公开自己创造的内容。保护与公开这两者看似矛盾的两个方面，正是通过知识产权制度以保护换取公开的调节，实现了公平、公正与合理。

三、保护投资

科学技术的发展需要不断投入，才能有新的突破。一项科技成果的取得需要经过基础研究、应用研究、开发研究的复杂过程，需要大量的投入和付出艰辛的劳动。愈是有市场前景的智力成果，就愈是容易被任意仿制或剽窃。因此，这种无形财产的流通需要法制化、规范化，使得知识产品的流通向着健康的方向发展，而知识产权制度的建立正是适应了这个需要。

四、有利于促进国际经济、技术交流与合作

知识经济在本质上是一种全球化的经济。当今世界经济、科技向着全球化的发展，既为知识经济的发展创造了条件，同时又是知识经济发展的一个突出表现。随着信息网络的发展，知识在世界范围内传播、扩散速度大大加快，这为各国获取知识成果、进行交流与合作提供了一个非常好的机遇。同时，在知识成果贸易和知识含量高的产品贸易在世界贸易中所占比例越来越大的情况下，必须有一个各国共同遵守的规则。

思考题

1. 简述知识产权的概念与范围。
2. 简述保护知识产权的意义。

推荐阅读

1. 吴汉东. 知识产权法. 第2版. 北京：法律出版社，2007
2. 郑成思. 知识产权法——新世纪初的若干研究重点. 北京：法律出版社，2004

贵阳中医学院　陈　瑶

第二十一章　著作权

第一节　著作权的概念和特征

一、著作权的概念

著作权也称版权，有狭义和广义之别，狭义的著作权指文学、艺术和科学作品的作者或者其他著作权人依法对作品所享有的独占权利，包括著作人身权和著作财产权。广义的著作权，除了狭义的著作权所指内容外，还包括著作邻接权（我国著作权法称其为与著作权有关的权利），即作品传播者依法所享有的权利。著作邻接权也包括人身权利和财产权利两个部分。

二、著作权的特征

1. 著作权的标的或对象是表现形式　各类作品无论栖息于何种载体，著作权所保护的都是其表现形式，或称表达。

2. 著作权所属的领域有其特殊性　著作权的对象是作品，作品则主要反映在文学、艺术和科学范围之内，用以丰富人类的精神生活。文学艺术作品可以令人赏心悦目，科学作品则帮助人们认识和理解人与自然。因此，著作权所属的领域仅为文学、艺术和科学领域，而不像工业产权那样集中于实现物质生产和生活的实用性以及商品流通方面以满足人类的物质需求。

3. 著作权与工业产权相比独占性和排他性程度较弱　著作权的效力只及于排斥那些对自己有独创性的表现形式未经许可的利用，但不能排斥他人独立完成的与之相近似甚至相同的作品也取得同样的权利。所以，只要是独立完成而非抄袭他人之作，就同样表现形式的作品而言，允许两个以上的著作权存在。工业产权的保护对象，除商业秘密之外，其独占性和排他性远较著作权强。

4. 由于著作权制度赋予独立完成同样或相似作品的作者享有著作权，只要发生作品完成这样一个法律事实，依法就可以产生著作权。

第二节 作 品

一、作品的概念

著作权是基于文学、艺术和科学作品依法产生的权利。关于什么是作品，表示方法可能有区别。例如，《汉语大词典》称作品为“文学艺术创作成品。”2013 年 3 月 1 日施行的颁布的《中华人民共和国著作权法实施条例》第 2 条的表述是：“著作权法所称作品，指文学、艺术和科学领域内具有独创性并能以某种有形形式复制的智力成果。”本书采纳第二种对作品的界定。

二、作品的特征

文学、艺术和科学作品是多种多样的，但凡是作品，都具备以下三个基本特征：

（一）作品是思想、感情的表现形式，不是思想、情感本身

思想、感情和表现，分别属于主客观两个范畴。如果思想者不借助于物质媒介，借助诸如作为物质实体的特种质料以及声、色或其他符号，把构思诉诸形式表现出来，把“意象”转化为“形象”，“抽象”转化为“具象”，把主观转化为客观，把“无”转化为“有”，就不能成为作品。

（二）作品应当具有独创性

独创性亦称原创性。这里的独创是指形式上的独创，不是指思想或理论观点上的创新。就是说，一件作品的完成应当是作者自己的选择、取舍、安排、设计、综合、描述的结果，既不是依已有的形式复制而来，也不是依既定的程式或程序推演而来。

（三）该表现形式属于文学、艺术和科学范畴

只有在文学、艺术和科学范畴内表现的形式，才是作品。某些工业领域的产品，虽然具有艺术性，但是由于其适用范围的不同，因而不属于著作权法中的作品。

三、著作权法保护的作品

1. 文字作品　是指以文字、数字、符号等创作的作品。其范围极为广泛，包括：以文字表现的小说、诗词、散文、论文等，以数字表现的某一时期工农业生产发展和国民收入比较表、统计报表等，以符号表现的盲文读物，以及综合运用文字、数字和符号表现的各种作品。因其创作最普遍、数量最多、运用领域最广，故世界各

国一般将其列入第一类作品进行保护。

2. 口述作品　亦称口头作品，是指即兴的演说、授课、法庭辩论等以口头语言形式表现的作品。口述作品还包括用口头方式表达的致词、即兴诗词、歌唱、编讲故事等。

3. 音乐、戏剧、曲艺、舞蹈、杂技艺术作品　音乐作品，是指以乐谱形式或未以乐谱形式表现的能够演唱或演奏的带词或者不带词的作品，如交响乐、歌曲，以简谱或五线谱写的乐曲等。

戏剧作品，是将人的连续动作同人的说唱表白有机地编排在一起，在舞台上进行表演，并通过表演来反映某一事物变化过程的作品，如话剧、歌剧、地方戏等。

曲艺作品，是指相声、快书、大鼓、评书等以说唱为主要形式表演的作品。

舞蹈作品，是指通过连续的动作、姿势、表情等表现思想情感的作品。舞蹈是以通过提炼、组织和艺术加工的人身动作为主要表现手段，表达思想感情，反映社会生活的艺术。

杂技，又称做杂耍，是我国的国粹，融艺术性、观赏性于一体，尤其一些较新的杂技节目具有独创性并可通过表演再现，具有艺术特色，因此应对杂技艺术给予著作权法保护。需要指出的是，杂技艺术作品是指杂技、魔术、马戏等通过形体动作和技巧表现的作品，而不包括动作技巧，动作技巧可以模仿，并不受著作权法的保护。

4. 美术、建筑作品　美术作品，是指绘画、书法、雕塑等以线条、色彩或其他方式构成的有审美意义的书面或者立体的造型艺术作品。

2001 年的著作权法修正案增加了建筑作品，并将其与美术作品归于同一类。建筑作品一般指以建筑物或构筑物形式表现的有审美意义的作品。

5. 摄影作品　是指借助器械，在感光材料或者其他介质上记录客观物体形象的艺术作品，如人物照片、风景照片等。艺术摄影照片亦可列入美术作品。著作权并非保护所有摄影物，纯复制性的摄影作品（如翻拍文件、书刊等）因不具备独创性而不受著作权法保护。

6. 电影作品和以类似摄制电影的方法创作的作品　电影作品是指摄制在一定介质上，由一系列有伴音或无伴音的画面组成，并且借助适当装置放映或者以其他方式传播的作品。电影作品是指为了便于放映而连续摄制在感光胶片上，或配有声音的连续图片影像作品。以类似制作电影方法创作的作品主要是指电视作品和录像作品。

7. 工程设计图、产品设计图、地图、示意图等图形作品和模型作品　工程设计图作品，是指利用各种线条绘制的，用以说明将要制作的工程实物的基本结构和造型的平面图案。产品设计图作品，是指用各种线条绘制的，用以说明将要生产的产品的造型及结构的平面图案。地图是指运用制图原理来表示地面自然现象和社会现象的图形。线路图是指运用线条来反映一定自然与社会现象的图形。解剖图主要指全面或局部反映人和各种动物身体内部结构的图形。示意图是为了说明内容较复杂的事物原理或具体轮廓绘成的略图。此外,《著作权法》还保护其他以线条、符号、模型来显示某一概念和现象的图形。模型作品,是指为展示、试验或者观测等用途,根据物体的形状和结构,按照一定比例制成的立体作品。

8. 计算机软件　我国《著作权法》第 3 条规定,计算机软件也是受著作权法保护的作品。根据我国《计算机软件保护条例》第 2 条规定,计算机软件是指计算机程序及其有关文档。程序是指为了得到某种结果而可以由计算机等具有信息处理能力的装置执行的代码化指令序列,或者可被自动转换成代码化指令序列的符号化指令序列或者符号化语句序列。程序包括源程序和目标程序。同一程序的源文本和目标文本应当视为同一作品。文档指用自然语言或者形式化语言所编写的文字资料和图表,用来描述程序的内容、组成、设计、功能规格、开发情况、测试结果及使用方法,如程序设计说明书、流程图、用户手册等。

9. 民间文学艺术作品　民间文学艺术作品也是受我国《著作权法》保护的作品,但关于民间文学艺术作品的定义和范围,法律上没有规定,学术界也没有统一的说法。我国《著作权法》第 6 条规定:"民间文学艺术作品的著作权保护办法由国务院另行规定。"

四、不受著作权法保护的对象

法律、法规、国家机关的决议、决定、命令和其他具有立法、行政、司法性质的文件,及其官方正式译文;时事新闻;历法、数表、通用表格和公式;依法禁止出版、传播的作品等不受著作权法的保护。

第三节　著作权

一、著作权的内容

(一) 著作人身权

1. 著作人身权的概念　是作者基于作品依法享有的以人身利益为内容的权利,是与著作财产权相对应的人身权。

著作人身权基于作品的存在而依附其上,作品存在的时间可以是无止境的,在理论上可能无限存在,因而有些著作人身权期限不受限制。所以,虽然我们把这类权利称作“著作人身权”,但是它与传统民事权利中的人身权利,实际上有本质的区别。我国《著作权法》第 10 条规定,著作人身权包括发表权、署名权、修改权、保护作品完整权。

2. 发表权　即将作品公之于众的权利,著作人身权之一。《著作权法》第 10 条第 1 款对此作了明确规定。作品在创作过程中或在发表之前,始终是作者的秘密,是否泄露这个秘密是作者个人的自由。因此,是否同意发表作品、以何种方式、在何时何地何种条件下发表作品,是作者的第一种权利。基于发表权,作者有权决定以出版、广播、上演的形式发表作品,或是以其他的形式使用作品;有权决定是在取得报酬的条件下发表作品,还是在不索取报酬而满足其他要求的条件下发表作品;有权决定将其某部作品全部发表,还是发表该作品的某些部分。该项权利既是著作人身权的重要内容,又是著作财产权产生的基础,它往往同出版权、复制权、录制权等相联系。如果不经作者同意,擅自发表作者未发表的作品,不仅侵犯作者的著作人身权,而且也侵犯了作者私人秘密的权利,侵权人应承担多种法律责任。与其他著作人身权不同,作者对某一作品的发表权只能行使一次。一旦作品发表,不问是作者个人发表,还是允许他人发表,均构成已发表作品,从而产生相应的法律后果。许多国家著作权法规定,对已发表作品,在一定的情形下可以不经作者同意予以使用,有时甚至不付报酬而予以使用。但对于未发表作品则不适用此项规定。

3. 署名权　是指作者在其创作的作品及其复制件上如何标记作品来源的权利,也称姓名标示权。著作权法规定,署名权系表明作者身份,在作品上署名的权利。署名权行为是作者和被视同作者的法人和非法人团体拥有的权利,其他任何个人和组织不得行使此项权利。所以,署名权还隐含着另一种权利,即作者资格权。

4. 修改权　是作者修改或授权他人修改其作品的权利,为作者所享有。只有经作者授权,他人才能修改其作品,未经授权而擅自修改,即构成对作者修改权的侵犯。例外:①报社、杂志社可对投稿作品作文字性修改、删节,无须征得作者同意。从实质上讲,修改权仍属于作者,他人只能在法定范围内对作品作文字性修改、删节,而不能改变作品的基本内容和形式。②美术作品原件出售后,著作权人如想修改作品,须征得美术作品原件所有人同意。

5. 保护作品完整权　是保护作品不受歪曲、篡改的权利。是修改权的延续,在内容上比修改权更进一步,不仅禁止对作品进行修改,且禁止他人在以改编、注释、翻译、制片、表演等方式使用作品时对作品作歪曲性的改变。但作品在出版、发表的过程中,出版人、编辑者对出版作品所作的技术性处理,如引证的确认,文字和语法错误的更改,不能视为对保护作品完整权的侵犯。

著作人的人身权的保护期不受限制。作者死亡后,由作者的继承人或受遗赠人行使;无人继承又无人受遗赠的,则由著作权行政管理部门保护。

(二) 著作财产权

著作财产权,又称著作经济权,是著作人身权的对称,是指著作权人自己使用或者授权他人以一定方式使用作品而获得物质利益的权利。各项具体的著作财产权包括复制权、发行权、出租权、表演权、展览权、放映权、广播权、信息网络传播权、摄制权、改编权、翻译权、汇编权、许可他人使用并获得报酬的权利、转让权以及应当由著作权人享有的其他权利:

1. 复制权　即以印刷、复印、拓印、录音、录像、翻录、翻版等方式将作品制作一份或者多份的权利。

2. 发行权　即以出售或者赠与方式向公众提供作品的原件或者复制件的权利。

3. 出租权　即有偿许可他人临时使用电影作品和以类似摄制电影方法创作的作品以及计算机软件的权利,计算机软件不是出租的主要标的的除外。

4. 展览权　即公开陈列美术作品、摄影作品的原件或者复制件的权利。

5. 表演权　即公开表演作品,以及用各种手段公开播送作品的表演的权利。

6. 放映权　即通过放映机、幻灯机等技术设备公开再现美术、摄影、电影和以类似摄制电影的方法创作的作品等的权利。

7. 广播权　即以无线方式公开广播或者传播作品,以有线传播或者转播的方式向公众传播广播的作品,以及通过扩音器或者其他传送符号、声音、图像的类似工具向公众传播广播的作品的权利。

8. 信息网络传播权　即以有线或者无线方式向公众提供作品,使公众可以在其个人选定的时间和地点获得作品的权利。

9. 摄制权　即以摄制电影或者以类似摄制电影的方法将作品固定在载体上的权利。

10. 改编权　即改编作品,创作出具有独创性的新作品的权利。

11. 翻译权　即将作品从一种语言文字转换成另一种语言文字的权利。

12. 汇编权　即将作品或者作品的片断通过选择或者编排,汇集成新作品的权利。

二、著作权的取得

著作权的取得,也称著作权的产生,一般指著作权产生的法律事实和法律形式,具体而言就是著作权因什么原因产生和符合什么形式产生。著作权的取得制度各国著作权法规定的并不相同,概括起来主要是两种,一种是自动取得制度,另一种是登记取得制度。所谓自动取得,即著作权的取得以作者创作完成作品为要件,无需办理相关登记手续。所谓登记取得,即著作权的取得以著作权人向相关著作权管理机构办理登记手续为要件。

我国著作权法采用自动保护原则,作品一经产生,不论整体还是局部,只要足以构成作品即产生著作权,既不要求登记,也不要求发表,也无须再复制物上加注著作权标记。

三、著作权的期间

著作权是一种有时间限制的权利,但因著作人身权和著作财产权所要维护的利益的性质不同,二者的期间也有所区别。

根据我国《著作权法》第 20 条规定:"作者的署名权、修改权、保护作品完整权的保护期不受限制。"至于发表权则是一次性的。公民的作品,其发表权和著作财产权的保护期为作者终生及死亡后至 50 年,截止于作者死亡后第 50 年的 12 月 31 日。如果是合作作品,权利保护期截止于最后死亡的作者死亡后第 50 年的 12 月 31 日;如果该合作作品在公民死亡后 50 年内仍未发表,著作权中财产权利的保护期限则为届满。法人或其他社会组织的作品,其发表权、著作财产权的保护期为 50 年,截止于作品发表后第 50 年的 12 月 31 日。但是,作品自创作完成后 50 年内未发表的,著作权法不再提供保护。电影、录像和摄影作品的发表权、著作财产权的保护期为 50 年。截止于作品发表后的第 50 年的 12 月 31 日。但是,作品创作完成后 50 年内未发表的,著作权法不再保护。作者将该作品的著作权中的财产权利转让他人后,该著作权中的财产的保护期限仍应依著作权法的规定,以作者的有生之年加死后 50 年计算。

四、著作权的主体

著作权的主体即著作权人。著作权人包括作者和其他依法享有著作权的公民、法人和其他组织。

(一) 一般情况下的著作权主体

1. 作者　作者是指创作作品的公民。只有自然人才是事实上的作者。由法人或非法人单位主持,代表法人或非法人单位意志创作,并由法人或非法人单位承担责任的作品,法人或非法人单位视为作者。如无相反证明,在作品上署名的法人、非法人单位视为作者。除著作权法另有规定外,著作权属于作者。

2. 继受人　是指因发生继承、赠与、遗赠或受让等法律事实而取得著作财产权的人。继受著作权人只能成为著作财产权的继受主体,因为著作人身权具有不可转让性。

3. 外国人和无国籍人　外国人和无国籍人的作品根据其所属国或者经常居住国和中国签订的协议或者共同参加的国际条约享有著作权；其作品首先在中国境外出版，又在30日内在中国境内首次出版，视为该作品同时在中国境内出版；未与中国签订协议或者共同参加国家条约的国家的作者或者无国籍人的作品首次在中国参加的国际条约的成员国出版的，或者在成员国和非成员国同时出版的，其作品受到中国的著作权法保护。

（二）演绎作品的著作权人

演绎作品又叫派生作品，是指在已有作品的基础上，经过改编、翻译、注释、整理等创造性劳动而产生的作品。其著作权由演绎者享有，但行使著作权时不得侵犯原作品的著作权。

（三）合作作品的著作权

合作作品是两人以上合作创作的作品。合作作品的著作权由合作作者共同享有。合作作品根据创作的形式不同，分为可以分割的合作作品和不可以分割的合作作品。对于可以分割的合作作品，作者对各自创作的部分可以单独享有著作权，但行使著作权不能侵犯整部合作作品的著作权。对于不可以分割的作品，合作作者对著作权的行使应该协商一致，如不能协商一致的，任何一方无正当理由不能阻止他方行使。

（四）汇编作品的著作权

汇编作品是指将已有的作品、作品的片断或不构成作品的数据或其他材料等汇集起来，通过对其内容进行选择或编排，体现独创性的作品。如选集、期刊、报纸等。汇编行为也是一种创作行为，因此，汇编者对汇编作品享有著作权。汇编作品因其整个形式的独创性而受到著作权法保护，但并不因此抹杀原有作品的著作权，对有著作权的作品进行汇编须取得原著作权人的许可，并支付报酬，否则即为侵权行为。侵犯汇编作品的著作权，同时也对其中单个作品的著作权构成侵犯，即双重侵权。

汇编作品与合作作品的主要区别是有无共同创作意思。

（五）职务作品的著作权

职务作品是指公民为完成法人或其他组织的工作任务所创作的作品。关于职务作品的权力归属，应依据以下规则：

1. 单位作品　由法人或其他组织主持，代表法人或者其他组织的意志创作，并由法人或者其他组织承担责任的作品，法人或者其他组织视为作者。事实作者只享有依劳动关系而产生的劳动报酬请求权，而不享有著作权中的任何权利。

2. 特殊职务作品　对于主要利用法人或其他组织的物质技术条件创作，并由法人或其他组织承担责任的工程设计图、产品设计图、地图、计算机软件等职务作品，或法律、行政法规规定或者合同约定由法人或其他组织享有著作权的职务作品，作者享有署名权，著作权的其他权利有法人或其他组织享有，法人或其他组织可以给予作者奖励。

3. 一般职务作品　除了上述情形以外，职务作品的著作权由作者享有，但法人或其他组织在其业务范围内有优先使用权。因为这种使用的法律根据是劳动关系，所以使用方式仅限于在其业务范围之内。这种使用应当是无偿的。但是法律提倡作者所在单位根据作品的被使用情况，给予作者适当的奖励。《著作权法》第16条规定职务作品在完成两年之内，未经作者所在单位同意，作者不得许可第三人以与单位使用相同的方式使用该作品。《著作权法实施条例》第12条规定职务作品完成2年内，经单位同意，作者许可第三人以与单位使用相同的方法适用该作品所得的报酬，由作者和单位按约定比例分配。反之，单位也可以将自己的权利交由第三人使用，同时应当根据劳动关系从所得中给予作者以适当奖励。职务作品在完成两年之后，单位仍然有权在其业务范围内无偿使用该作品。但是作者许可第三人以与单位使用的相同方式使用其作品时，不必再征得单位同意。但所获得的报酬，仍由作者与单位按约定比例分配。属于单位业务范围之外的权利，不受劳动关系的约束，著作权属于作者。如果作者单位要使用这部分权利，则应依法取得作者的许可，并支付相应的报酬。

（六）委托作品的著作权

委托作品是指作为受托人的作者按照委托人的意志和要求而创作的作品。关于委托作品著作权的归属，由委托人和受托人通过合同约定解决，没有订立合同或合同没有明确约定的，为保护作者权益，著作权属于受托人，即作者本人。因为真正的创作人是受托人。

（七）美术作品的著作权

美术作品的著作权归作者享有，但须注意美术作品和美术作品载体的关系，作品原件的所有权与作品的著作权是相区分的。“美术作品原件所有权的转移，不视为作品著作权的转移。”此规则也适用于计算机软件等具有知识产权的标的物，但法律另有规定或当事人另有约定的除外。美术作品原件所有人享有展览权，此外的其他权利仍由著作权人享有。

（八）身份不明的作品的著作权

是指作者不具名或不写真实姓名的作品。身份不明的作品由作品原件合法持有人行使除署名权外的著作权。作者身份确定后，由作者或其继承人行使著作权。

五、著作权的限制

（一）著作权的合理使用

1. 合理使用的概念　根据著作权法的规定，著作权人以外的人在某些情况下使用他人已经发表的作品，即行使依法本属于著作权人有权行使的权利，可以不经著作权人的许可，不向其支付报酬，但应当指明作者的姓名、作品的名称，并且不得侵犯著作权人的其他权利。虽然这些行为已经构成对著作权的侵犯，但是出于社会公共利益的考虑，以及这些行为在一定的技术发展水平的背景下，对著作权人的利益损害不大，却又方便了公众对作品相对合理的利用和传播，权衡得失利弊，法律上不认为是侵权行为，并在理论上称这种使用为“合理使用”。

2. 合理使用的具体方式

(1) 为个人学习、欣赏、研究，使用他人已经发表的作品。

(2) 为介绍、评论某一作品或者说明某一问题，在作品中适当引用他人已经发表的作品。如：脚注、尾注，只要不影响自己作品的主题，不构成自己作品的核心内容，引用字数不限。

(3) 为报道时事新闻，在报纸、期刊、广播电台、电视台和互联网等媒体中不可避免地再现或者引用已经发表的作品。如报道某画家的画展，会不可避免地出现画家的作品。

(4) 报纸、期刊、广播电台、电视台和互联网等媒体刊登或者播放其他报纸、期刊、广播电台、电视台已经发表的关于政治、经济、宗教问题的时事性文章，但作者声明不许刊登、播放的除外。只限于政治、经济、宗教问题，不包括体育、娱乐等方面，此条属于媒体之间的合理使用。

(5) 报纸、期刊、广播电台、电视台和互联网等媒体刊登或者播放在公众集会上发表的讲话，但作者声明不许刊登、播放的除外。

(6) 为学校课堂教学或者科学研究，翻译或者少量复制已经发表的作品，供教学或者科研人员使用，但不得出版发行。

(7) 国家机关为执行公务在合理范围内使用已经发表的作品。

(8) 图书馆、档案馆、纪念馆、博物馆、美术馆等为陈列或者保存版本的需要，复制本馆收藏的作品。

(9) 免费表演已经发表的作品，该表演未向公众收取费用，也未向表演者支付报酬。

(10) 对设置或者陈列在室外公共场所的艺术作品进行临摹、绘画、摄影、录像。

(11) 将中国公民、法人或者其他社会组织已经发表的汉族文字作品翻译成少数民族文字在国内出版发行。

(12) 将已经发表的作品改成盲文出版。

(二) 著作权的法定许可使用

1. 法定许可的概念　指使用者(传播者)在利用他人已经发表但没有著作权

保留声明的作品时，可以不经过著作权人许可，但应当向其支付报酬，并尊重著作权人其他权利的制度。

它是按照法律的规定，可以不经著作权人的同意而使用已发表的作品，但必须向著作权人支付报酬。法定许可是对著作权的一项限制性措施，它介乎于合理使用与强制许可之间。

必须具备四个条件：①必须按照法律的规定。法律没有规定的不得使用，否则属于侵权行为。②是法定许可的行为无需得到著作权人的同意，不管著作权人同意与否，均可使用其作品。③必须使用他人已经发表的作品。未经发表的作品，不论作者是否同意，均不是著作权法上的法定许可。④必须向著作权人支付报酬。无报酬使用了的作品，不是法定许可使用。必须强调的是，我国著作权法中的法定许可与世界各国著作权法和国际著作权公约上的法定许可又有所不同，设有保留条款。即著作权人声明不许使用的不得使用，它反映了我国著作权法的特色之一。

法定许可和合理使用的区别在于：①合理使用无需向著作权人支付报酬，而法定许可则必须向著作权人支付报酬；②合理使用的范围较为广泛，我国著作权法第22条规定12种，而法定许可的范围较窄。

2. 法定许可的具体方式

(1) 作品在刊登后，除著作权人声明不得转载、摘编外，其他报刊可以转载或摘编，但应当按规定向著作权人支付报酬。

(2) 广播电台、电视台使用他人已发表作品制作广播电视节目，可不经过著作权人许可，但应向著作权人支付报酬。

(3) 录音制作者使用他人已经合法录制为录音制品的音乐作品制作录音制品，可以不经著作权人许可，但应按规定支付报酬，著作权人声明不许使用的除外。

(4) 为实施国家九年义务教育或国家教育规划而编写出版教科书，除作者声明不许使用的外，可以不经著作权人许可，在教科书中汇编已经发表的作品片断或短小的文字作品、音乐作品或美术作品、摄影作品。但应当按规定支付报酬，并指明作者姓名、作品名称，并不得侵犯著作权人享有的其他权利。

(三) 著作权的强制许可

1. 著作权强制许可的概念　指在特定的条件下，由主管著作权事务的机关根据情况，将对已经发表的作品进行特殊使用的权利授予申请获得此项使用权的人。

2. 强制许可和法定许可的区别　法定许可是由法律直接规定允许使用的方式，凡符合条件的均可自行使用，使用人并无特定的范围。强制许可则需经使用人事先申请，由主管机关个案批准授权后方可使用，并向著作权人支付报酬。未获主管机关授权的不得使用。强制许可的对象限于已经发表的作品。申请获得使用权的人应当首先向著作权人请求许可使用，著作权人拒绝授权许可使用后，才能向政府主管部门申请强制许可。

强制许可的使用权是非独占性的，不得转让。强制许可证仅限于在该国内有效。使用报酬由法律规定。

第四节　著作邻接权

一、邻接权的概念

邻接权，也称作品传播者权，是指作品传播者对其赋予作品的传播形式所享有的权利。在国际上是指对表演艺术家、录音制品的制作人和广播电视组织所享有权利的称谓。《伯尔尼公约》的很多成员国习惯上把艺术表演、录音制品的制作和广播电视节目的制作归为传播作品的行为。有学者认为，传播人“是文学创作的辅助者，因为表演者决定音乐作品和戏剧作品的命运，录音企业使稍纵即逝的影像长存，广播组织消除了距离的障碍”，故邻接权也称作品传播者权。

邻接权以著作权为基础。邻接权的保护期限为50年。邻接权中，除表演者权外，一般不涉及人身权。

二、表演者权

（一）表演者权的概念

表演者是指演员、歌唱家、音乐家、舞蹈家或表演、演唱、演讲、朗诵或者以其他方式表演文学艺术作品以及指挥这种表演的人。

表演者权是指演员或其他文学、艺术作品的表演人（包括演出单位），对其表演所享有的权利。表演者对其表演，享有表明表演者身份、保护表演形象不受歪曲、许可他人通过现场直播公开传送其现场表演，许可他人录音录像，许可他人复制、发行录有其表演的录音录像制品、许可他人通过信息网络向公众传播其表演，以及基于上述许可获得报酬的权利。

（二）表演权与表演者权的区别

表演者权是表明身份（演出者和演出单位）、保护形象，许可他人（包括网络方式）传播、录音录像，复制发行等权利。

表演权是公开表演作品，以及用各种手段公开传播其表演的权利。

二者的区别是表演权属于著作财产权，是著作权人的权利，而表演者权是邻接权，是与著作权有关的权利。

（三）表演者的主要权利

1. 表演者的人身权利

（1）表明表演者身份：在演出广告、宣传栏、节目单或者文艺刊物刊登的剧照上表明表演团体和演员的名称和姓名；有些节目在表演之前由主持人介绍表演者的姓名；由广播电台、电视台播报表演者的姓名；通过字幕在屏幕上显示表演者的姓名等。

（2）表演形象不受歪曲：表演形象是表演者所表现的艺术作品中的人物形象，不同于表演者日常生活中的本来形象。前者是著作邻接权，即表演者权的问题，后者属于公民肖像权问题。

一旦演员塑造的形象被固定下来，当人们对这种固定形象再次利用的时候，就存在被歪曲利用的可能性，如果将歪曲了的表演形象进行传播和利用，就侵犯了表演者的人身权利。

2. 表演者的财产权利

（1）许可他人从现场直播和公开传送其现场表演，并获得报酬。

特殊规定：如时差影响收视率和收听率，可由广播电台或电视台先将表演录音或录像，然后再择时播出。但这种播出仅限一次，即等同于一次性的现场直播。此外，由于大城市中建筑物对电波的干扰或是边远地区、山区接收无线电讯号困难，在技术上常常采用将直播信号转播的办法进行传送，这也属于现场直播行为。

（2）许可他人录音录像，并获得报酬：表演者对自己的表演有录音录像的权利，同时也可以将此项权力授予他人行使。凡对他人的表演录音录像的，均应取得表演人的许可，对录音录像复制发行的，同样需取得表演者的许可，并约定对表演的付酬标准和付酬办法。

（3）表演者复制发行其表演的录音录像的权利：表演者自己有权复制发行录有其表演的录音录像，同时也可以授权他人复制发行这一录音录像，并因此获得报酬。如果他人实施这一行为而未经表演者许可，则为侵权。

（4）许可他人通过信息网络手段向公众传播其表演，并因此获得报酬的权利。

三、录音制品作者的权利

（一）录音制品、录像制品的概念

录音制品是指任何对表演的声音或其他声音的专门录音，主要表现为唱片、录音磁带和激光唱片等。

录像制品是指电影作品和以类似摄制电影的方法创作的作品以外的任何有伴音或者无伴音的连续相关形象、图像的录制品。这一规定与“类似摄制电影的方法创作的作品”在最终表达形式上并无区别。

录音录像制作者权的对象为录音录像制品，录音录像制品的内容不一定是著作权作品的表演，也可以是非作品的表演，乃至自然界的声音、景色也可以录制为音像制品。

（二）录音制品制作者的权利

录音制品凝聚着原作者、表演者和录音制作者三重创造性劳动的智力成果（制作者使用他人的作品制作音像制品，应当取得著作权人的许可，并支付报酬。若为演绎作品，还须取得原著作权人的许可；录制表演活动的，还须同表演者签订合同，并支付报酬）。在满足原作者、表演者的权益的基础上，录音制品制作者享有复制其录音录像制品的权利和授权他人行使其复制权的权利。由于录音技术的进步和录音设备的普及，擅自复制他人的录音制品以牟取非法利益的行为在世界各国普遍存在。

1. 录音录像制作者的复制权　自己复制发行其制品的权利；许可或禁止他人复制发行其制品的权利。无论是录音制品直接复制，还是经过播放等机械表演方式的间接复制，都属于著作权法所说的复制行为。

2. 发行权　录音录像制作者将录音录像制品的复制品向公众发行的权利，也可以将此项权利许可他人。

3. 通过计算机信息网络向公众传播的权利　具有网络传播权的主体包括原作者、表演者、录音录像制作者。

4. 机械表演权　广播电台、电视台播放录音制品以及酒店、歌舞厅、机场、车站等使用录音制品的行为。其商业性使用人除了要向著作权人、表演者支付费用外，还应向录音制品的制作人支付相应的使用费。

5. 录音制品的出租权　对出租录音制品的营利行为，除支付表演权费用和表演者的费用外，还应向录音制品制作者支付费用。

录音录像制品制作者的权利保护期为 50 年，截止于该录音制品首次制作完成到第 50 年的 12 月 31 日。

四、广播电台、电视台播放

播放者权是指电台、电视台等组织对其编制的广播电视节目依法享有的权利。其权利范围包括：

1. 播放者可以许可他人转播自己制作的广播电视节目。

2. 录制自己制作的广播电视节目以及复制音像载体。

3. 广播电台、电视台播放他人未发表的作品制作广播电视节目，须取得著作权人的许可，并支付报酬。

4. 使用他人已经发表的作品或已出版的录音制品（非录像制品），可以不经著作权人许可，但应支付报酬。

5. 播放他人的录像制品或电影制品，需取得著作权人的同意，并支付报酬。

广播电台、电视台的这种控制权利为50年，截止于该广播、电视节目每次播放后的第50年的12月31日。

思考题

1. 著作权的内容有哪些？
2. 著作权的取得以及著作权的限制是什么？
3. 简述著作权强制许可与法定许可的内容。
4. 简述表演权和表演者权的区别。

推荐阅读

1. 吴汉东. 知识产权法. 第2版. 北京：法律出版社，2007

2. 郑成思. 知识产权法——新世纪初的若干研究重点. 北京：法律出版社，2004

贵阳中医学院　陈　瑶

第二十二章　专利权

专利权是知识产权中的重要组成部分，是当今企业竞争优势的集中体现，是各国科学技术进步的重要支撑。1623年英国颁布了世界上第一部具有现代意义的专利法——《垄断法案》，此后各国纷纷建立起自己的专利法律制度。在各国的专利法律制度中，不仅授予专利权人以权利，同时还兼顾公众利益，对专利权人的权利作出了严格的限制。现代的专利法犹如一架平衡专利权人和公众两方面利益的天平，在鼓励发明创造，保护专利权人利益的同时，推动着科技的进步和社会的发展。

本章共分四节，主要论述了专利权的概念和特征，专利权的主体和客体，专利权取得的法律要件以及专利权。

第一节　专利权的概念和特征

一、专利权的概念

（一）专利

专利是专利法中最基本的概念，有广义和狭义之分。广义的专利可以指专利权，也可以指受到专利权保护的发明创造本身，还可以指登载专利技术内容的专利文献。狭义的专利仅指法律授予的专利权。专利法中所说的专利主要是指专利权。

（二）专利权

专利权是专利法的核心内容。它是指由国家专利主管部门，依照专利法授予发明创造人或合法申请人对某项发明创造在法定期限内所享有的一种专有权。

二、专利权的特征

（一）专有性

也称独占性、排他性。是指同一内容的发明创造或者设计只能授予一项专利权，即使有两个发明人或设计人分别独立完成内容相同的发明创造或设计，专利权也只能授予申请在先者。某项发明创造或者设计一旦被专利管理机关依法授予专利权，该专利权人或者其合法受让人在法定期限内，便享有独占的权利。除法律另有规定外，未经专利权人或者其合法受让人许可，他人不得以营利为目的实施该专利，否则就构成侵权。

（二）公开性

专利权的公开性包括专利技术信息的公开和专利权利内容的公开。各国专利法都要求申请专利的发明创造必须清楚、完整的公开申请专利的全部技术细节，明确划定请求专利保护的范围，以便使公众得以知晓并提出异议，杜绝重复发明，避免技术垄断，促进社会进步。

（三）依法授予性

专利权并不是伴随着发明创造或设计的完成而自动取得的，需要申请人按照专利法规定的程序向国家专利主管部门提出申请，经审查认为符合专利法规定的，才能授予专利权。

三、专利法

专利法，是国家制定的用以调整因确认发明创造的权利归属和发明创造的应用实施而产生的社会关系的法律规范的总称。

第二节　专利权的主体和客体

一、专利权的主体

专利权的主体，是指依法取得专利权并承担相应义务的人。根据我国法律的规定，专利权的主体可以分为以下几类：

1. 发明人或设计人　是指直接参加发明创造活动，并对发明创造的实质性特点作出了创造性贡献的人。在完成发明创造的过程中，只负责组织工作的人、在物质技术条件上提供便利的人以及从事其他辅助性工作的人，不是发明人或设计人。

2. 发明人或设计人所在的单位　为执行本单位的任务或者主要是利用本单位的物质技术条件所完成的发明创造，是职务发明。依我国专利法之规定，职务发明创造的专利申请权属于单位享有，专利申请被批准后，专利权归申请的单位或企业所有。但是，单位与发明人或设计人订有合同，对申请专利的权利和专利权的归属做出约定的，从其约定。

3. 合法受让人　是指依合同或继承等方式承受专利权的自然人和组织。由于法律允许转让专利权中的财产权，故专利权的受让人、合法继承人均可以成为专利权的主体。

4. 外国人　依我国专利法和国际公约之规定，对在中国境内有经常居所或营业处所的外国人或外国组织，实行国民待遇原则；对在中国境内没有经常居所或营业处所的外国人或外国组织，应依照其所属国同中国签订的协议或者共同参加的国际公约，或者依照互惠原则确定其专利权主体资格。

二、专利权的客体

专利权的客体是指专利法所规定并受到专利法保护的发明创造。《专利法》第2条规定："本法所称的发明创造是指发明、实用新型和外观设计。"

1. 发明　是指对产品、方法或者其改进所提出的新的技术方案。我国《专利法》保护的发明有产品发明、方法发明和改进发明三种。产品发明是指具有特定质地的、有形的、人工制造的一切新产品和新物质。方法发明是指一个对象或物质改变成另一种状态，或改造成另一种对象或物质所利用的技术手段，包括制造方法、加工方法的发明等。改进发明是指对现有产品发明或方法发明提出的具有实质性变革的新的技术方案，其本质是对已有产品发明或方法发明的完善和提高。

2. 实用新型　是指对产品的形状、构造或者其组成所提出的适于实用的新的技术方案。实用新型首先必须是针对产品而言的；其次，作为实用新型对象的产品必须是具备一定的形状、构造的产品；最后，实用新型技术方案设计的产品形状和构造必须具备实用性，能产生技术效果并能在工业上应用。一般而言，实用新型在保护范围、技术水平、审查程序、保护期限等方面均不如发明，但在实用性的要求上则高于发明，俗称"小发明"。

3. 外观设计　是指对产品的形状、图案、色彩及其组合所做出的富有美感的并适用于工业上应用的新设计。外观设计首先必须以产品为依托，是美术设计与产品相结合的产物；其次，外观设计具有工业应用性，能够在工业上大量复制生产；最后，外观设计必须能够使人产生美感。

4. 不授予专利权的对象

(1)《专利法》第5条规定："违反国家法律、社会公德或妨害公共利益的发明创造，不授予专利权。"

(2)《专利法》第25条规定："对下列各项不授予专利权：科学发现；智力活动的规则和方法；疾病的诊断和治疗方法；动物和植物品种；用原子核变换方法获得的物质。"

第三节　专利权取得的法律要件

一、专利权取得的实质要件

（一）新颖性

新颖性是指申请专利的发明或者实用新型不属于现有技术，申请专利的外观设计与现有的外观设计不相同或者不相近似。新颖性的关键在于“前所未有”，强调一个“新”字。《专利法》对发明和实用新型的新颖性要求与对外观设计的新颖性要求是不同的。

1. 对发明或实用新型的新颖性要求　《专利法》第 22 条第 2 款规定：“新颖性，是指该发明或者实用新型不属于现有技术；也没有任何单位或者个人就同样的发明或者实用新型在申请日以前向国务院专利行政部门提出过申请，并记载在申请日以后公布的专利申请文件或者公告的专利文件中。”

2. 对外观设计的新颖性的要求　《专利法》第 23 条规定：“授予专利权的外观设计，应当不属于现有设计；也没有任何单位或者个人就同样的外观设计在申请日以前向国务院专利行政部门提出过申请，并记载在申请日以后公告的专利文件中。”

（二）创造性

创造性是指申请专利的发明或者实用新型与同类型的现有技术相比，具有实质性的特点和进步。《专利法》对发明和实用新型的创造性要求也是不一样的。

1. 对发明的创造性要求　同申请日以前已有的技术相比，该发明有突出的实质性特点和显著的进步。

2. 对实用新型的创造性要求　同申请日以前已有的技术相比，该实用新型有实质性特点和进步。

（三）实用性

实用性是指该发明或实用新型能够制造或者使用，并且能够产生积极效果。判断实用性通常应当遵守如下原则：

1. 可实施性　即该发明或实用新型的技术方案可以用工业的方法实施和利用，并且可以反复多次制造和使用。

2. 有益性　即该发明或实用新型实施后，可能产生经济、技术和社会三方面积极有益的效果，如提高产品质量、降低产品成本、节约原材料等。

以上专利的“三性”，由于客体不同，要求也不同。发明和实用新型必须“三性”都具备，而外观设计则只要求具备新颖性。

二、专利权取得的形式要件

（一）专利权的申请

1. 书面申请原则　书面申请原则是指专利申请人及其代理人为取得专利权所需履行的各种手续都应当采用书面形式办理。

2. 单一性原则　单一性原则是指一份专利申请文件只能就一项发明创造提出专利申请。属于一个总的发明构思的两项以上的发明或者实用新型，可以作为一件申请提出；用于同一类别并且成套出售或者使用的产品的两项以上的外观设计，可以作为一件申请提出。

3. 先申请原则　先申请原则是指两个或两个以上的人分别就同样的发明创造申请专利的，专利权授予最先申请的人。

4. 优先权原则

(1) 国际优先：申请人自发明或者实用新型在外国第一次提出专利申请之日起 12 个月内，或者自外观设计在外国第一次提出专利申请之日起 6 个月内，又在中国就相同主题提出专利申请的，依照该外国同中国签订的协议或者共同参加的国际条约，或者依照相互承认优先权的原则，可以享有优先权。

(2) 国内优先：申请人自发明或者实用新型在中国第一次提出专利申请之日起 12 个月内，又向国务院专利行政部门就相同主题提出专利申请的，可以享有优先权。

（二）专利权的审查批准

1. 发明专利的审查与批准　我国发明专利审批采取“早期公布，延迟审查”的制度。发明专利申请被受理后，专利局对该申请案进行初步审查，也称形式审查，符合要求的申请案将自申请日起满 18 个月，即行公布。在申请案被公开后至申请日起 3 年内，申请人可随时向专利局提出实质审查请求；专利局认为必要时，也可以自行对发明专利申请进行实质审查。审查过程中发现申请案不符合专利法规定的，应当通知申请人，要求其在指定的期限内陈述意见，或者对其申请进行修改；经申请人陈述意见或者进行修改后，仍不符合专利法规定的，应当予以驳回。如果发明专利申请经实质审查没有发现驳回理由的，专利局应当作出授予发明专利权的决定，发给发明专利证书，同时予以登记和公告。发明专利权自公告之日起生效。

2. 实用新型和外观设计专利的审查与批准　实用新型和外观设计专利的审查与批准程序相对简单，申请经初步审查没有发现驳回理由的，专利局便作出授予其专利权的决定，发给相应的专利证书，同时予以登记和公告。其专利权自公告之日起生效。

国务院专利行政部门设立了专利复审委员会。专利申请人对国务院专利行政部门驳回申请的决定不服的，可以自收到通知之日起3个月内，向专利复审委员会请求复审。专利复审委员会复审后，作出决定，并通知专利申请人。专利申请人对专利复审委员会的复审决定不服的，可以自收到通知之日起3个月内向人民法院起诉。

第四节　专利权

一、专利权的内容

（一）专利权人的权利

1. 独占实施权　《专利法》第11条规定："发明和实用新型专利权被授予后，除本法另有规定的以外，任何单位或者个人未经专利权人许可，都不得实施其专利，即不得为生产经营目的制造、使用、许诺销售、销售、进口其专利产品，或者使用其专利方法以及使用、许诺销售、销售、进口依照该专利方法直接获得的产品。外观设计专利权被授予后，任何单位或者个人未经专利权人许可，都不得实施其专利，即不得为生产经营目的制造、销售、进口其外观设计专利产品。"

2. 放弃权　放弃权是专利权人在其专利权有效期届满之前，以书面形式向专利局书面声明，放弃其权利。该声明一经专利局登记和公告，其专利权便终止。

3. 转让权　转让权是指专利权人将其专利权转让给他人所有的权利，其形式主要包括出售和赠与。因其转让涉及专利所有权归属，故专利法对此作了严格的形式要求，即中国单位或者个人向外国人转让权或者的，必须经国务院有关主管部门批准；转让权获准的，当事人应当订立书面合同，并向国务院专利行政部门登记，经专利局登记和公告后生效。

4. 实施许可权　实施许可权是指专利权人通过合同方式许可他人在法定期限和范围内实施其专利并收取专利使用费的权利。依专利法之规定，任何单位或者个人实施他人专利的，除依法强制许可的以外，都必须与人订立书面实施许可合同，向人支付专利使用费。被许可人无权允许合同以外的任何单位或者个人实施该专利。

（二）专利权人的义务

专利权人的主要义务是缴纳专利年费。专利年费是专利权人自专利被授予的当年起，在专利期内依规定逐年向专利局缴纳的费用。

二、专利权的限制

为了维护社会整体利益，防止专利权的滥用，我国《专利法》对专利权的实施作了如下限制：

（一）不视为侵犯专利权的专利实施行为

1. 专利权的用尽　专利权人制造、进口或者经专利权人许可而制造、进口的专利产品或者依照专利方法直接获得的产品售出后，使用、许诺销售或者销售该产品无须得到专利权人的许可。

2. 先用权人的实施　在专利申请日前已经制造相同产品、使用相同方法或者已经作好制造、使用的必要准备，并且仅在原有范围内继续制造、使用的，不视为侵犯专利权。

3. 临时过境　临时通过中国领陆、领水、领空的外国运输工具，依照其所属国同中国签订的协议或者共同参加的国际条约，或者依照互惠原则，为运输工具自身需要而在其装置和设备中使用有关专利的，不视为侵犯专利权。

4. 为科学研究而使用　专为科学研究和实验目的而使用有关专利的，不视为侵犯专利权。

5. 为提供行政审批所需要的信息，制造、使用、进口专利药品或者专利医疗器械的，以及专门为其制造、进口专利药品或者专利医疗器械的。

（二）专利实施的强制许可

强制许可是指国家专利主管机关不经专利权人同意，依据法定条件，允许第三人实施该专利的法律制度。这种制度只适用于发明和实用新型。我国《专利法》规定了三种形式的强制许可。

1. 未获得专利权人许可时的强制许可　具备实施条件的单位以合理的条件请求发明或者实用新型专利权人许可实施其专利，而未能在合理长的时间内获得这种许可时，专利局根据该单位的申请，可以给予实施该发明专利或者实用新型专利的强制许可。

2. 为了公共利益的强制许可　在国家出现紧急状态或者非常情况时，或者为了公共利益的目的，专利局可以给予实施发明专利或者实用新型专利的强制许可。为了公共健康目的，对取得专利权的药品，国务院专利行政部门可以给予制造并将其出口到符合中华人民共和国参加的有关国际条约规定的国家或者地区的强制许可。

3. 从属专利的强制许可　一项取得专利权的发明或者实用新型比以前已经取得专利权的发明或者实用新型具有显著经济意义的重大技术进步，其实施又有赖于前一发明或者实用新型的实施的，专利局根据后一专利权人的申请，可以给予实施前一发明或者实用新型的强制许可。同样，专利局根据前一专利权人的申请，也可以给予实施后一发明或者实用新型的强制许可。

三、专利权的保护

1. 保护期限　我国专利法规定，发明专利的期限为 20 年，实用新型和外观设计专利权的期限为 10 年，均自申请日起算。超过保护期限即进入公共领域，成为公共财富。

2. 保护范围　发明或实用新型专利权的保护范围以其权利要求的内容为准，说明书及其附图可以用于解释权利要求。外观设计专利权的保护范围以表示在图片或者照片中的外观设计产品为准。

3. 保护方式　侵犯专利权的纠纷，由当事人协商解决；不愿协商或者协商不成的，专利权人或者利害关系人可以向人民法院起诉，也可以请求管理专利工作的部门处理。当事人对管理专利工作部门的处理不服的，可以向人民法院起诉。侵犯专利权的诉讼时效为 2 年，自专利权人或者利害关系人知道或者应当知道侵权行为之日起计算。假冒专利的，除依法承担民事责任外，由管理专利工作的部门责令改正并予公告，没收违法所得，可以并处违法所得四倍以下的罚款；没有违法所得的，可以处 20 万元以下的罚款；构成犯罪的，依法追究刑事责任。利权人或者利害关系人有证据证明他人正在实施或者即将实施侵犯其专利权的行为，如不及时制止将会使其合法权益受到难以弥补的损害的，可以在起诉前向人民法院申请采取责令停止有关行为的措施。

思考题

1. 简述专利权的概念和特征。
2. 简述职务发明的认定。
3. 简述专利权的客体。
4. 简述专利权取得的实质要件。
5. 简述专利实施的强制许可。

推荐阅读

1. 吴汉东. 知识产权法. 第 2 版. 北京：法律出版社，2007
2. 郑成思. 知识产权法——新世纪初的若干研究重点. 北京：法律出版社，2004
3. 郭禾. 知识产权法案例分析. 第 2 版. 北京：中国人民大学出版社，2006
4. 国家知识产权条法司.《专利法》及《专利法实施细则》第三次修改专题研究报告. 北京：知识产权出版社，2006

辽宁中医药大学　姜庆丹

第二十三章 商标权

第一节 商标权的概念和特征

一、商标概述

（一）商标的概念

商标是指由文字、图形或者其组合构成的，使用在商品或者服务上，用来区别商品的经营者或者服务的提供者的一种具有显著特征的标记。

（二）商标的分类

1. 注册商标和未注册商标　根据商标是否注册登记，可以分为注册商标和未注册商标。注册商标是指由当事人申请，经工商行政管理部门核准注册的商标。注册商标是商标法保护的对象，其所有人享有商标专用权。未注册商标可以在市场上使用，但一般不受商标法保护，其使用人不享有商标专用权。

2. 商品商标和服务商标　根据商标的识别对象不同，可以分为商品商标和服务商标。商品商标是使用在生产、制造、加工、拣选或者经销的商品上的商标。服务商标是提供服务的经营者在其向社会提供的服务项目上使用的商标。

3. 集体商标和证明商标　根据商标具有的特殊作用，可以分为集体商标和证明商标。集体商标是指以团体、协会或者其他组织名义注册，供该组织成员在商事活动中使用，以表明使用者在该组织中的成员资格的标志。证明商标是指由某个具有检测和监督能力的组织所控制，而由该组织以外的单位和个人使用于其商品或者服务，用以证明该商品或者服务的原产地、原料、制造方法、质量或者其他特定品质的标志。例如：绿色食品标志、纯羊毛标志等。

4. 普通商标和驰名商标　按照商标信誉程度的不同，可以分为普通商标和驰名商标。驰名商标相对于普通商标，是指知名度较高，众所周知的商标。驰名商标在一定程度上反映着一个企业甚至一个国家的经济竞争力，商标法给予其特殊的法律保护。

（三）商标与商号

商号，即企业名称中的特殊部分。在现实中，不少企业的商标与商号相同。例如，“海尔”是青岛海尔股份有限公司的商号，同时也是其生产的各类电器的商标；还有一些企业的商标与商号并不一致，例如广州宝洁公司的商号是“宝洁”，但是其生产的产品却有“潘婷”、“舒肤佳”等商标。商标与商号的区别如下：

1. 识别的对象不同　商号是识别不同企业的主要标志，一个企业只能有一个商号；商标是区别商品或服务来源的标志，一个企业可以有若干个商标。

2. 使用要求不同　商号不经登记不得使用，企业名称登记是工商业组织取得市场主体资格的前提条件。而在我国商标注册实行自愿原则，取得注册的商标享有专用权，不经注册的商标也可以使用，只是一般不享有专用权。

3. 登记注册后的效力范围不同　商号经登记后，所享有的企业名称专用权仅限于登记主管机关所辖范围。而商标经注册登记后在全国范围内享有注册商标专用权。

二、商标权的概念和特征

（一）商标权的概念

商标权，又称商标专用权，是指商标所有人在法律规定的有效期限内，对其经商标主管机关核准注册的商标所享有的独占、排他地使用和处分的权利。

（二）商标权的特征

1. 商标权的客体是作为商品或服务标记的商标　虽然商标图案的设计也算得上是一种智力活动，设计精美的商标图案也称得上具有创造性的作品，但商标法所要保护的不是具有创造性的作品而是具有识别作用的商品或服务的标记。

2. 与专利权相比，两者的专有性程度不同　专利权的专有性程度较商标权更高。对同一内容的发明创造只能授予一个专利权。而商标权的专有性并不要求相同的商标只能授予一次，只是不能在同一种商品或类似商品上使用与其相同或近似的商标。

3. 商标权侧重于财产权保护　商标法只保护商标权人的商标专用权，即财产权，而商标设计人的人身权不在商标法的保护范围之内，而是通过著作权法加以保护的。

4. 商标权的时间性是相对的　商标权在法定的期限内有效并受到法律保护，但是商标权人可以通过多次申请续展的方式使这种商标专用权永远存续下去。

三、商标法

商标法，是指规定商标的组成、注册、使用、管理以及商标专用权的保护等法律规范的总称。

我国于1982年颁布了《中华人民共和国商标法》(以下简称《商标法》),该法已先后作过3次修改,最近一次修改是在2013年8月30日第十二届全国人民代表大会常务委员会第四次会议通过的修正案,修改后的《商标法》于2014年5月1日起实施。相配套的立法还有国务院2014年5月1日起实施的《中华人民共和国商标法实施条例》(以下简称《商标法实施条例》),以及我国参加的国际公约。

第二节　商标权的主体和客体

一、商标权的主体

在我国,根据《商标法》第4条的规定,自然人、法人或者其他组织在生产经营活动中,对其商品或者服务需要取得商标专用权的,应当向商标局申请商品商标注册。可见,商标权的主体是自然人、法人和其他组织。外国人(包括外国法人)按照有关国际条约或对等原则,也可以在我国成为商标权的主体。

二、商标权的客体

商标专用权的客体是注册商标。我国《商标法》所指的"注册商标"包括商品商标、服务商标、集体商标和证明商标。作为商标专用权的客体,应具备一定的法定条件:

1. 显著性　商标的重要作用是区别同类商品或者服务,因此商标必须具有显著性特征。

2. 合法性　申请注册的商标不能违反下列禁用规定:

(1) 同中华人民共和国的国家名称、国旗、国徽、国歌、军旗、军徽、军歌、勋章相同或者近似的,以及同中央国家机关名称、标志、所在地特定地点的名称或者标志性建筑物的名称、图形相同的。

(2) 同外国的国家名称、国旗、国徽、军旗等相同或者近似的,但经该国政府同意的除外。

(3) 同政府间国际组织的名称、旗帜、徽记等相同或者近似的,但经该组织同意或者不易误导公众的除外。

(4) 与表明实施控制、予以保证的官方标志、检验印记相同或者近似的,但经授权的除外。

(5) 同“红十字”、“红新月”的名称、标志相同或者近似的。

(6) 带有民族歧视性的。

(7) 带有欺骗性、容易使公众对商品的性质等特点或者产地产生误认的。

(8) 有害于社会主义道德风尚或者有其他不良影响的。

县级以上行政区划的地名或者公众知晓的外国地名，不得作为商标。但是，地名具有其他含义或者作为集体商标、证明商标组成部分的除外；已经注册的使用地名的商标继续有效。

3. 非冲突性　申请注册的商标，不得与他人在先取得的合法权利相冲突。

第三节　商标权取得的法律要件

商标专用权的取得，是指商标申请人将其商标依照法定的条件、原则和程序，向商标管理部门提出注册申请，经审查批准、登记公告后而获得商标专用权。

一、商标权取得的原则

(一) 自愿注册与强制注册相结合原则

在我国，大部分商标实行自愿注册原则，商标使用人可以根据自己的意愿自行决定是否注册。同时，我国对人用药品和烟草制品实行强制商标注册原则，即这两类商品必须申请商标注册，未经核准注册的，不得在市场销售。

(二) 申请在先辅之以使用在先原则。

《商标法》第 31 条规定：“两个或者两个以上的商标注册申请人，在同一种商品或者类似商品上，以相同或者近似的商标申请注册的，初步审定并公告申请在先的商标；同一天申请的，初步审定并公告使用在先的商标，驳回其他人的申请，不予公告。”

(三) 优先权原则

《商标法》第 25 条规定：“商标注册申请人自其商标在外国第一次提出商标注册申请之日起六个月内，又在中国就相同商品以同一商标提出商标注册申请的，依照该外国同中国签订的协议或者共同参加的国际条约，或者按照相互承认优先权的原则，可以享有优先权。”

《商标法》第 26 条规定：“商标在中国政府主办的或者承认的国际展览会展出的商品上首次使用的，自该商品展出之日起六个月内，该商标的注册申请人可以享有优先权。”

二、商标权取得的程序

（一）申请

商标注册申请人先向所在地的市、县工商行政管理局提交“注册商标申请书”，按规定的商品分类填报使用商标的商品类别和商品名称，同时提交申请书 1 份、商标图样 10 份，对于药品和烟草等则要提交有关部门的生产许可证或其他证明文件。注册商标的申请日期以商标局收到申请文件的日期为准。

（二）审查

商标局收到商标注册申请后进行审查，审查各种申请文书是否符合规定，所附证件是否齐全、商标标识是否合法等。凡符合商标法有关规定的，由商标局初步审定，予以公告。凡不符合商标法有关规定或者同他人在同一种商品或者类似商品上已经注册的或者初步审定的商标相同或者近似的，由商标局驳回申请，不予公告。对于驳回申请的，商标局应当书面通知申请人，申请人不服的，可以自收到通知之日起 15 日内向商标评审委员会申请复审，由商标评审委员会做出决定，并书面通知申请人。当事人对商标评审委员会的决定不服的，可以自收到通知之日起 30 日内向人民法院起诉。

（三）核准注册

对初步审定的商标，自公告之日起 3 个月内，任何人均可以提出异议。公告期满无异议的或者经裁定异议不能成立的，予以核准注册，发给商标注册证，并予公告。有异议的，商标局应当听取异议人和被异议人陈述事实和理由，经调查核实后，做出裁定。当事人不服的，可以自收到通知之日起 15 日内向商标评审委员会申请复审，由商标评审委员会做出裁定，并书面通知异议人和被异议人。当事人对商标评审委员会的裁定不服的，可以自收到通知之日起 30 日内向人民法院起诉。

第四节　商标权

一、商标权的期限和续展

我国《商标法》规定注册商标的有效期为 10 年，自核准注册之日起计算。有效期满后需要继续使用的可以申请续展。申请续展注册应当在期满前 6 个月内提出，在此期间未能提出申请的，可以给予 6 个月的宽展期。每次续展注册有效期为 10 年，自该商标第一届有效期满次日起计算。期满未办理续展手续的，注销其注册商标。商标局应当对续展注册的商标予以公告。

二、商标权的转让和使用许可

(一) 商标权的转让

商标专用权的转让，是指注册商标所有人在注册商标有效期内，依法定的程序将商标专用权转让给他人的行为。注册商标的转让主要通过合同转让和继承转让两种形式实现。转让注册商标必须符合以下条件：

1. 转让人和受让人应当签订书面转让协议，受让人必须具备商标注册申请人的资格，并应当保证该注册商标商品的质量。

2. 转让人和受让人应当共同向商标局提出申请，转让经核准后予以公告，受让人自公告之日起享有商标专用权。

3. 转让注册商标的，注册人对其在同一种商品在注册的近似商标或者有类似商品的注册相同或者近似商标应为一并转让。

4. 转让药品及烟草制品的商标，受让人应当提供主管部门的证明文件。

5. 商标权人在转让前如果已经许可他人使用注册商标，必须经过被许可人的同意，否则不得申请转让注册商标。

(二) 商标权的使用许可

商标权的使用许可，商标注册人可以通过签订使许可合同，许可他使用其注册商标。许可人应当监督被许可人使用注册商标的商品质量，被许可人应当保证使用该注册商标的商品质量。《商标法》规定许可人和被许可人应当签订商标使用许可合同，彼此承担义务。同时，许可人和被许可人应当在许可合同签订之日起 3 个月内，报商标局备案，并将许可合同副本交送其所在地工商行政管理部门存查，如果是强制注册商标的使用许可，被许可人还应当附送有关部门的证明文件。许可他人使用其注册商标，许可人应当将其商标使用许可报商标局备案，由商标局公告。商标使用许可未经备案不得对抗善意第三人。

三、商标权的保护

(一) 商标权保护的范围

依我国《商标法》第 56 条的规定，注册商标的专用权，以核准注册的商标和核定使用的商品为限。

(二) 侵犯商标权的行为

1. 未经商标注册人的许可，在同一种商品上使用与其注册商标相同的商标的。

2. 未经商标注册人的许可，在同一种商品上使用与其注册商标近似的商标，或者在类似商品上使用与其注册商标相同或者近似的商标，容易导致混淆的。

3. 销售侵犯注册商标专用权的商品的。

4. 伪造、擅自制造他人注册商标标识或者销售伪造、擅自制造的注册商标标识的。

5. 未经商标注册人同意，更换其注册商标并将该更换商标的商品又投入市场的。

6. 故意为侵犯他人商标专用权行为提供便利条件，帮助他人实施侵犯商标专用权行为的。

7. 给他人的注册商标专用权造成其他损害的。

将他人注册商标、未注册的驰名商标作为企业名称中的字号使用，误导公众，构成不正当竞争行为的，依照《中华人民共和国反不正当竞争法》处理。

（三）商标权的保护方式

商标专用权受到侵害时，由当事人协商解决；不愿协商或者协商不成的，商标注册人或者利害关系人可以向人民法院起诉，也可以请求工商行政管理部门处理。具体保护方式主要有以下几种：

1. 行政处罚　商标专用权受到侵害时，可以向侵权人所在地的县级以上工商行政管理部门要求处理。工商行政管理部门认定侵权行为成立的，有权责令立即停止侵权行为，没收、销毁侵权商品和专门用于制造侵权商品、伪造注册商标标识的工具，违法经营额五万元以上的，可以处违法经营额五倍以下的罚款，没有违法经营额或者违法经营额不足五万元的，可以处二十五万元以下的罚款。对五年内实施两次以上商标侵权行为或者有其他严重情节的，应当从重处罚。销售不知道是侵犯注册商标专用权的商品，能证明该商品是自己合法取得并说明提供者的，由工商行政管理部门责令停止销售。

2. 民事处罚　商标专用权人在其商标权受到不法侵害时，有权要求人民法院依法责令侵权人停止侵害、消除影响、恢复名誉并赔偿损失。

3. 刑事处罚　下列行为构成犯罪的，除赔偿被侵权人的损失外，还应依法追究刑事责任：未经商标注册人许可，在同一种商品上使用与其注册商标相同的商标；伪造、擅自制造他人注册商标标识或者销售伪造、擅自制造的注册商标标识；销售明知是假冒注册商标的商品。

思考题

1. 简述商标的概念和分类。
2. 简述商标与商号的区别有哪些。
3. 作为商标专用权的客体应具备的条件有哪些？

4. 简述商标专用权取得的原则。
5. 简述商标权转让与商标权使用许可的区别。

推荐阅读

1. 吴汉东. 知识产权法. 第 2 版. 北京:法律出版社,2007
2. 王莲峰. 商标法. 北京:法律出版社,2003
3. 黄晖. 商标法. 北京:法律出版社,2004
4. 刘春田. 知识产权法. 北京:中国人民大学出版社,2000

辽宁中医药大学　姜庆丹

第二十四章 民事责任概述

第一节 民事责任的概念和特征

一、民事责任的概念

关于民事责任的概念，学者中有不同的理解。就其实质意义上说，民事责任是指民事主体违反合同义务或法定民事义务而应承担的法律后果。

二、民事责任的特征

民事责任的特征可概括为以下几个方面：

1. 民事责任发生在平等的民事主体之间，以民事主体违反民事义务侵害他人的民事权益为前提。这是民事法律责任的根本特征。《民法通则》第 106 条规定："公民、法人违反合同或者不履行其他义务的，应当承担民事责任。""公民、法人由于过错侵害国家的、集体的财产，侵害他人财产、人身的，应当承担民事责任。"从上述规定看，民事义务是民事责任发生的前提，没有民事义务就没有民事责任。这里所说的民事义务既包括依照法律规定而产生的义务，也包括依照当事人约定而产生的义务。不管何种义务，当事人都必须履行，否则就要承担民事责任，因此义务与责任是紧密联系在一起的。《民法通则》第 5 条规定："公民、法人的合法的民事权益受法律保护，任何组织和个人不得侵犯。"这里说的权益包括权利和利益。

2. 民事责任主要是财产责任，以一方当事人（加害人）补偿对另一方当事人（受害人）的损害为主要目的，主要体现对被侵害的民事权利的回复与救济，对被侵害主体损害的填补。这一特征表明了民事责任的"私"的性质。民事责任的"私"的性质是由民法的私法性质决定的。本质上看，民法调整的社会关系是平等的、私人间的社会关系，即私的关系。按照平等原则的要求，在这一关系中，一方当事人不履行义务或侵犯对方的权利时，违法行为人对受害人承担同样的不利后果，以使受损害人被破坏的平等地位得到恢复。因此民事责任主要是一方当事人对另一方当事人的损失进行补偿的责任，是一种财产责任，一般不具有惩罚性。

当然，由于国家公权力的介入，使得民事责任同时具有“公”的色彩。但这种“公”的色彩与刑事责任或行政责任不同，后二者是犯罪人或行政违法者对国家或社会承担的责任，因而受害人无权免除违法行为人的责任；而民事责任则是违法行为人对受害人承担的责任，受害人可以根据民事诉讼法中的处分原则，免除对民事违法行为人的追究。

3. 民事责任可以由当事人在法律允许的范围内协商。这个特征是由民法的平等、自愿原则所决定的。民事法律关系的两大类型之一是财产关系，而在财产关系中占相当重比例的是合同关系。当事人可以事先约定违约金的数额以及损失赔偿的计算方法，也可以约定免责条件(法律另有规定的除外)。另外，对于民事责任的承担，比如损害赔偿金支付的时间、方式、地点以及恢复名誉的方式等等，都可以由当事人协商。这种协商在刑事责任和行政责任中是根本不可能的。用协商的方式决定具体的民事责任或民事责任的承担问题，有利于及时处理因民事责任产生的当事人之间的矛盾。但是，当事人协商的内容不能超出法律允许的范围。

三、民事责任与其他法律责任的区别

为了进一步理解民事责任，可将民事责任与刑事责任和行政责任进行简单对比。民事责任与刑事责任、行政责任的区别主要表现在以下几个方面：

1. 责任产生的根据不同　民事责任既可以由法律规定，又可以由当事人约定。刑事责任和行政责任则只能通过刑事法律规范或行政法律规范规定，而不能由当事人自行约定。

2. 责任的法律强制程度不同　与民事责任相比，刑事责任、行政责任的强制性程度较强，主要表现在：第一，它们必须由特定的国家机关强制追究，当事人不得和解；第二，非经法定程序，任何人不得赦免或拖延刑事责任或行政责任的执行。民事责任的强制性较弱，这主要表现在当事人可以在法律允许的范围内自行协商解决，权利人可以放弃自己的权利或减免对方的责任。

3. 责任的目的和性质不同　民事责任的目的主要在对已经造成的权利损害和财产损失给予填补和救济，使其恢复到未受损害的状态，表现出某种补偿性和恢复原状性；刑事责任和行政责任的目的，则主要是通过对罪犯和行政违法行为人的惩戒和处罚，来达到一般预防的目的，表现出某种惩罚性和教育性。

4. 责任方式不同　《民法通则》规定了10种民事责任形式，其中大多数是财产责任。刑事责任中虽然也有罚金、没收财产等财产刑，但刑事责任的主要形式是剥夺或限制罪犯的人身自由的自由刑和剥夺罪犯生命的生命刑。行政责任的主要

形式则主要是警告、记过、拘留、罚款、开除等。尽管刑事责任和行政责任中都存在着一些财产责任,但与民事责任中的财产责任不同的是,承担刑事责任或行政责任的财产要上缴国家,归国家所有,而承担民事责任的财产则主要用来赔偿权利人所遭受的损失,归个人所有。

5. 责任的构成要件不同　首先,在主观方面,民事责任分过错责任和无过错责任两种。刑事责任没有过错与无过错之分。其次,客观方面,民事责任的构成一般要有损害的发生即损害事实的存在,行为人的行为如果没有造成权利人权利的损害,那么行为人一般不负法律责任;刑事责任与行政责任则不同,有时行为人的行为虽然没有造成实际的损害,但根据行为的社会危害性,行为人仍然要承担刑事责任。第三,责任主体的不同。刑事责任与行政责任都遵行一个基本的原则,即行为人对自己的行为负责;民事责任的承担则与之不同,在有些情况下,民事主体要对他人的民事行为负责,如雇主对雇佣人的行为负责,监护人对被监护人的行为负责等等。

第二节　民事责任的分类

一、合同责任、侵权责任与其他责任

这是根据责任发生根据的不同而作的分类,《民法通则》第六章、《合同法》第二章、第七章以及相关法律法规将民事责任分为"违反合同的民事责任"、"侵权的民事责任"和其他法律责任(如"返还不当得利的责任"、"无因管理中的责任"等等)分别加以规定。其中主要的责任类型是合同责任与侵权责任。

合同责任,是指因违反合同约定的义务或违反合同法规定的义务而产生的责任。所谓侵权责任,是指因侵犯他人的财产权益与人身权益产生的责任。其他责任就是合同责任与侵权责任之外的其他民事责任,典型的如因拒绝返还不当得利而产生的责任、无因管理制度中规定的被管理人因拒绝补偿管理人的损失而产生的责任等。

这种分类的意义主要在于,法律保护的权利性质、各种责任的发生前提、构成要件、责任方式等都不同。

必须注意的是,"合同责任"与"违约责任"不是同一个概念。合同责任的外延比违约责任要大,除违约责任外,依据合同法的规定产生的不属于侵权责任的民事责任,如缔约过失责任、后合同责任等也应包括在合同责任内。

二、财产责任与非财产责任

这是根据民事责任是否具有财产内容而作的分类。财产责任以一定的财产为内容，非财产责任则不具有直接的财产内容。

财产责任是指直接具有一定财产内容的民事责任，让民事违法行为人承担财产上的不利后果，使受害人得到财产利益的补偿。《民法通则》第 134 条中规定的承担此类民事责任的方式有返还财产、恢复原状、赔偿损失、支付违约金以及修理、重作、更换等。

非财产责任是指不直接具有财产内容的民事责任，责任人承担的不是不利的财产后果，而是为防止或消除损害后果使受损害的非财产权利得到恢复的责任。如消除影响、恢复名誉、赔礼道歉等。

区分财产责任与非财产责任的主要法律意义在于：由于财产责任以一定的财产交付为内容，财产责任的实现会受到责任人实际财产状况的限制。非财产责任的实现则不会受当事人财产状况的限制。而且在某些时候，仅仅适用财产责任不足以弥补受害人的损失，责任人在承担财产责任之外，还要承担非财产责任，如消除影响、恢复名誉等。

三、无限责任与有限责任

这是根据承担民事责任的财产范围所作的分类：

1. 无限责任　是指责任人应以自己的全部财产承担的责任。一般说来，债务人总是以自己的全部财产承担责任；对于超出债务人全部财产范围的债务，债务人不负责清偿。因此，从这个意义上说，责任总是有限的，不是无限的。但是，债务人的财产又是可分的，从法律上看，债务人可以仅仅以其中的一部分财产清偿债务或仅清偿部分债务，也可以以其全部财产清偿全部债务。正是从这一意义上，才有无限责任与有限责任之分。

2. 有限责任　是指债务人得以一定范围内或限额的财产承担民事责任。比如《海商法》第 11 章专章规定“海事赔偿责任限制”，其中对船东的有限责任区分人身伤亡和非人身伤亡，根据船舶的吨位决定赔偿限额的计算单位。

区分无限责任和有限责任的意义主要在于：在民事活动中，无限责任为原则，有限责任是例外，一般说来，有限责任适用于法律有专门规定的场合。

四、单独责任与共同责任

单独责任是指由一个民事主体独立地承担的民事责任。需要指出的是，不要将单独责任与单方责任混淆。单方责任可以是一人责任，也可以是多数人责任。

而单独责任则只能是一人责任。当然，这里的一人可以是一个自然人，也可以是一个法人。

共同责任是指两个以上的人共同实施违法行为并且都有过错，从而应共同地对损害的发生承担责任。共同责任属于单方的多数人责任。根据各责任人之间的共同关系，可将共同责任分为按份责任、连带责任和补充责任。

1. 按份责任　是指多数当事人按照法律的规定或者合同的约定各自承担一定份额的民事责任，各责任人之间没有连带关系。按份责任实际上是各责任人将同一责任分割为各个独立的部分，由各责任人各自独立负责，所以又称分割责任。至于按份责任中各个责任人之间责任份额的大小与多少，由法律规定或者通过当事人自行约定。法律没有规定或当事人没有约定的，推定各责任人承担相同的份额。

2. 连带责任　是因违反连带债务或者共同实施侵权行为而产生的责任，各个责任人之间具有连带关系。所谓连带关系是指各个责任人对外都不分份额、不分先后次序地根据权利人的请求承担责任（当然，在共同责任人内部，仍然存在着责任份额的划分）。在权利人提出请求时，各个责任人不得以超过自己应承担的部分为由而拒绝。承担超过自己份额的责任人有权向其他责任人请求予以补偿。连带责任的承担必须由法律规定或由当事人事先约定。如《民法通则》第 67 条规定："代理人知道被委托代理的事项违法仍然进行代理活动的，或者被代理人知道代理人的代理行为违法不表示反对的，由被代理人和代理人负连带责任。"

3. 补充责任　是指在责任人的财产不足以承担其应负的民事责任时，由有关的人对不足部分依法予以补充的责任。如《担保法》第 17 条规定，"当事人在保证合同中约定，债务人不能履行债务时，由保证人承担保证责任。一般保证的保证人在主合同纠纷得到审判或者仲裁，并就债务人的财产依法强制执行仍不能履行债务时，应向债权人承担保证责任"。

五、过错责任、无过错责任、公平责任

这是根据责任的构成是否以当事人的过错为要件进行的分类：

1. 过错责任　是指行为人主观上有过错而给他人造成了损害而应承担的责任。根据《民法通则》第 106 条的规定，通常的侵权责任都以当事人有过错为要件。根据《合同法》第 303 条、第 320 条等规定，在运输合同中，如果承运人有过错造成旅客自带物品毁损、灭失的，应当承担损害赔偿责任；因托运人的过错造成多式联运经营人的损失的，托运人应承担损害赔偿责任。

2. 无过错责任　是指行为人只要给他人造成损失，不问其主观上是否有过错，都应当承担的责任。根据《合同法》第 107 条规定，通常违约责任都不以违约方

有过错为要件。另外，根据《民法通则》第 106 条第 3 款规定，没有过错，但法律规定应当承担民事责任的，应当承担责任。这里说的责任就是无过错责任。

3. 公平责任　是指当事人对造成的损害都没有过错，不能适用无过错责任要求加害人承担赔偿责任，但如果不赔偿受害人遭受的损失又显失公平的情况下，由人民法院根据实际情况，依公平原则判由双方或多方分担损失的一种责任方式。正如《民法通则》第 132 条的规定，当事人对造成损害都没有过错的，可以根据实际情况，由当事人分担民事责任。

思考题

1. 阐述民事责任的概念和特征。
2. 比较民事责任与其他法律责任的区别。
3. 民事责任的分类有哪些?
4. 比较合同责任与侵权责任的异同。

推荐阅读

1. 王利明. 民法. 北京:中国人民大学出版社，2007
2. 魏振瀛. 民法. 北京:北京大学出版社，高等教育出版社，2007

江苏畜牧兽医职业技术学院　卢军锋

第二十五章　缔约过失责任与违约责任

第一节　缔约过失责任

一、缔约过失责任的概念

缔约过失责任是指在合同订立过程中，一方当事人因违反了以诚实信用原则为基础所产生的义务，给对方造成损失所应承担的损害赔偿责任。

缔约过失责任的概念是由德国法学家耶林于1861年在《缔约上过失、契约无效或未完成时的损害赔偿》一文中首先提出的。他认为，从事契约缔结的人，是从契约交易外的消极义务范畴，进入了契约上的积极义务范畴；其因此而承担的首要义务，系于缔约时须善尽必要的注意。法律所保护的，并非仅是一个业已存在的契约关系，正在发展中的契约关系亦应包括在内，否则契约交易将暴露于外，不受保护，使缔约一方当事人成为他方疏忽或者不注意的牺牲品。契约的缔结产生了一种履行义务，若此种效力因法律上的障碍而被排除时，则会发生损害赔偿义务。① 耶林提出的缔约过失责任理论将当事人之间的关系扩大到了合同缔结之际，即在合同缔结的过程之中当事人就应当承担相应的义务，对该义务的违反将导致法律责任的承担。在耶林之后，许多法学家对这一理论作了完善和发展，一些国家的立法或判例也逐渐接受了缔约过失责任理论。

二、缔约过失责任的构成要件

（一）当事人之间发生先合同义务

缔约过失责任不同于违约责任，也不同于侵权责任，而是介于两者之间的一种

① 王泽鉴. 债法原理(第一册). 北京：中国政法大学出版社，2001：230

责任形式。其违反的是先合同义务，因此属于合同法上的责任。所谓先合同义务是指缔约当事人在为订立合同而开始的磋商过程中，依据诚实信用原则所产生的忠实、照顾、告知、保密等义务。先合同义务不同于合同义务，其产生的基础不是依法成立的合同，而是诚实信用原则。将先合同义务与合同义务相区分，可以清楚地划分缔约过失与违约责任。

民事主体一旦进入缔约过程中，就已经具有某种订约上的联系，此时应当推定在双方之间形成一种“合理的信赖”，即双方当事人彼此之间依据诚实信用原则有忠实于对方、给予对方照顾、告知对方必要的与合同有关的事项等义务。先合同义务的发生以双方进入缔约过程为标志。

如果民事主体之间没有进入缔约过程从而没有形成缔约关系，则不会发生缔约过失问题。而在合同成立以后，双方就负有合同义务。此时，当事人若违反合同义务给对方造成损害，所须承担的将是违约责任而非缔约过失责任。

（二）当事人一方有违反先合同义务的行为

进入缔约过程中的双方当事人相互负有先合同义务。如果一方违反了诚实信用原则的要求，有违反先合同义务的行为，则会导致缔约过失责任。我国《合同法》第42条就对违反先合同义务的具体行为作出了以下列举，如“假借订立合同，恶意进行磋商”；“故意隐瞒与订立合同有关的重要事实或者提供虚假情况”以及“其他违背诚实信用原则的行为”。可见这种违反先合同义务的行为既包括作为的方式，也包括不作为的方式。

（三）当事人一方的违反先合同义务给对方造成了损害

民事责任以损害事实的存在为构成要件，损害事实的发生自然也应当是缔约过失责任的构成要件之一。只有当事人一方违反先合同义务给对方造成损害时，才能产生缔约过失责任。如果仅有一方违反先合同义务的行为，而无对方受到损害的事实，则谈不上缔约过失责任的承担。

但与一般民事责任不同的是，缔约过失行为所引起的损害是指一方因信赖合同的成立和有效但由于合同不成立、无效或被撤销而受到的损害，即信赖利益的损害。信赖利益的损害一般表现为财产损失，它既包括因他方的缔约过失行为而致信赖人的直接财产的减少，如各种费用的支出；也包括因丧失商机而造成的损失。

需要指出的是，缔约过失责任中法律所保护的信赖利益必须是基于“合理的信赖”所产生的利益。而信赖利益的损失也必须是合理的支出和花费。

（四）违反先合同义务的一方存在过错

违反先合同义务一方在主观上存在过错是缔约过失责任成立的要件之一。过错可以表现为故意和过失两种基本形态。故意是指行为人预见到自己的行为会产生合同无效、不成立或被撤销，将会给对方造成损害后果，却仍然进行这种民事行为，希望或放任损害后果的发生。过失是指其应当预见自己的行为可能产生合同不成立、无效或被撤销，会造成对方信赖利益损失，因疏忽大意没有尽到忠实、照顾、告知、保密等义务或虽然预见到却轻信其不会发生的主观心理状态。如果行为人没有过错，就不会成立缔约过失责任。比如，如果缔约过程中发生的损害完全是由于不可抗力或者受害人的原因造成的，则违反先合同义务的一方也不承担缔约过失责任。

（五）违反先合同义务与损害事实之间存在因果关系

这是指一方当事人违反先合同义务与对方受到的信赖利益的损害之间必须存在因果关系，亦即损害结果的出现系违反先合同义务所必然引起。否则，即使在缔约过程中出现了信赖利益的损害，也不产生缔约过失责任。

三、缔约过失责任的类型

根据我国《合同法》第 42 条和第 43 条，缔约过失责任主要包括以下类型：

（一）假借订立合同，恶意进行磋商

在这种情况下，一方当事人并无与对方订立合同的目的，其与对方进行磋商的目的只是为了损害对方的利益。比如，根本没有订立合同的意思，却故意与对方谈判从而使对方丧失与他人交易的时机而遭受不应有的损害。

（二）故意隐瞒与订立合同有关的重要事实或者提供虚假情况

如果一方当事人有故意隐瞒与订立合同有关的重要事实或者提供虚假情况的行为，从而使对方当事人陷入了错误认识，就属于缔约过程中的欺诈行为。

（三）泄露或者不正当地使用在订立合同过程中知悉的商业秘密

商业秘密，是指不为公众所知悉、能为权利人带来经济利益、具有实用性并经权利人采取保密措施的技术信息和经营信息。在订立合同的过程中，一方当事人可能会获知对方的一些技术信息和经营信息。未经对方允许，不应当擅自将这些商业秘密向外公开或者利用这些商业秘密为自己谋取利益。

（四）其他违背诚实信用原则的行为

除了以上列举的三种情形外，还有其他一些违反诚实信用原则，造成他人信赖利益损害的缔约过失行为。这类行为主要包括：①因一方当事人的过错致使合同无效或被撤销。这种情况下另一方可以要求其承担赔偿责任；②在合同订立过程中未尽保护义务导致对方遭受损害等等。

四、缔约过失责任的赔偿范围

根据相关法律的规定，缔约过失责任的形式是损害赔偿，但对赔偿责任的具体范围却没有明确规定。一般认为，缔约过失责任的赔偿范围仅限于信赖利益的损害,即当事人相信合同能够有效成立,但因合同不成立、无效或被撤销所受到的损害。信赖利益的损害包括直接损害和间接损害。直接损害主要包括:①缔约费用,主要是因对方的缔约过失行为所导致的直接财产的减少,如通讯费用、交通费用、考察费用、咨询费用等各种合理缔约费用;②准备履行合同所支出的费用;③上述费用所产生的孳息;④有观点认为直接损害还应包括在缔约过程中因对方未尽照顾义务而使自己遭受的人身损害等等。此外,信赖利益的损害也应当包括间接损害,即受损害方因丧失商机而造成的损失。

信赖利益的损害赔偿,旨在使受损害方的利益恢复到未曾参与合同订立或合同成立之前的状态,这一点不同于违约责任。违约责任的损害赔偿旨在使受损一方当事人的利益达到合同得到适当履行的状态。

以上所述的损害赔偿仅仅是单方过错下的责任承担,如果受害人对于损害的发生也存在过错,应当按照过失相抵原则确定当事人的责任。依《民法通则》第 61 条的规定,"双方都有过错的,应当各自承担相应的责任"。

第二节 违约责任

一、违约责任的概念和特征

(一) 违约责任的概念

违约责任是指合同当事人因违反合同义务而应承担的法律后果。

违约责任的产生是以有效合同的存在为前提的。合同生效后,便在当事人之间产生法律约束力。当事人应当按照合同的约定全面履行合同义务,任何一方违反合同规定的义务,均应当承担违约责任。我国《合同法》第 107 条规定:"当事人一方不履行合同义务或者履行合同义务不符合约定的,应当承担继续履行、采取补救措施或者赔偿损失等违约责任。"

在现代合同法中,违约责任仅指违约方向守约方承担的财产责任,与行政责任和刑事责任相分离,属于民事责任的一种。

(二) 违约责任的特征

1. 违约责任是合同当事人不履行或不适当履行合同义务所产生的责任　这是违约责任不同于其他民事责任的重要特点,包含两层含义:第一,违约责任的产生以有效合同的存在为前提。有效合同使当事人之间产生合同上的权利义务关系,这样才存在违反合同义务而导致违约责任承担的可能性。没有合同上的义务,就谈不上违约责任问题。第二，违约责任以合同当事人不履行或不适当履行合同义务为条件。有效合同约定的义务与法律规定的义务一样，合同当事人必须履行，否则就会产生违约责任。这也是违约责任区别于其他民事责任的重要之处。侵权责任的产生是由于侵权人违反了法律规定的不得侵害他人人身和财产的义务，不要求侵权人与受害人之间必须存在合同关系；缔约过失责任的产生则是在合同缔结过程中一方违反先合同义务给对方造成损害，当事人之间存在的并非是合同关系。

2. 违约责任具有相对性　违约责任的相对性是指违约责任仅仅在特定的当事人之间产生，合同关系以外的人不承担违约责任，合同当事人也不对合同关系以外的第三人负违约责任。具体含义如下：首先，违约责任是违约方自己承担的责任。合同当事人基于自由意志与他人建立合同关系，自愿受到合同约束。若违反合同义务，当然应当自己承担相应的不利后果，而不能将违约责任推卸给合同关系以外的第三人。其次，因第三人原因造成违约的，债务人仍然应当对债权人负违约责任，而不是由第三人向债权人承担违约责任。《合同法》第 121 条规定："当事人一方因第三人的原因造成违约的，应当向对方承担违约责任。当事人一方和第三人之间的纠纷，依照法律规定或者按照约定解决。"随着侵权法保护范围的扩大，出现了第三人侵害债权制度，由第三人对债权人承担责任。不过此种责任并非违约责任，而是将第三人侵害债权作为侵权行为对待。第三，违约责任原则上是向对方当事人承担的违约责任，而不是向一般第三人承担违约责任。

违约责任的相对性是与合同相对性原则紧密联系的。但目前合同相对性原则已经有所突破，比如对利益第三人合同的承认。在这类合同中，违约责任有时就是向特定第三人承担的，违约责任的相对性亦有所突破。

3. 违约责任可以由当事人在法律允许的范围内约定　违约责任作为法律责任的一种，当然具有强制性。但与侵权责任等民事责任不同的是，违约责任还具有一定程度上的任意性。违约责任作为当合同关系遭受破坏时的补救措施，可由合同当事人根据私法自治原则在一定范围内事先加以约定。比如当事人可以约定违约责任的方式、违约金的数额、损害赔偿的计算方法等等。《合同法》第 114 条第一款规定："当事人可以约定一方违约时应当根据违约情况向对方支付一定数额的违约金，也可以约定因违约产生的损失赔偿额的计算方法。"

但必须注意的是，当事人对于违约责任的约定并非完全不受法律限制，而是被限定在一定的范围和程度内。比如《合同法》第 114 条第二款规定："约定的违约金低于造成的损失的，当事人可以请求人民法院或者仲裁机构予以增加；约定的违约金过分高于造成的损失的，当事人可以请求人民法院或者仲裁机构予以适当减少。"如果约定违反法律禁止性规定，还会导致相关约定的无效。

4. 违约责任主要具有补偿性　违约责任的补偿性是指违约责任以补偿守约方因违约方的违约行为所受损害为目的。在一方违约使合同关系遭到破坏而致当事人利益失去平衡时，由违约方对受害人所遭受的损害给予充分补偿，可使双方的利益状况达到平衡。在受害人遭受的损害为财产损失时，违约责任的补偿性通过支付违约金、赔偿金和其他方式得以实现；在受害人遭受的损害为非财产损害时，违约责任的补偿性通过非财产损害赔偿而得以实现。

损害赔偿作为违约方承担违约责任的主要方式，作用在于补偿受害人因违约方的违约行为所遭受的损害，而不是通过由违约方承担高于受害人所受实际损害的赔偿数额而使受害人得到额外赔偿。

二、违约责任的构成要件

违约责任的构成要件是指违约责任的成立所必须具备的要件。违约责任的构成要件分为一般构成要件和特殊构成要件。一般构成要件是所有的违约责任的成立都必须具备的要件，特殊构成要件则是具体的违约责任的成立所必须具备的要件。下面主要探讨违约责任的一般构成要件。其构成要件主要包括：

（一）有违约行为

违约行为是指合同当事人违反合同义务的行为。《合同法》第 107 条在对违约责任作出规定时有以下表述："当事人一方不履行合同义务或者履行合同义务不符合约定的，应当承担继续履行、采取补救措施或者赔偿损失等违约责任。"其中，"当事人一方不履行合同义务或者履行合同义务不符合约定"即是对违约行为的界定。

（二）无免责事由或免责条款

没有违约行为，自然谈不上违约责任。但即使合同当事人有了违约行为，如果出现法定的免责事由或者合同约定了免责条款，当事人也有可能因此免于承担违约责任。所以违约责任的成立，除了须有违约行为外，另外一个条件就是不存在免责事由或免责条款。

1. 免责事由　免责事由是指法律明文规定的当事人在不履行或者不适当履行合同义务时能够免于承担违约责任的条件。我国《合同法》规定的免责事由主要有不可抗力，这是能够普遍适用的免责事由。除此之外，还有在具体的合同中规定的免责事由，如"受害人过错"、运输合同中"货物的自然性质或者合理损耗"等等。

（1）不可抗力：《合同法》第 117 条第 1 款规定："因不可抗力不能履行合同的，根据不可抗力的影响，部分或者全部免除责任，但法律另有规定的除外。"此规定指明不可抗力是免除或限制违约人本应承担的违约责任的事由。

不可抗力的范围主要包括以下几种情形：①自然灾害，这属于典型的不可抗力，包括地震、台风、洪水、冰雹等。②政府行为，主要指当事人的合同订立后，政府颁布新政策、法律或行政措施而导致合同不能履行，如禁运、征收、征用等。③社会异常事件，如罢工、骚乱等。

根据不可抗力的范围和影响的大小，其作为免责事由所免除的违约责任的范围也应当有所不同。因此就有了《合同法》第 117 条第 1 款“根据不可抗力的影响，部分或者全部免除责任”的规定。此外还应注意，不可抗力作为免责事由，必须以其发生于合同履行期间为条件。如果不可抗力发生于当事人迟延履行之后，迟延履行当事人不得以不可抗力作为免责事由。《合同法》第 117 条第一款后半部分的规定：“当事人迟延履行后发生不可抗力的，不能免除责任。”

(2) 受害人过错：受害人过错也可作为一项免责事由，成为违约方全部或部分免除责任的依据。

《合同法》第 311 条规定：“承运人证明货物的毁损、灭失是因……托运人、收货人的过错造成的，不承担损害赔偿责任。”

《合同法》第 370 条规定：“寄存人交付的保管物有瑕疵或者按照保管物的性质需要采取特殊保管措施的，寄存人应当将有关情况告知保管人。寄存人未告知，致使保管物受损失的，保管人不承担损害赔偿责任。”寄存人未将有关情况告知保管人即属于寄存人本身存在过错。

《合同法》第 158 条规定：“当事人约定检验期间的，买受人应当在检验期间内将标的物的数量或者质量不符合约定的情形通知出卖人。买受人怠于通知的，视为标的物的数量或者质量符合约定。”此时，买受人怠于通知的过错是出卖人得以免责的事由，因此出卖人不承担违约责任。

(3) 货物的自然性质或者合理损耗：此类免责事由体现在货运合同的规定中。《合同法》第 311 条规定，如果承运人证明运输过程中货物的毁损、灭失是因货物本身的自然性质或者合理损耗造成的，不承担损害赔偿责任。

2. 免责条款　免责条款是指合同当事人在合同中约定的排除或限制将来可能发生的违约责任的条款。民法领域实行意思自治原则，当事人在订立合同时，可以约定一方即使存在违约行为，也免于承担责任的条款。这是民事主体对其民事权利的放弃，只要这种约定不违反法律的规定，就应当予以尊重。免责条款主要有以下特点：①免责条款是合同的组成部分，其成立与生效必须经过当事人协商同意。它属于约定的免责条款而不属于法定的免责事由。②免责条款必须是明示的，不得以默示方式作出，不得由法官推定其存在。③免责条款必须在违约责任发生前约定，因为它是对将来可能发生的违约责任的一种排除或限制。④免责条款最重要的特点是具有免责功能，旨在排除或限制当事人未来的民事责任。

但是，免责条款并非在任何情况下都一概有效。根据相关民事法律的规定，下列免责条款无效：①一方以欺诈、胁迫的手段订立合同，损害国家利益；②恶意串通，损害国家、集体或者第三人利益；③恶意串通，损害国家、集体或者第三人利益；④损害社会公共利益；⑤免除或限制因造成对方人身伤害而应当承担的民事责任；⑥免除或限制因故意或者重大过失造成对方财产损失而应当承担的民事责任；⑦提供格式条款的一方利用格式条款免除其责任；⑧违反法律、行政法规的强制性规定。

三、违约责任的形式

违约责任的形式即承担违约责任的具体方式。《合同法》第 107 条规定："当事人一方不履行合同义务或者履行合同义务不符合约定的，应当承担继续履行、采取补救措施或者赔偿损失等违约责任。"这里的继续履行、采取补救措施、赔偿损失即是违约责任的承担形式。除此之外还有违约金、定金责任等责任形式。

（一）继续履行

继续履行又称强制实际履行，是指一方违约后，由法院依另一方当事人的请求强制违约方继续履行合同债务的责任形式。

继续履行虽然是合同履行的继续，其内容仍然是履行原合同债务，并未因此增加债务人的债务。但继续履行与一般的履行合同债务的行为有所不同：第一，一般履行是在合同约定的履行期内履行合同债务，继续履行是在履行期到来后才履行，二者履行时间不同。第二，一般履行是债务人的自觉履行，继续履行比一般履行增加了国家强制的性质，属于违约责任的形式，是对违约行为的否定性评价，而不是单纯的合同债务的履行。

（二）采取补救措施

1. 采取补救措施的含义　采取补救措施是指矫正合同不适当履行（质量不合格），使履行缺陷得以消除的一种独立的责任承担形式。《合同法》第 111 条规定的责任承担形式除了修理、更换、重作外，还有退货、减少价款或者报酬等违约责任。这种责任形式与继续履行和赔偿损失等责任形式具有互补性。

2. 采取补救措施的适用　采取补救措施的适用情形为：在标的物质量不符合约定时，当事人对于违约责任没有约定或者约定不明确，依照《合同法》第 61 条的规定仍不能确定。此时可以适用采取补救措施的责任形式。而且违约方承担责任的多少要根据标的的性质以及损失的大小来确定，且受损害方对是否采取补救措施享有选择权。

（三）赔偿损失

赔偿损失在合同法中又称违约损害赔偿，是指违约方因不履行或不完全履行合同义务而给对方造成损害后，依照合同的约定或法律的规定向对方承担的损害赔偿责任。《合同法》第 107 条规定："当事人一方不履行合同义务或者履行合同义务不符合约定的,应当承担……赔偿损失等违约责任。”

（四）违约金责任

1. 违约金的概念　违约金是指由当事人约定的或法律直接规定的,在违约发生后由违约方向守约方支付一定数额的金钱或其他给付。

对于违约金可从以下角度理解:第一,违约金主要是由合同当事人双方事先约定的,是当事人意思自治的体现。不过在个别情况下也可由法律直接规定。第二,违约金须在一方违约后向守约方支付,并非订立合同的同时支付。第三,在我国法律中,违约金的支付是一种违约责任的形式。虽然大陆法系国家多认为违约金是一种担保主债务履行的担保形式,但我国《民法通则》第 134 条和《合同法》第 114 条将支付违约金当作一种民事责任的承担方式。第四,违约金责任的成立一般无须考虑实际损失问题,只要发生了违约行为就应当支付违约金,这一点区别于赔偿损失责任。

2. 违约金的种类

(1) 惩罚性违约金与赔偿性违约金:惩罚性违约金又称固有意义上的违约金,是指对债务人的过错违约行为实行惩罚,以确保合同债务得以履行的违约金。此种违约金的性质决定了债务人违约时,除了须支付违约金外,还要承担因违约行为而导致的其他形式的违约责任。

赔偿性违约金是指此种违约金的目的在于弥补违约方给受害人造成的损失,而非实施惩罚。通常情况下一方违约后,受害人在要求损害赔偿时,需要计算具体赔偿数额并进行相关举证,既困难又易起纠纷。而赔偿性违约金的做法则可避免以上弊端,使责任的承担简单明了。具体做法是合同当事人预先估计损害赔偿的总额或计算方法。赔偿性违约金的性质决定了受害人在请求此种违约金后,不能再请求损害赔偿。

(2) 约定违约金和法定违约金:约定违约金是指由当事人在合同中约定的违约金。《合同法》114 条第 1 款对约定违约金作出规定:“当事人可以约定一方违约时应当根据违约情况向对方支付一定数额的违约金,也可以约定因违约产生的损失赔偿额的计算方法。”约定的违约金具有从合同的性质,其成立的前提是主合同的有效成立。如果主合同不成立、无效或被撤销,违约金条款便不生效。需要注意的是,特殊情形下违约金条款也具有相对独立性。《合同法》第 98 条规定:“合同的权利义务终止,不影响合同中结算和清理条款的效力。”有效成立的合同在因违约而被解除的场合下,合同中的违约金条款就属于此处的“结算和清理条款”,一方可据此请求违约方支付违约金。

法定违约金是指法律直接规定一方当事人违约时,按照一定数额或比例向对方支付的违约金。法定违约金具有强行性,当事人约定与否,都不影响违约方应当按照法律的规定支付违约金。

3. 违约金数额的调整　违约金是对因违约导致的损害赔偿额的预先确定。既然是预先确定，就难免与实际损失额有所出入。只要不低于或过分高于实际损失，这一出入就被认可而无需调整。但违约金的约定并不是毫无限制的自由约定，如果出入过于悬殊，则会导致不公平的结果发生。对此不应完全放任，而是要受到国家法律的正当干预。《合同法》114 条第二款规定："约定的违约金低于造成的损失的，当事人可以请求人民法院或者仲裁机构予以增加；约定的违约金过分高于造成的损失的，当事人可以请求人民法院或者仲裁机构予以适当减少。"

（五）定金责任

根据我国相关法律，定金可以作为一种担保方式，其设立可以起到担保债务履行的作用。同时，一旦当事人违约，定金又可成为违约方承担责任的形式。《合同法》115 条规定："当事人可以依照《中华人民共和国担保法》约定一方向对方给付定金作为债权的担保。债务人履行债务后，定金应当抵作价款或者收回。给付定金的一方不履行约定的债务的，无权要求返还定金；收受定金的一方不履行约定的债务的，应当双倍返还定金。"据此，在当事人约定了定金担保的情况下，如一方违约，定金罚则就成为一种违约责任形式。

如果当事人在同一合同中既约定违约金，又约定定金的，根据《合同法》116 条，一方违约时，对方可以选择适用违约金或者定金条款。首先，选择权在受害人一方；其次，定金与违约金只能选择其一，不可一并行使。

思考题

1. 试述缔约过失的构成要件。
2. 试述违约责任的概念和特征。
3. 违约责任的形式主要包括哪些？
4. 试述违约责任的免责事由。

推荐阅读

1. 王利明. 民法. 北京：中国人民大学出版社，2007
2. 魏振瀛. 民法. 北京：北京大学出版社，高等教育出版社，2007
3. 崔建远. 合同法. 北京：法律出版社，2003
4. 江平. 中华人民共和国合同法精解. 北京：中国政法大学出版社，1999
5. 王泽鉴. 债法原理. 北京：中国政法大学出版社，2001

江苏畜牧兽医职业技术学院　卢军锋

第二十六章　侵权责任

第一节　侵权责任概述

一、侵权行为与侵权责任

（一）侵权行为的概念与特征

1. 侵权行为的概念　侵权行为是指行为人由于过错侵犯他人民事权益的行为以及根据法律的特别规定应当承担民事责任的其他致害行为。《侵权责任法》第6条第1款规定，行为人因过错侵害他人民事权益，应当承担侵权责任。第7条规定，行为人损害他人民事权益，不论行为人有无过错，法律规定应当承担侵权责任的，依照其规定。

2. 侵权行为的特征

(1) 侵权行为是一种违法行为。侵权行为所违反的是国家关于保护民事主体民事权利的保护性法律规范和禁止侵害民事主体民事权利的禁止性法律规范。

(2) 侵权行为是给他人合法民事权益造成损害的行为。我国《侵权责任法》不调整民事权益之外的其他权利和权益。而在一般情况下，《侵权责任法》所称的“损害”有最广义的内涵，即不但包括现实的已经存在的不利后果，还包括构成现实威胁的不利后果。

(3) 侵权行为主要是由于行为人过错而实施的行为。一般认为，过错责任原则是我国侵权责任的主要归责原则。但是，特殊情况下由法律明确规定可适用无过错责任原则。

(4) 侵权行为是应当承担民事责任的行为。由于侵权行为给他人合法权益造成损害，法律为了平衡利益就要求行为人必须承担一定的民事责任以补偿受害人。

（二）侵权责任的概念与特征

1. 侵权责任的概念　侵权责任是指行为人因实施侵权行为而应当承担的民事法律责任。法律责任包括民事责任、行政责任和刑事责任。一般情况下，上述三种责任各自独立存在、并行不悖。侵权责任是民事责任的一种。因此,《侵权责任法》第 4 条第 1 款规定,侵权人因同一行为应当承担行政责任或者刑事责任的,不影响依法承担侵权责任。

2. 侵权责任的特征

(1) 侵权责任是因违反法定义务而应承担的不利后果。

(2) 侵权责任以存在侵权行为为前提。一般情况下,如果未出现法律规定的免责事由,那么有侵权行为就应承担侵权责任。

(3) 侵权责任可以以多种方式承担。我国《侵权责任法》第 15 条规定,承担侵权责任的方式主要有停止侵害、排除妨碍、消除危险、返还财产、恢复原状、赔偿损失、赔礼道歉、消除影响、恢复名誉。以上承担侵权责任的方式,可以单独适用,也可以合并适用。

(4) 侵权责任具有优先性。我国《侵权责任法》第 4 条第 2 款规定,因同一行为应当承担侵权责任和行政责任、刑事责任,侵权人的财产不足以支付的,先承担侵权责任。

二、侵权行为归责原则

侵权行为归责原则是指用于确定行为人承担民事责任的理由和标准,其贯穿于整个侵权责任法之中并对侵权责任法起指导作用。我国侵权责任归责原则主要包括过错责任原则和无过错责任原则。

过错责任原则是指行为人只有在具有过错的情况下才承担法律责任,没有过错就不承担法律责任的归责原则。《民法通则》第 106 条第 2 款规定,公民、法人由于过错侵害国家、集体的财产,侵害他人财产、人身的,应当承担民事责任。《侵权责任法》第 6 条第 1 款规定,行为人因过错侵害他人民事权益,应当承担侵权责任。可见,在法律没有特别规定的情况下,都适用过错责任原则。

无过错原则是指行为人侵害他人民事权益,不论其主观是否有过错,只要有行为、损害后果以及两者之间存在因果关系,就应当承担民事责任的归责原则。我国《侵权责任法》第 7 条规定,行为人损害他人民事权益,不论行为人有无过错,法律规定应当承担侵权责任的,依照其规定。

三、一般侵权行为构成要件

一般侵权行为构成要件是指构成一般侵权行为所必须具备的条件。我国民法学界关于一般侵权行为构成要件的通说为“四要件说”,其认为一般侵权行为构成须具备违法行为、损害事实、违法行为与损害事实之间存在因果关系以及行为人主观上有过错这四个要件。

1. 违法行为　是指行为人违反法律实施的行为，包括作为的违法行为和不作为的违法行为。作为的违法行为是指行为人实施了法律所禁止的某种行为；不作为的违法行为是指法律规定的负有某种义务的行为人未履行该义务的行为。

2. 损害事实　是指他人财产和人身权益所遭受的不利影响，包括财产损害、人身损害和精神损害。《侵权责任法》第 21 条规定，侵权行为危及他人人身、财产安全的，被侵权人可以请求侵权人承担停止侵害、排除妨碍、消除危险等侵权责任。第 22 条规定，侵害他人人身权益，造成他人严重精神损害的，被侵权人可以请求精神损害赔偿。

3. 因果关系　是指各种现象之间引起和被引起的关系。因果关系是构成一般侵权行为的必备要件，只有在违法行为与损害事实之间存在因果关系才可能构成侵权责任，没有因果关系就不能构成侵权责任。

4. 行为人主观上有过错　过错是指行为人应受非难的主观状态，包括故意和过失两种形式。故意是指行为人预见自己行为的结果，仍然希望或者放任它发生的主观心理状态。过失是指行为人应当预见自己行为的结果却没有预见或者行为人对自己行为的结果已有预见却轻信能够避免的主观心理状态。

四、共同侵权行为

1. 共同加害行为　是指两个以上行为人，共同侵害他人民事权益造成损害依法应当承担连带责任的侵权行为。《侵权责任法》第 8 条规定，二人以上共同实施侵权行为，造成他人损害的，应当承担连带责任。

2. 共同危险行为　是指二人以上实施危及他人人身、财产安全的行为并造成损害后果，不能确定具体侵害人的行为。根据《侵权责任法》的规定，二人以上实施危及他人人身、财产安全的行为，其中一人或者数人的行为造成他人损害，能够确定具体侵权人的，由侵权人承担责任；不能确定具体侵权人的，行为人承担连带责任。

3. 教唆、帮助行为　是指采用诱导、劝说、挑拨、刺激、怂恿等手段使他人接受实施侵权行为意图的一种过错行为。帮助行为是指通过提供工具、指示目标以及事先应允帮助销售、保管、搬运、收受无权处分的财产等方法，从物质上或精神上帮助他人实施侵权行为的活动。《侵权责任法》第 9 条规定，教唆、帮助他人实施侵权行为的，应当与行为人承担连带责任；教唆、帮助无民事行为能力人、限制民事行为能力人实施侵权行为的，应当承担侵权责任；该无民事行为能力人、限制民事行为能力人的监护人未尽到监护责任的，应当承担相应的责任。

4. 无意思联络的数人侵权行为　无意思联络的数人侵权是指数个行为人分

别实施侵权行为，由于数个行为的结合而导致同一损害后果的侵权行为。根据《侵权责任法》的规定，二人以上分别实施侵权行为造成同一损害，每个人的侵权行为都足以造成全部损害的，行为人承担连带责任。二人以上分别实施侵权行为造成同一损害，能够确定责任大小的，各自承担相应的责任；难以确定责任大小的，平均承担赔偿责任。

第二节　各类侵权责任

一、特殊主体的侵权责任

1. 监护者责任　是指无民事行为能力人、限制民事行为能力人造成他人损害时，监护人依法应当承担的侵权责任。我国《侵权责任法》第 32 条规定，无民事行为能力人、限制民事行为能力人造成他人损害的，由监护人承担侵权责任。监护人尽到监护责任的，可以减轻其侵权责任。有财产的无民事行为能力人、限制民事行为能力人造成他人损害的，从本人财产中支付赔偿费用。不足部分，由监护人赔偿。

2. 用人者责任　是指用人者为自己的事务而使用被用人，用人者对被用人因执行工作任务造成他人损害而应承担的侵权责任。根据我国《侵权责任法》的规定，用人单位的工作人员因执行工作任务造成他人损害的，由用人单位承担侵权责任。劳务派遣期间，被派遣的工作人员因执行工作任务造成他人损害的，由接受劳务派遣的用工单位承担侵权责任；劳务派遣单位有过错的，承担相应的补充责任。个人之间形成劳务关系，提供劳务一方因劳务造成他人损害的，由接受劳务一方承担侵权责任。提供劳务一方因劳务自己受到损害的，根据双方各自的过错承担相应的责任。

3. 网络侵权责任　是指网络用户、网络平台提供者利用网络服务侵害他人民事权益应依法承担的侵权责任。网络用户利用网络服务实施侵权行为的，被侵权人有权通知网络服务提供者采取删除、屏蔽、断开链接等必要措施。网络服务提供者接到通知后未及时采取必要措施的，对损害的扩大部分与该网络用户承担连带责任。网络服务提供者知道网络用户利用其网络服务侵害他人民事权益，未采取必要措施的，与该网络用户承担连带责任。

4. 违反安全保障义务的侵权责任　安全保障义务是指宾馆、商场、银行、车站、娱乐场所等公共场所的管理人或者群众性活动的组织者所负有的在合理范围内保护他人人身和财产安全的义务。我国《侵权责任法》第 37 条规定，宾馆、商场、银行、车站、娱乐场所等公共场所的管理人或者群众性活动的组织者，未尽到安全保障义务，造成他人损害的，应当承担侵权责任。因第三人的行为造成他人损害的，由第三人承担侵权责任；管理人或者组织者未尽到安全保障义务的，承担相应的补充责任。

5. 学生伤害事故责任　学生伤害事故是指幼儿园、学校或其他教育机构未尽到教育、管理职责致使未成年学生遭受人身损害，或者未成年学生致他人人身损害。根据我国《侵权责任法》的规定，无民事行为能力人在幼儿园、学校或者其他教育机构学习、生活期间受到人身损害的，幼儿园、学校或者其他教育机构应当承担责任，但能够证明尽到教育、管理职责的，不承担责任。限制民事行为能力人在学校或者其他教育机构学习、生活期间受到人身损害，学校或者其他教育机构未尽到教育、管理职责的，应当承担责任。无民事行为能力人或者限制民事行为能力人在幼儿园、学校或者其他教育机构学习、生活期间，受到幼儿园、学校或者其他教育机构以外的人员人身损害的，由侵权人承担侵权责任；幼儿园、学校或者其他教育机构未尽到管理职责的，承担相应的补充责任。

二、产品责任

1. 产品责任的概述　产品责任是指缺陷产品发生侵权，造成他人损害，生产者、销售者等应当承担的侵权责任。可见，产品责任的构成要件有：一是产品存在缺陷；二是他人遭到损害；三是缺陷产品与损害事实之间存在因果关系。

2. 产品责任的承担　缺陷产品的生产者承担无过错责任。我国《侵权责任法》第 41 条规定，因产品存在缺陷造成他人损害的，生产者应当承担侵权责任。

缺陷产品的销售者以及运输者、仓储者等第三人承担过错责任。我国《侵权责任法》第 42 条规定，因销售者的过错使产品存在缺陷，造成他人损害的，销售者应当承担侵权责任。销售者不能指明缺陷产品的生产者也不能指明缺陷产品的供货者的，销售者应当承担侵权责任。第 44 条规定，因运输者、仓储者等第三人的过错使产品存在缺陷，造成他人损害的，产品的生产者、销售者赔偿后，有权向第三人追偿。

因产品存在缺陷造成损害的，被侵权人可以向产品的生产者请求赔偿，也可以向产品的销售者请求赔偿。产品缺陷由生产者造成的，销售者赔偿后，有权向生产者追偿。因销售者的过错使产品存在缺陷的，生产者赔偿后，有权向销售者追偿。因产品缺陷危及他人人身、财产安全的，被侵权人有权请求生产者、销售者承担排除妨碍、消除危险等侵权责任。产品投入流通后发现存在缺陷的，生产者、销售者应当及时采取警示、召回等补救措施。未及时采取补救措施或者补救措施不力造成损害的，应当承担侵权责任。明知产品存在缺陷仍然生产、销售，造成他人死亡或者健康严重损害的，被侵权人有权请求相应的惩罚性赔偿。

三、机动车交通事故责任

1. 机动车交通事故责任的概述　机动车交通事故责任是指车辆在道路上因过错或者意外造成人身或财产损失而应当承担的侵权责任。在认定机动车交通责任事故时应当注意：一是发生交通事故的一方为机动车。所谓机动车是指以动力装置驱动或牵引，上道路行使的供人员乘用或者用于运送物品以及进行工程专项作业的轮式车辆。二是交通事故发生在道路上。所谓道路是指公路、城市道路和虽在单位辖区范围内但允许社会机动车同性的地方，包括广场、公共停车场等用于公众通行的场所。三是存在交通事故的损害事实，包括人身损害、财产损害。四是损害事实是由当事人的过错或意外造成的。

2. 机动车交通事故责任的承担

（1）租赁、借用机动车发生交通事故后责任的承担：因租赁、借用等情形机动车所有人与使用人不是同一人时，发生交通事故后属于该机动车一方责任的，由保险公司在机动车强制保险责任限额范围内予以赔偿。不足部分，由机动车使用人承担赔偿责任；机动车所有人对损害的发生有过错的，承担相应的赔偿责任。

（2）转让并交付但未办理所有权转移登记的机动车发生交通事故后的责任承担：当事人之间已经以买卖等方式转让并交付机动车但未办理所有权转移登记，发生交通事故后属于该机动车一方责任的，由保险公司在机动车强制保险责任限额范围内予以赔偿。不足部分，由受让人承担赔偿责任。

（3）转让拼装或已达报废标准的机动车发生交通事故后的责任承担：以买卖等方式转让拼装或者已达到报废标准的机动车，发生交通事故造成损害的，由转让人和受让人承担连带责任。所谓拼装机动车是指使用报废汽车发动机、方向机、变速器、前后桥、车架以及其他零配件组装的机动车。

（4）盗窃、抢劫或者抢夺的机动车发生交通事故后责任的承担：盗窃、抢劫或者抢夺的机动车发生交通事故造成损害的，由盗窃人、抢劫人或者抢夺人承担赔偿责任。保险公司在机动车强制保险责任限额范围内垫付抢救费用的，有权向交通事故责任人追偿。

（5）机动车驾驶人发生交通事故逃逸后责任的承担：机动车驾驶人发生交通事故后逃逸，该机动车参加强制保险的，由保险公司在机动车强制保险责任限额范围内予以赔偿；机动车不明或者该机动车未参加强制保险，需要支付被侵权人人身伤亡的抢救、丧葬等费用的，由道路交通事故社会救助基金垫付。道路交通事故社会救助基金垫付后，其管理机构有权向交通事故责任人追偿。

四、医疗损害责任

1. 医疗损害责任的概述　医疗损害责任是指医疗机构及其医务人员在诊疗活动中因过错造成患者损害依法应当承担的侵权责任。在认定医疗损害责任时应当注意:一是医疗机构及其医务人员从事了诊疗行为;二是患者遭受损害;三是诊疗行为与患者的损害之间具有因果关系;四是医疗机构及其医务人员有过错。但是由于诊疗活动具有较强的专业性,使得医患双方存在信息不对称的情况,将证明医疗机构及其医务人员存在过错的责任全部交由患者承担对患者来说显然是不公平的。因此,为了平衡医患双方利益,《侵权责任法》第58条规定,患者有损害,因下列情形之一的,推定医疗机构有过错:①违反法律、行政法规、规章以及其他有关诊疗规范的规定;②隐匿或者拒绝提供与纠纷有关的病历资料;③伪造、篡改或者销毁病历资料。上述规定并非当然认定医疗机构存在过错,医疗机构仍可以提供证据证明自己没有过错。

2. 医疗机构及其医务人员的义务

(1) 如实说明的义务:医务人员在诊疗活动中应当向患者说明病情和医疗措施。需要实施手术、特殊检查、特殊治疗的,医务人员应当及时向患者说明医疗风险、替代医疗方案等情况,并取得其书面同意;不宜向患者说明的,应当向患者的近亲属说明,并取得其书面同意。因抢救生命垂危的患者等紧急情况,不能取得患者或者其近亲属意见的,经医疗机构负责人或者授权的负责人批准,可以立即实施相应的医疗措施。

(2) 尊重患者隐私的义务:医疗机构及其医务人员应当对患者的隐私保密。泄露患者隐私或者未经患者同意公开其病历资料,造成患者损害的,应当承担侵权责任。

(3) 遵守诊疗规范的义务:医疗机构及其医务人员不得违反诊疗规范实施不必要的检查。医务人员在诊疗活动中未尽到与当时的医疗水平相应的诊疗义务,造成患者损害的,医疗机构应当承担赔偿责任。

(4) 保管与提供病历资料的义务:医疗机构及其医务人员应当按照规定填写并妥善保管住院志、医嘱单、检验报告、手术及麻醉记录、病理资料、护理记录、医疗费用等病历资料。患者要求查阅、复制前款规定的病历资料的,医疗机构应当提供。

3. 医疗产品侵权时的责任承担　因药品、消毒药剂、医疗器械的缺陷,或者输入不合格的血液造成患者损害的,患者可以向生产者或者血液提供机构请求赔偿,也可以向医疗机构请求赔偿。患者向医疗机构请求赔偿的,医疗机构赔偿后,有权向负有责任的生产者或者血液提供机构追偿。

4. 免责事由　患者有损害，因下列情形之一的，医疗机构不承担赔偿责任：①患者或者其近亲属不配合医疗机构进行符合诊疗规范的诊疗；②医务人员在抢救生命垂危的患者等紧急情况下已经尽到合理诊疗义务；③限于当时的医疗水平难以诊疗。

五、环境污染责任

1. 环境污染责任的概述　环境污染责任是指违反国家环境保护、防止污染的规定，污染环境造成他人损害应当承担的侵权责任。环境污染责任的构成要件有：①存在污染环境的行为；②存在损害事实；③污染环境的行为与损害事实之间有因果关系。

2. 环境污染责任的承担　因污染环境发生纠纷，污染者应当就法律规定的不承担责任或者减轻责任的情形及其行为与损害之间不存在因果关系承担举证责任。两个以上污染者污染环境，污染者承担责任的大小，根据污染物的种类、排放量等因素确定。因第三人的过错污染环境造成损害的，被侵权人可以向污染者请求赔偿，也可以向第三人请求赔偿。污染者赔偿后，有权向第三人追偿。

六、高度危险责任

1. 高度危险责任的概述　高度危险责任是指从事高度危险作业造成他人损害应当承担的侵权责任。在认定高度危险责任时应注意：①存在高度危险作业行为，高度危险作业既包括使用民用核设施、高速轨道运输工具和从事高压、高空、地下采掘等高度危险活动，也包括占有、使用易燃、易爆、剧毒和放射性等高度危险物的行为；②因高度危险作业导致他人受到损害；③适用无过错原则，只要是高度危险作业造成他人人身、财产损害，无论作业人主观上是否有过错，都要承担侵权责任。

2. 高度危险作业的减免责事由　我国《侵权责任法》分别对不同类型的高度危险作业规定了明确的减免责事由。一是民用核设施发生核事故造成他人损害的，民用核设施的经营者应当承担侵权责任，但能够证明损害是因战争等情形或者受害人故意造成的，不承担责任。二是民用航空器造成他人损害的，民用航空器的经营者应当承担侵权责任，但能够证明损害是因受害人故意造成的，不承担责任。三是占有或者使用易燃、易爆、剧毒、放射性等高度危险物造成他人损害的，占有人或者使用人应当承担侵权责任，但能够证明损害是因受害人故意或者不可抗力造成的，不承担责任。被侵权人对损害的发生有重大过失的，可以减轻占有人或者使用人的责任。四是从事高空、高压、地下挖掘活动或者使用高速轨道运输工具造成他人损害的，经营者应当承担侵权责任，但能够证明损害是因受害人故意或者不可抗力造成的,不承担责任。被侵权人对损害的发生有过失的,可以减轻经营者的责任。五是遗失、抛弃高度危险物造成他人损害的,由所有人承担侵权责任。所有人将高度危险物交由他人管理的,由管理人承担侵权责任;所有人有过错的,与管理人承担连带责任。六是非法占有高度危险物造成他人损害的,由非法占有人承担侵权责任。所有人、管理人不能证明对防止他人非法占有尽到高度注意义务的,与非法占有人承担连带责任。七是未经许可进入高度危险活动区域或者高度危险物存放区域受到损害,管理人已经采取安全措施并尽到警示义务的,可以减轻或者不承担责任。

七、饲养动物损害责任

1. 饲养动物损害责任的概述　饲养动物损害责任是指饲养人或管理人因饲养动物造成他人损害依法应当承担的侵权责任。饲养动物损害责任的构成要件包括:一是造成他人损害的动物是饲养动物,区别于野生动物等;二是饲养动的致害行为造成他人损害。

2. 饲养动物损害责任的承担　一般情况下,饲养的动物造成他人损害的,动物饲养人或者管理人应当承担侵权责任,但能够证明损害是因被侵权人故意或者重大过失造成的,可以不承担或者减轻责任。同时,《侵权责任法》还对下列因饲养动物的加害行为致使他人损害的情形作了具体规定:一是违反管理规定,未对动物采取安全措施造成他人损害的,动物饲养人或者管理人应当承担侵权责任;二是禁止饲养的烈性犬等危险动物造成他人损害的,动物饲养人或者管理人应当承担侵权责任;三是动物园的动物造成他人损害的,动物园应当承担侵权责任,但能够证明尽到管理职责的,不承担责任;四是遗弃、逃逸的动物在遗弃、逃逸期间造成他人损害的,由原动物饲养人或者管理人承担侵权责任;五是因第三人的过错致使动物造成他人损害的,被侵权人可以向动物饲养人或者管理人请求赔偿,也可以向第三人请求赔偿。动物饲养人或者管理人赔偿后,有权向第三人追偿。

八、物件损害责任

1. 物件损害责任概述　物件损害责任是指行为人因建筑物、构筑物或者其他设施及其搁置物悬挂物、堆放物、妨碍通行物和林木等发生倒塌、脱落、坠落造成他人损害而应当承担的侵权责任。物件损害责任的构成要件有:①存在物件致害行为;②存在损害事实;③物件致害行为与损害事实之间存在因果关系。

2. 物件损害责任的承担　我国《侵权责任法》分别对不同类型的物件损害责任作了具体规定:

(1) 建筑物等脱坠落致人损害责任。建筑物、构筑物或者其他设施及其搁置物、悬挂物发生脱落、坠落造成他人损害，所有人、管理人或者使用人不能证明自己没有过错的，应当承担侵权责任。所有人、管理人或者使用人赔偿后，有其他责任人的，有权向其他责任人追偿。

（2）建筑物、构筑物或者其他设施倒塌致人损害责任。建筑物、构筑物或者其他设施倒塌造成他人损害的，由建设单位与施工单位承担连带责任。建设单位、施工单位赔偿后，有其他责任人的，有权向其他责任人追偿。因其他责任人的原因，建筑物、构筑物或者其他设施倒塌造成他人损害的，由其他责任人承担侵权责任。

（3）不明抛掷物、坠落物致人损害责任。从建筑物中抛掷物品或者从建筑物上坠落的物品造成他人损害，难以确定具体侵权人的，除能够证明自己不是侵权人的外，由可能加害的建筑物使用人给予补偿。

（4）堆放物倒塌致人损害责任。堆放物倒塌造成他人损害，堆放人不能证明自己没有过错的，应当承担侵权责任。

（5）妨碍通行的物品致人损害责任。在公共道路上堆放、倾倒、遗撒妨碍通行的物品造成他人损害的，有关单位或者个人应当承担侵权责任。

（6）林木折断致人损害责任。因林木折断造成他人损害，林木的所有人或者管理人不能证明自己没有过错的，应当承担侵权责任。

（7）地面施工及地下设施致人损害责任。在公共场所或者道路上挖坑、修缮安装地下设施等，没有设置明显标志和采取安全措施造成他人损害的，施工人应当承担侵权责任。窨井等地下设施造成他人损害，管理人不能证明尽到管理职责的，应当承担侵权责任。

思考题

1. 简述侵权责任的概念及特征。
2. 简述一般侵权行为的构成要件。
3. 简述医疗损害责任的概念及其构成要件。

推荐阅读

1. 马俊驹，余延满. 民法原论. 北京：法律出版社，2010
2. 魏振瀛. 民法. 北京：北京大学出版社，2010
3. 王胜明. 中华人民共和国侵权责任法释义. 北京：法律出版社，2010
4. 杨立新. 侵权责任法. 上海：复旦大学出版社，2010

南京中医药大学 吴颖雄

第二十七章　民商事纠纷的解决方式

第一节　和　解

一、和解的概念

和解，是指民商事纠纷的双方当事人，就所争执的问题进行平等协商并达成合意，从而和平解决纠纷的行为。

在诸多民商事纠纷解决方式中，和解是最古老，也是最为灵活简便的方式。和解是私力救济的典型表现，它通过纠纷主体间的自主协商和相互说服、妥协来解决民商事纠纷，是"和为贵"传统思想的体现。纠纷主体依靠自己的力量解决纠纷，高效而较少耗费社会资源。同时，由于和解是建立在纠纷主体直接沟通和自主处分权利的基础上，所以在纠纷得以解决的同时，又往往不伤害纠纷主体之间的感情，能够维持他们之间原有的关系。

二、和解的特征

和解主要具有以下特征：

（一）参加和解的主体只有双方当事人，没有第三方介入

这是和解区别于其他民商事纠纷解决方式的最明显的特点。和解是纠纷的双方当事人根据其自身力量解决纠纷，没有第三方的协助或主持。整个和解的过程以及结果均取决于当事人的意思自治。所以与调解、仲裁和诉讼相比，和解具有最高的自治性、保密性，无需动用其他社会资源，解决纠纷所需的成本较低。

（二）和解较少受法律规范制约

首先，和解过程无须遵循程序规范，可以按照民间习惯的方式或者纠纷主体自行约定的方式进行。其次，和解协议的内容一般无须严守明确的实体规范，当

事人可以按照意思自治原则对自己的权利进行处分。当然，前提是不能违反禁止性法律规范和不能损害社会公共利益，必须建立在纠纷主体平等和真实意志的基础上。

（三）和解协议不具有强制执行力

因和解而达成的解决纠纷的协议虽然是纠纷主体内心意思的体现，但是，除法律有特殊规定以外，和解协议并不具有强制执行力。任何一方事后反悔，该协议便失去效力。法律的特殊规定是指《仲裁法》和《民事诉讼法》关于仲裁和解与诉讼和解的相关规定。

第二节　调　解

一、调解的概念

（一）调解的概念

调解，是指民商事纠纷的当事人在第三方的主持下，就所争执的问题进行协商并达成协议的行为。

调解的参与者已经不仅仅是纠纷双方当事人，而且加入了主持调解的第三方。但第三方的地位是中立的，并不能命令或代替纠纷双方作出决定，纠纷的最终解决仍然是纠纷双方自愿协商的结果。

（二）调解与和解的联系与区别

在民商事纠纷解决方式中，调解与仲裁、诉讼区别较大，但与和解则在许多方面具有相似之处。①纠纷当事人的自治性。二者都是纠纷当事人通过自愿协商解决纠纷的活动，不存在强制手段的运用。②非严格的规范性。二者除了不能违反禁止性法律规范和损害社会公共利益外，一般情况下都无需严格依据程序性规范和实体性规范来进行，具有很大的灵活性。③二者的结果都表现为反映其内心自主意志的协议，而不是采用裁决或判决的形式来表现。第四，无论调解协议还是和解协议，除了《仲裁法》和《民事诉讼法》中有特殊规定并经特定程序赋予其相关法律效力以外，都不具有强制执行力。

当然，作为彼此独立的民商事纠纷解决方式，调解与和解也有显著的区别，主要表现在：和解是民商事纠纷双方自行解决纠纷，不动用其他社会力量参与，自治性和保密性强。而调解则是由纠纷主体之外中立的第三方主持。因此，和解属于自力救济方式，而调解属于社会救济方式。

二、调解的具体类型

依据不同的标准,可以把调解进行不同的分类。

根据调解是否发生在诉讼程序中,调解可以分为诉讼外调解和诉讼调解。诉讼外调解,是指民商事纠纷的双方当事人在法院以外的第三方的主持下,就所争执的问题进行协商并达成协议的行为。诉讼调解是指在诉讼程序中,纠纷双方在法官主持下就所争执的问题进行协商并达成协议的行为。

根据调解所具有的法律效力的不同,调解可以分为无拘束力的调解、有合同效力的调解和有拘束力的调解。①

根据主持调解的第三方的性质地位的不同,调解可以分为个人调解、人民调解、社会组织调解、行政调解、仲裁调解和诉讼调解。下面具体介绍一下根据这种标准所进行的分类。

(一) 个人调解

个人调解是指由纠纷双方当事人以外的其他自然人主持的调解。通常调解人是受到纠纷双方信任的、愿意利用自己的影响帮助解决纠纷的人。个人调解不必受过多程序制约,灵活简便,不拘形式,从古至今都是一种重要的调解形式。

(二) 人民调解

人民调解是指由人民调解委员会主持的调解。

人民调解制度是一项具有中国特色的民商事纠纷解决制度,具有遍布基层、深入群众、灵活便捷,以及不收取费用等多种特点和优势,因而在现实中运用非常广泛并受到社会大众的欢迎。

对于人民调解委员会,我国相关法律作出了规定。《中华人民共和国宪法》第111条规定,人民调解委员会是居民委员会、村民委员会下设的一个工作委员会,其职责是调解民间纠纷。《民事诉讼法》第16条规定:"人民调解委员会是在基层人民政府和基层人民法院指导下,调解民间纠纷的群众性组织。"2002年9月司法部发布的《人民调解工作若干规定》规定人民调解委员会既可以在村民委员会、居民委员会及乡镇、街道设立,也可以在企事业单位和区域性、行业性机构中设立。

人民调解委员会调解的民间纠纷,包括发生在公民与公民之间、公民与法人和其他社会组织之间涉及民商事权利义务争议的各种纠纷。但人民调解委员会不得受理调解下列纠纷:①法律、法规规定只能由专门机关管辖处理的,或者法律、法规禁止采用民间调解方式解决的;②人民法院、公安机关或者其他行政机关已经受理或者解决的。

---

① 汤维建.民事诉讼法学.北京:北京大学出版社,2008:9

人民调解与个人调解以及一般社会组织的调解不同之处除了进行调解的主体不同外，还在于所达成的调解协议的性质不同。最高人民法院在《关于审理涉及人民调解协议的民事案件的若干规定》中，明确了人民调解协议的民事合同性质。

（三）社会调解

社会调解是由除了人民调解委员会以外的其他社会组织主持的调解。比如消费者协会、各种行业协会等进行的调解。

（四）行政调解

行政调解是由行政机关主持的调解。它是行政机关在行使职权时，附带地主持解决当事人民商事纠纷。

我国《治安管理处罚法》第 9 条、《道路交通安全法》第 74 条、《专利法》第 57 条、《商标法》第 53 条、《医疗事故处理条例》第 46 条、48 条等法律法规就有关行政机关或具有行政职能的机构对民商事纠纷的调解作出了规定。

行政机关在纠纷解决中具有专业性、综合性、高效性和主动性的特有优势。但行政机关作为调解者，是以中立第三者的身份解决纠纷，无权使用任何强制性手段。而且一般而言，纠纷主体可以不经调解而直接申请仲裁或者直接提起诉讼，在调解不成或者当事人对调解协议反悔的也可以申请仲裁或者提起诉讼。

（五）仲裁调解

仲裁调解是指在仲裁过程中，仲裁当事人在仲裁机构主持下自愿协商并达成协议，从而解决纠纷的活动。

《仲裁法》第 51 条规定，仲裁庭在作出裁决前，可以先行调解。当事人自愿调解的，仲裁庭应当调解。调解不成的，应当及时做出裁决。调解达成协议的，仲裁庭应当制作调解书或者根据协议的结果制作裁决书。调解书与裁决书具有同等法律效力。

《仲裁法》第 52 条规定，调解书应当写明仲裁请求和当事人协议的结果。调解书由仲裁员签名，加盖仲裁委员会印章，送达双方当事人。调解书经双方当事人签收后，即发生法律效力。在调解书签收前当事人反悔的，仲裁庭应当及时做出裁决。

（六）诉讼调解

诉讼调解是指在民事诉讼过程中，双方当事人在法院主持下就案件争议的问题进行协商从而解决纠纷的活动。与诉讼调解相对应，前述其他各种类型的调解称为诉讼外调解。

《民事诉讼法》第 9 条规定：“人民法院审理民事案件，应当根据自愿和合法的原则进行调解；调解不成的，应当及时判决。”《民事诉讼法》第 85 条规定：“人民法院审理民事案件，根据当事人自愿的原则，在事实清楚的基础上，分清是非，进行调解。”这些规定是我国法院进行诉讼调解的法律依据。

诉讼调解的适用范围很广泛，但适用特别程序、督促程序、公示催告程序、破产还债程序的案件，婚姻关系、身份关系确认案件以及其他依案件性质不能进行调解的民事案件，人民法院不予调解。

法院进行调解，可以由审判员一人主持，也可以由合议庭主持，并尽可能就地进行。法院进行调解，可以邀请有关单位和个人协助。被邀请的单位和个人，应当协助法院进行调解。

《民事诉讼法》第 89 条规定，调解达成协议，人民法院应当制作调解书。调解书应当写明诉讼请求、案件的事实和调解结果。调解书由审判员、书记员署名，加盖人民法院印章，送达双方当事人。调解书经双方当事人签收后，即具有法律效力。同时《民事诉讼法》第 90 条规定，对于调解和好的离婚案件、调解维持收养关系的案件、能够即时履行的案件以及其他不需要制作调解书的案件，法院可以不制作调解书。对不需要制作调解书的协议，应当记入笔录，由双方当事人、审判人员、书记员签名或者盖章后，即具有法律效力。

如果调解不成，比如调解未达成协议或者调解书送达前一方反悔的，人民法院应当及时判决。

第三节　仲　裁

一、仲裁的概念

仲裁，是指民商事纠纷的双方当事人根据其在争议发生前或争议发生后所达成的协议，自愿将争议提交中立的仲裁机构，由仲裁机构对争议予以裁判的行为。

仲裁是民商事争议双方自愿选择的纠纷解决方式，进行仲裁的前提是必须存在仲裁协议。仲裁机构属于中立的民间组织，但仲裁裁决则具有与法院生效判决同等的法律效力。

二、仲裁的特征

仲裁的特征体现在和其他民商事纠纷解决方式的对比，尤其是与诉讼的对比之中。

1. 解决纠纷范围的特定性　仲裁解决纠纷的范围具有特定性，并不是所有的民商事纠纷都可以用仲裁的方式解决。我国《仲裁法》第 3 条规定，婚姻、收养、监护、扶养、继承纠纷等涉及人身关系的民事纠纷以及依法应当由行政机关处理的行政争议不能仲裁。此外,只能就当事人约定的事项进行仲裁。

2. 民间性 仲裁的民间性是指仲裁机构的性质是民间组织,无权以国家公权力强制解决民商事纠纷。仲裁机构之间没有上下级之分,仲裁为一裁终局,当事人对仲裁裁决不得提起上诉。民间性是仲裁的内在属性,这一点是仲裁与诉讼的主要区别之一。作为民间自治解决争议的方式,可以在不动用纳税人税收和国家公权的前提下,利用民间的力量裁断纠纷。这不但社会成本低廉,而且可以缓解法院因诉讼案件激增所带来的压力。

3. 专业性 专业性的专家仲裁是民商事仲裁的重要特征。这一点使得仲裁区别于和解、调解,甚至是诉讼。根据《仲裁法》的规定,仲裁员应当由具有较高专业知识和能力的人士担任,其任职资格甚至高于《法官法》对于法官任职资格的规定。这使得仲裁在解决某些涉及较强专业性的纠纷,比如复杂的法律、经济贸易和有关技术性问题时,比其他纠纷解决方式更具优势。

4. 较之于诉讼方式具有较高的自治性、灵活性 虽然仲裁在自治性和灵活性方面比不上和解与调解,但与诉讼方式相比,仲裁仍然表现出较高的自治性和灵活性。仲裁中的许多具体程序可以由双方当事人协商确定,比如是否采用仲裁方式解决纠纷;将哪些争议事项提交仲裁;交由哪个仲裁机构来解决纠纷;仲裁庭如何组成,选定或约定哪个仲裁员;约定何种审理方式(开庭审理或书面审理)和开庭形式(公开或不公开)等等。

5. 法律性 仲裁虽然具有自治性,但它并不能排除禁止性法律规范的制约,而且应当遵循当事人选定的或者法律规定必须适用的仲裁程序法。

在和解与调解中,其成功与否取决于纠纷主体的合意。而在仲裁中,即使当事人没有达成合意,仲裁机构也有权根据纠纷事实作出裁决。并且仲裁实行一裁终局,仲裁裁决与法院作出的生效判决具有同等效力,可以向法院申请强制执行,显示出明显的法律性。

6. 保密性 仲裁以不公开审理为原则,案件的审理和裁决的结果原则上不向社会公开,是仲裁与诉讼主要的区别。这主要是为了使当事人的商业秘密和贸易活动不因仲裁而泄露,以及将纠纷给当事人在社会上造成的负面影响减少到最小的程度。现实中,一些民商事纠纷的当事人特别是商业机构选择仲裁而非诉讼来解决纠纷,往往就是基于对仲裁的保密性特点的考虑。

仲裁具有的以上特征使之在民商事纠纷的解决中发挥着独特的作用。但也应看到,我国许多人对于仲裁还知之甚少。其适用范围也有一定的限制,主要运用于商事领域。而且仲裁的前提是必须存在仲裁协议,如果双方不能达成仲裁协议,则仲裁程序就无法开启。所以现实中民商事纠纷发生后通过仲裁方式解决的比例较少。仲裁作为一种具有特色的纠纷解决方式，其应有的作用尚待进一步发挥。

三、仲裁委员会

（一）仲裁委员会的设立

在我国，仲裁机构是指仲裁委员会。它属于民间组织，各仲裁机构之间没有隶属关系，无须像行政机关一样按行政区划层层设立。我国《仲裁法》第 10 条规定，仲裁委员会可以在直辖市和省、自治区人民政府所在地的市设立，也可以根据需要在其他设区的市设立，不按行政区划层层设立。设立仲裁委员会，应当经省、自治区、直辖市的司法行政部门登记。

（二）仲裁委员会应具备的条件

根据《仲裁法》第 11 条规定，仲裁委员会应当具备下列条件：①有自己的名称、住所和章程。②有必要的财产。③有该委员会的组成人员。《仲裁法》第 12 条规定，仲裁委员会由主任 1 人、副主任 2～4 人和委员 7～11 人组成。仲裁委员会的主任、副主任和委员由法律、经济贸易专家和有实际工作经验的人员担任。仲裁委员会的组成人员中，法律、经济贸易专家不得少于 2/3。④有聘任的仲裁员。仲裁员是仲裁委员会聘任的从事仲裁工作的人员。《仲裁法》第 13 条规定，仲裁委员会应当从公道正派的人员中聘任仲裁员。仲裁员还应具有较高的专业知识和能力。

四、仲裁协议

（一）仲裁协议的概念

仲裁协议是指当事人自愿将他们之间已经发生或可能发生的民商事争议提交仲裁解决的书面协议。仲裁协议是仲裁的前提，没有仲裁协议时一方申请仲裁的，仲裁委员会不予受理。

（二）仲裁协议的内容

根据《仲裁法》第 16 条的规定，仲裁协议主要应当包括以下内容：①请求仲裁的意思表示，这是仲裁协议的首要内容。该意思表示必须明确、肯定，且须以书面形式表示出来。②仲裁事项，仲裁事项是当事人提交仲裁的具体争议事项，这也是仲裁庭审理和裁决纠纷的范围。③选定的仲裁委员会。仲裁不实行地域管辖，因此当事人可以根据具体情况自主选择仲裁委员会。

（三）仲裁协议的无效

《仲裁法》第 17 条规定，有下列情形之一的，仲裁协议无效：约定的仲裁事项超出法律规定的仲裁范围的；无民事行为能力人或者限制民事行为能力人订立的仲裁协议；一方采取胁迫手段，迫使对方订立仲裁协议的。

五、仲裁程序

（一）申请与受理

当事人申请仲裁应当符合下列条件：①有仲裁协议。②有具体的仲裁请求和事实、理由。③属于仲裁委员会的受理范围。

仲裁委员会收到仲裁申请书之日起五日内，认为符合受理条件的，应当受理，并通知当事人；认为不符合受理条件的，应当书面通知当事人不予受理，并说明理由。

（二）组成仲裁庭

仲裁委员会受理当事人的仲裁申请后，应依法组成仲裁庭来处理案件。

《仲裁法》第 30 条规定："仲裁庭可以由三名仲裁员或者一名仲裁员组成。由三名仲裁员组成的，设首席仲裁员。"这表明我国仲裁庭的组成形式有两种：合议仲裁庭和独任仲裁庭，可由当事人约定。

当事人约定由三名仲裁员组成仲裁庭的，应当各自选定或者各自委托仲裁委员会主任指定一名仲裁员，第三名仲裁员由当事人共同选定或者共同委托仲裁委员会主任指定。第三名仲裁员是首席仲裁员。

仲裁员符合法定回避情形的，应当退出仲裁案件的审理。仲裁员因回避或者其他原因不能履行职责的，应当依照法律规定重新选定或者指定仲裁员。

（三）仲裁审理

仲裁审理是整个仲裁程序的中心环节。

《仲裁法》第 39 条规定："仲裁应当开庭进行。当事人协议不开庭的，仲裁庭可以根据仲裁申请书、答辩书以及其他材料作出裁决。"可见仲裁庭审理案件的形式有两种：一种是开庭审理，这是仲裁审理的主要方式。另一种是书面审理。

仲裁不公开进行。当事人协议公开的，可以公开进行，但涉及国家秘密的除外。

仲裁审理的程序一般是：首先由仲裁员宣布开庭，核对当事人，宣布案由，宣布仲裁庭组成人员和记录人员名单，并询问当事人是否申请回避。然后是庭审调查，如当事人陈述、出示证据等。最后是庭审辩论。当事人在仲裁过程中有权进行辩论，反驳对方意见，提出自己的主张。

（四）仲裁和解与仲裁调解

在仲裁过程中，当事人可以自行和解，仲裁庭也可以对双方当事人的争议进行调解。具体规定在民商事纠纷解决方式中的和解与调解部分已经介绍，在此不赘述。

（五）仲裁裁决

仲裁裁决是仲裁庭对当事人申请裁决的争议事项进行审理后作出的有法律约

束力的终局性权威判定。

裁决书应当写明仲裁请求、争议事实、裁决理由、裁决结果、仲裁费用的负担和裁决日期。当事人协议不愿写明争议事实和裁决理由的，可以不写。裁决书由仲裁员签名，加盖仲裁委员会印章。对裁决持不同意见的仲裁员，可以签名，也可以不签名。

裁决书自作出之日起发生法律效力。

(六) 仲裁裁决的执行、撤销和不予执行

仲裁实行一裁终局制，仲裁庭作出裁决后，当事人不能上诉，而应依法执行裁决，这是仲裁与诉讼的一个重要区别。

但是，根据《仲裁法》有关规定，当事人提出证据证明裁决有法律规定情形的，可以向仲裁委员会所在地的中级人民法院申请撤销裁决。

仲裁裁决书自作出之日起发生法律效力，当事人应当主动履行。一方当事人不履行的，另一方当事人可以依照《民事诉讼法》的有关规定向人民法院申请执行。受申请的人民法院应当执行。但如果被申请人提出证据证明仲裁裁决有法律规定的情形的，经人民法院组成合议庭审查核实，裁定不予执行。仲裁裁决被人民法院裁定不予执行的，当事人可以根据双方达成的书面仲裁协议重新申请仲裁，也可以向人民法院起诉。

第四节 诉讼

一、诉讼的概念

诉讼俗称“打官司”。在民商事范围内的诉讼称为民事诉讼，指法院、当事人以及其他诉讼参与人，在审理解决民商事案件的过程中所进行的各种诉讼活动，以及由此而产生的各种诉讼法律关系的总和。

1. 民事诉讼所要解决的是民商事案件　民商事纠纷在提交司法解决后便成为民商事案件，民商事案件可分为争讼案件和非讼案件。争讼案件中存在着民商事纠纷和相互对立的当事人。非讼案件(如宣告公民失踪和死亡案件、认定公民民事行为能力案件、认定财产无主案件等)中不存在民商事纠纷和相互对立的当事人。民事诉讼作为解决民商事纠纷的方式之一，主要是指其在争讼案件的解决中发挥作用。

2. 民事诉讼的主体是法院、当事人以及其他诉讼参与人　其中法院是当事人之间民商事纠纷的中立裁判者。当事人是存在民商事纠纷的主体，在诉讼中当事人处于平等的对抗状态。其他诉讼参与人则是根据诉讼的需要协助法院和当事人进行诉讼的人，如证人、鉴定人、翻译人等。

3. 民事诉讼的内容是各民事诉讼主体的诉讼活动以及由此产生的各种诉讼法律关系。

二、民事诉讼的特征

民事诉讼与和解、调解和仲裁这些诉讼外解决民商事纠纷的方式相比，具有以下特征：

（一）民事诉讼具有公权性

民事诉讼是由法院代表国家，以司法方式即行使审判权来解决平等主体之间的民商事纠纷。国家公权力的运用是诉讼区别于其他民商事纠纷解决方式的显著区别。

（二）民事诉讼具有鲜明的强制性

在各种民商事纠纷解决方式中，诉讼方式无疑具有最为鲜明的强制性。首先是诉讼程序开启上的强制性。其他纠纷解决方式均建立在当事人自愿的基础上，只要有一方不愿意选择，和解、调解和仲裁就无法进行。而诉讼则不同，只要一方的起诉符合法定条件而被法院受理，诉讼便会发生。无论另一方是否愿意选择诉讼方式，都只能被动应诉。其次是诉讼结果执行上的强制性。和解、调解结果一般没有强制执行力，而法院依正当程序作出的生效裁判，当事人不论是否理解和满意都必须无条件服从和履行，否则另一方当事人可以要求法院依法强制执行。

（三）民事诉讼具有严格的规范性

虽然其他民商事纠纷解决方式或多或少都带有一定的规范性，但其规范性相对表现较弱。比如在程序性规范方面，和解与调解一般没有严格的程序规范，仲裁虽然需要按预先设定的程序进行，但程序相对灵活，当事人对于程序的选择权也较大。而民事诉讼的规范性则非常严格和刚性，因为诉讼是法院代表国家来解决纠纷的，具有非同一般的正式性和严肃性。民事诉讼必须同时遵守实体性法律规范和程序性法律规范，严格依照法律规范的要求进行诉讼活动。

诉讼是现代法治社会标志性的纠纷解决方式，民事诉讼突出体现国家意志，以严格的程序使纠纷的解决纳入公平、公正的轨道，又有国家强制力作为执行保障。它以其严格规范性提高了纠纷解决结果的可预见性，满足了当事人明确的权益要求，同时也能够较充分地实现当事人权益。因此民事诉讼成为解决民商事纠纷的最终方式。

但诉讼方式也有其自身的缺陷：首先，诉讼程序复杂，期限较长，不利于民事纠纷的迅速解决。第二,诉讼费用高昂,使当事人可能付出较高成本。第三,诉讼的对抗性常常会给当事人之间的关系带来不可弥补的损害,难以修复。而且因为诉讼制度追求绝对的是非曲直,因此在方式上有时显得过于僵化。

三、民事诉讼中的基本制度

根据《民事诉讼法》,我国民事诉讼中有以下基本制度:

(一) 合议制度

合议制度是由若干名审判人员组成合议庭对民商事案件进行审理的制度。我国规定合议庭的人数为三人以上的单数。

合议制是相对于独任制而言的。独议制是指由一名审判人员独立对民商事案件进行审理的制度。除了一般非讼案件和按照简易程序审理民商事案件外,其余民商事案件都应适用合议制。这样能够发挥集体智慧,弥补个人能力的不足,抑制司法专横,保证办案质量。

(二) 回避制度

回避制度是指为了保证案件公正审理,要求与案件有一定利害关系或其他法律规定情形的审判人员和其他有关人员退出对本案的审理或协助工作的制度。

适用对象具体包括审判人员、书记员、翻译人员、鉴定人、勘验人。

(三) 公开审判制度

公开审判制度是指法院审理民事案件,除了法律规定的情形外,审判过程和结果应当向群众和社会公开的制度。这样使案件的审理置于群众监督之下,有助于保障当事人的权利,有利于向社会公众进行法制宣传教育。

(四) 两审终审制度

两审终审制度是指一个民商事案件经过两级法院的审判就宣告终结的制度。

在一般民事诉讼案件中,当事人不服一审法院判决和裁定,可以上述至二审法院。二审法院对案件作出的判决、裁定为终审判决、裁定,当事人不得再进一步提起上诉。但最高人民法院所作的一审判决、裁定即为终审判决、裁定,当事人不得上诉。此外,人民法院适用特别程序、督促程序、公示催告程序、企业法人破产还债程序审理的案件,实行一审终审。总体来讲,两审终审制度是民事诉讼中的基本制度,而一审终审是例外情况。

四、案件的管辖

案件的管辖是指各级法院之间以及同级法院之间受理第一审民商事案件的分工和权限。

(一) 级别管辖

级别管辖是指不同级别的法院之间受理第一审民商事案件的分工和权限。

我国《民事诉讼法》对于级别管辖的规定如下：

1. 基层人民法院管辖第一审民事案件，但法律另有规定的除外。这样实际把大多数民商事案件都划归基层人民法院管辖。

2. 中级人民法院管辖下列第一审民事案件：第一，重大涉外案件；第二，在本辖区有重大影响的案件；第三，最高人民法院确定由中级人民法院管辖的案件。

3. 高级人民法院管辖在本辖区有重大影响的第一审民事案件。

4. 最高人民法院管辖下列第一审民事案件：第一，在全国有重大影响的案件；第二，认为应当由本院审理的案件。

（二）地域管辖

地域管辖是指根据民商事案件与法院辖区间的隶属关系所划分的管辖。即同级法院间在各自区域内受理第一审民商事案件的分工和权限。

地域管辖主要分为一般地域管辖、特殊地域管辖、专属管辖、协议管辖、共同管辖和选择管辖等，《民事诉讼法》对此规定了详细的规则。

（三）裁定管辖

级别管辖和地域管辖均属于法定管辖的范畴，是管辖确定的主要依据。而裁定管辖是对以上法定管辖的补充，指法院以裁定方式确定诉讼管辖。包括移送管辖、指定管辖和管辖权的转移。

五、审判程序

《民事诉讼法》对于审判程序作出了具体而细致的规定。下面仅对其作简单介绍。

（一）第一审程序

第一审程序是法院审理第一审民商事案件时所适用的程序。第一审程序又可分为普通程序和简易程序。

1. 第一审普通程序　第一审普通程序是我国民事诉讼法规定的法院审理第一审民商事案件通常所适用的程序。它是最完整、最规范的民事诉讼审判程序，在适用中具有独立性和广泛性，可以被视为整个民事审判程序的基础，在民事诉讼程序中处于核心地位。

第一审普通程序包括以下环节：起诉和受理、审理前的准备、开庭审理和判决宣告。

2. 简易程序　简易程序是以普通程序为基础的简化程序，是基层法院和它派出的法庭审理简单民商事案件所适用的一种与普通程序并存的独立的诉讼程序。它适用于事实清楚、权利义务关系明确、争议不大的简单的民事案件。此外，基层法院适用第一审普通程序审理的民事案件，当事人各方自愿选择适用简易程序，经人民法院审查同意的,可以适用简易程序进行审理。

（二）第二审程序

第二审程序又称上诉审程序,是指当事人不服地方人民法院未生效的第一审裁判,在法定期限内提起上诉,上一级法院对案件进行审理和裁判所适用的程序。我国民事诉讼实行两审终审制,因此第二审程序亦称终审程序。

第二审程序并不是民事诉讼的必经程序,其发生的前提是当事人的上诉。第二审法院应当对上诉请求的有关事实和适用法律进行审查。

针对不同情况,二审法院对上诉案件可作出不同裁判:驳回上诉,维持原判;依法改判;发回重审。

（三）审判监督程序

审判监督程序是指法院对已经发生法律效力的判决、裁定,认为确有错误,依法再次进行审理所适用的程序。

审判监督程序的启动有三种途径:法院决定再审、检察院抗诉提起再审、当事人申请再审。

法院审理再审案件,一律实行合议制。如果由原审法院再审的,应当另行组成合议庭。

再审案件的裁判有以下几种情形:维持原判;依法改判;发回重审;此外,如果认为审理的案件不符合民事诉讼法规定的受理条件的,裁定撤销一、二审判决,驳回起诉。

通过以上对民商事纠纷解决方式的分析可以看到,解决民商事纠纷的方式是多元的,和解、调解、仲裁和诉讼在民商事纠纷的解决中各有特点,功能各有侧重,笼统地说某种解决民商事纠纷的方式是最好、最合适的方式是不科学的。在纠纷解决方式的选择中,应当考虑具体民商事纠纷的起因、程度和性质、所需花费成本的大小、当事人要求解决纠纷的主观目的等因素,以寻求最为合适的解决方式。目前,“多元化纠纷解决机制”的建立和完善已为社会广泛关注,其主要意图是力争把多种相互协调、共同存在的纠纷解决方式,以其各自特定的功能和运作方式,结成一种互补的、满足社会主体多样需求的有机系统,从而高效、彻底地化解纠纷,使整个社会更加和谐稳定。

思考题

1. 如果你认为自己的民商事权益受到侵害,可以采取哪些解决方式?
2. 调解有哪些具体分类?
3. 仲裁的特征表现在哪些方面?

4. 我国民事诉讼的基本制度包括哪些?

推荐阅读

1. 范愉. 非诉讼纠纷解决机制研究. 北京:中国人民大学出版社,2000
2. 汤维建. 民事诉讼法学. 北京:北京大学出版社,2008
3. 田平安. 民事诉讼法. 北京:高等教育出版社,2007
4. 江伟. 民事诉讼法. 北京:高等教育出版社,北京大学出版社,2000

河南中医学院　段晓鹏